*O CONTROLE DIFUSO
DE CONSTITUCIONALIDADE
DAS LEIS NO
ORDENAMENTO BRASILEIRO*

*ASPECTOS CONSTITUCIONAIS
E PROCESSUAIS*

Paulo Roberto Lyrio Pimenta

# *O CONTROLE DIFUSO DE CONSTITUCIONALIDADE DAS LEIS NO ORDENAMENTO BRASILEIRO*

## *ASPECTOS CONSTITUCIONAIS E PROCESSUAIS*

*O CONTROLE DIFUSO DE CONSTITUCIONALIDADE
DAS LEIS NO ORDENAMENTO BRASILEIRO*
– *Aspectos Constitucionais e Processuais*
© PAULO ROBERTO LYRIO PIMENTA

ISBN 978-85-392-0001-6

*Direitos reservados desta edição por*
*MALHEIROS EDITORES LTDA.*
*Rua Paes de Araújo, 29, conjunto 171*
*CEP 04531-940 – São Paulo – SP*
*Tel.: (11) 3078-7205 – Fax: (11) 3168-5495*
URL: www.malheiroseditores.com.br
e-mail: malheiroseditores@terra.com.br

*Composição*
PC Editorial Ltda.

*Capa:* Vânia Lúcia Amato
*Arte:* PC Editorial Ltda.

Impresso no Brasil
*Printed in Brazil*
03.2010

*Este trabalho é dedicado à memória do meu saudoso e querido tio, EVANDRO BORGES PIMENTA. Onde quer que ele esteja, seu exemplo de coragem, garra, perseverança e, sobretudo, de amor à vida, sempre guiará o meu caminho.*

*Para MARINA, com amor.*

# SUMÁRIO

**INTRODUÇÃO** ............................................................. 13

CAPÍTULO 1 – *TEORIA SOBRE A INCONSTITUCIONALIDADE DAS LEIS E O SEU CONTROLE*

**1.1 Questões propedêuticas**
    *1.1.1 Fontes do Direito* ............................................. 15
    *1.1.2 Norma e disposição* ........................................... 16
    *1.1.3 Hierarquia do ordenamento* ................................. 16
    *1.1.4 Validade das normas: validade como essência e como qualidade, tipos de validade* ............................. 18
    *1.1.5 Eficácia das regras jurídicas* ................................ 18
    *1.1.6 A eficácia do fato jurídico* .................................. 21
**1.2 Constituição: conceito e supremacia** .......................... 24
**1.3 A inconstitucionalidade** ............................................... 26
**1.4 Tipos de inconstitucionalidade** ..................................... 29
**1.5 Controle de constitucionalidade** ................................... 31
**1.6 Modalidades de fiscalização da constitucionalidade** ..... 33
**1.7 Modelos de fiscalização jurisdicional** .......................... 34
**1.8 Evolução do controle de constitucionalidade no Brasil**
    *1.8.1 Origem do controle e posteriores modificações* ........ 36
    *1.8.2 Alterações introduzidas pela Emenda Constitucional 45/2004*
        1.8.2.1 Controle abstrato
            *1.8.2.1.1* Legitimidade para propositura da ADI e ADC ............................................. 39
            *1.8.2.1.2* Efeito vinculante das decisões proferidas em sede de ADI ..................... 40
            *1.8.2.1.3* Parametricidade do controle ........... 41
        1.8.2.2 Controle difuso .................................... 41
**1.9 Atual sistema de controle de constitucionalidade brasileiro** ..... 44
**1.10 Parâmetro do controle** ................................................ 46

1.11 Objeto do controle ................................................................. 47
1.12 A decisão de inconstitucionalidade ....................................... 49
1.13 Técnicas de decisão ............................................................... 51
1.14 Objeto da decisão de inconstitucionalidade ......................... 55
1.15 Efeitos da decisão de inconstitucionalidade
    1.15.1 Eficácia material ........................................................ 56
    1.15.2 Eficácia temporal
        1.15.2.1 Inexistência de solução prévia para o problema  57
        1.15.2.2 A ponderação de bens ................................... 60
        1.15.2.3 A modulação da eficácia temporal da decisão de
                inconstitucionalidade ..................................... 63
    1.15.3 Eficácia da medida cautelar ...................................... 65
    1.15.4 Eficácia subjetiva ....................................................... 68
    1.15.5 Restauração de vigência da norma revogada ............ 69

CAPÍTULO 2 – O CONTROLE DIFUSO DE CONSTITUCIONALIDADE DAS LEIS:
PERFIL CONSTITUCIONAL

2.1 Considerações gerais ............................................................. 71
2.2 Pressupostos subjetivos
    2.2.1 Sujeitos autorizados a suscitar a questão constitucional  73
    2.2.2 Órgãos autorizados a declarar a inconstitucionalidade . 73
2.3 Pressupostos objetivos
    2.3.1 Procedimentos que admitem o controle difuso de consti-
         tucionalidade ............................................................... 75
    2.3.2 Procedimento de declaração de inconstitucionalidade ... 75
2.4 Fundamentos constitucionais do controle difuso ................ 79
2.5 O controle difuso perante o Supremo Tribunal Federal
    2.5.1 Considerações gerais .................................................. 81
    2.5.2 O recurso extraordinário
        2.5.2.1 Evolução histórica ......................................... 81
        2.5.2.2 Características ............................................... 82
        2.5.2.3 Pressupostos constitucionais ......................... 86
2.6 Efeitos da decisão de inconstitucionalidade no controle difuso
    2.6.1 Efeitos no tempo ......................................................... 94
    2.6.2 Eficácia material ......................................................... 101
    2.6.3 Eficácia reflexa ........................................................... 102
2.7 O papel da Resolução do Senado Federal ............................ 103
2.8 Representação Interventiva
    2.8.1 Evolução histórica em nosso ordenamento ............... 105
    2.8.2 Procedimento .............................................................. 106
    2.8.3 Eficácia da decisão final ............................................ 109
    2.8.4 Natureza do procedimento ......................................... 109

## SUMÁRIO

2.9 *Mandado de Injunção* .................................................. 110
2.10 *Argüição de Descumprimento de Preceito Fundamental e sua relação com o controle difuso* .................................................. 113

CAPÍTULO 3 – *O CONTROLE DIFUSO DE CONSTITUCIONALIDADE DAS LEIS: ASPECTOS PROCESSUAIS*

3.1 **Aspectos processuais gerais**
    *3.1.1 Delimitação do estudo* ........................................ 117
    *3.1.2 Processo subjetivo "versus" processo objetivo* ............ 117
    *3.1.3 A questão constitucional* ..................................... 120
    *3.1.4 Possibilidade de aplicação das técnicas de decisão de inconstitucionalidade do controle abstrato no controle difuso* ............................................................... 121
    *3.1.5 Ações admissíveis, prazos prescricionais e decadenciais* . 122
    *3.1.6 A pronúncia de inconstitucionalidade em sede de medida liminar* ............................................................... 123
    *3.1.7 Parâmetros da fiscalização e conduta controlada* ........ 124

3.2 **Controle difuso, mandado de segurança e antecipação dos efeitos da tutela**
    *3.2.1 Generalidade e abstração da norma jurídica* ............. 125
    *3.2.2 Pressupostos constitucionais do mandado de segurança relacionados ao tema*
        3.2.2.1 Ato de autoridade ................................. 126
        3.2.2.2 Ilegalidade ........................................... 127
    *3.2.3 Cabimento do mandado de segurança na fiscalização difusa de constitucionalidade* ................................. 128
    *3.2.4 Interpretação da Súmula 266 do STF* ..................... 129
    *3.2.5 Eficácia da sentença concessiva* ............................ 130
    *3.2.6 A antecipação dos efeitos da tutela e o controle difuso de constitucionalidade* ............................................ 131
    *3.2.7 Medida liminar em mandado de segurança: cabimento em controle difuso*
        3.2.7.1 Natureza da medida ............................. 132
        3.2.7.2 Pressupostos ....................................... 133
        3.2.7.3 Possibilidade de revogação
            *3.2.7.3.1 Hipóteses de cabimento* .............. 134
            *3.2.7.3.2 O dever de revogar* .................... 135
        3.2.7.4 Liminar e sentença denegatória ............ 136
        3.2.7.5 Eficácia temporal da revogação: o problema da retroatividade da decisão revogadora ............ 136
        3.2.7.6 A liminar em sede de controle difuso de constitucionalidade

|     |        | 3.2.7.6.1 | O problema ........................................... | 137 |
|-----|--------|-----------|------------------------------------------------------|-----|
|     |        | 3.2.7.6.2 | Premissa necessária à compreensão do problema: o princípio da presunção da constitucionalidade das leis ... | 138 |
|     | 3.2.7.7 | A pronúncia de inconstitucionalidade em sede de medida liminar ............................ | | 139 |
|     | 3.2.7.8 | Revogação da liminar e declaração de constitucionalidade ........................... | | 139 |

**3.3 Processo de execução e controle de constitucionalidade**
    3.3.1 Delimitação do tema .......................................... 140
    3.3.2 Cumprimento da sentença e fiscalização difusa de constitucionalidade
        3.3.2.1 Finalidade do processo executivo ............ 140
        3.3.2.2 A cognição na impugnação do executado ........ 141
    3.3.3 Exceção de pré-executividade
        3.3.3.1 Perfil do instituto ............................. 142
        3.3.3.2 Objeto ......................................... 143
        3.3.3.3 Possibilidade de alegação de questão constitucional ............................................ 144
        3.3.3.4 Existência de decisão de inconstitucionalidade 145

**3.4 Tutela cautelar e controle de constitucionalidade**
    *3.4.1 Tutela cautelar* .................................................... 146
    *3.4.2 A cognição* ........................................................ 148
    *3.4.3 A cognição no processo cautelar* ........................... 149
    *3.4.4 O "fumus boni juris" e o "periculum in mora"* ............ 150
    *3.4.5 Possibilidade de apreciação da inconstitucionalidade em processos cautelares* ......................................... 151
    *3.4.6 Procedimentos em que se admite a alegação da inconstitucionalidade* ................................................. 152
    *3.4.7 Cabimento de medida liminar* ................................ 153

**3.5 Temas relacionados aos aspectos processuais do controle difuso**
    3.5.1 Súmula vinculante
        3.5.1.1 Demarcação do objeto de estudo ............... 153
        3.5.1.2 Os grandes sistemas de direito .................. 154
        3.5.1.3 O precedente na *common law* .................. 154
        3.5.1.4 O *stare decisis* ...................................... 156
        3.5.1.5 A jurisprudência dominante no sistema romano-germânico ............................................ 156
        3.5.1.6 As súmulas no ordenamento brasileiro ........... 157
        3.5.1.7 Pressupostos constitucionais para a edição da súmula com efeito vinculante ..................... 158
        3.5.1.8 Descumprimento da súmula com efeito vinculante ........................................................ 160

SUMÁRIO 11

| | | |
|---|---|---|
| 3.5.1.9 | Revisão ou cancelamento da súmula ............... | 161 |
| 3.5.1.10 | Súmula vinculante e controle difuso ............... | 161 |

*3.5.2 O procedimento de elaboração da súmula vinculante*

| | | |
|---|---|---|
| 3.5.2.1 | Eficácia da norma veiculada pelo art.103-A da CF ................................................................ | 162 |
| 3.5.2.2 | Modalidades de procedimento ....................... | 162 |
| 3.5.2.3 | Aspectos subjetivos ....................................... | 164 |
| 3.5.2.4 | Eficácia da súmula com efeito vinculante ....... | 165 |
| 3.5.2.5 | Meios de impugnação da decisão contrária à súmula .......................................................... | 167 |
| 3.5.2.6 | Alterações no processo administrativo .......... | 169 |
| 3.5.2.7 | Aplicação subsidiária do Regimento Interno do Supremo Tribunal Federal ........................... | 170 |

*3.5.3 Ação rescisória e modulação da eficácia temporal da decisão de inconstitucionalidade*

| | | |
|---|---|---|
| 3.5.3.1 | Delimitação do tema ...................................... | 171 |
| 3.5.3.2 | Ação rescisória: juízo rescindente e juízo rescisório ............................................................. | 172 |
| 3.5.3.3 | Juízo rescindente e efeitos dos atos jurídicos praticados com base na sentença rescindenda .. | 172 |
| 3.5.3.4 | A modulação da eficácia temporal da decisão de inconstitucionalidade ............................... | 174 |
| 3.5.3.5 | A modulação da eficácia temporal em sede de ação rescisória ............................................... | 175 |
| 3.5.3.6 | Desconstituição da sentença declaratória de inconstitucionalidade .................................... | 177 |

*3.5.4 A relativização da coisa julgada e o controle difuso*

| | | |
|---|---|---|
| 3.5.4.1 | Demarcação do tema .................................... | 177 |
| 3.5.4.2 | Princípios jurídicos e coisa julgada ............... | 178 |
| 3.5.4.3 | Constitucionalidade da inovação .................. | 179 |
| 3.5.4.4 | Atributos da decisão de inconstitucionalidade a que se aplica a inovação .............................. | 181 |
| 3.5.4.5 | Vinculação entre a decisão de inconstitucionalidade e o título executivo .............................. | 182 |
| 3.5.4.6 | Necessidade de novo provimento jurisdicional | 184 |
| 3.5.4.7 | Possibilidade de alegação na própria execução | 185 |
| 3.5.4.8 | Aplicação do dispositivo nas ações mandamentais ................................................................ | 186 |
| 3.5.4.9 | Direito intertemporal .................................... | 187 |

*CONCLUSÃO* .............................................................................. 189

*BIBLIOGRAFIA* ........................................................................... 195

# INTRODUÇÃO

O controle de constitucionalidade das leis vem constituindo objeto de atenção de um considerável leque de estudos no âmbito da Teoria do Direito, que examinam a matéria numa perspectiva predominantemente constitucional.

O presente trabalho busca um enfoque diferente dos problemas que gravitam ao redor do tema, posto que se preocupa exclusivamente com a modalidade difusa de fiscalização, gizando, pois, um rigoroso corte metodológico. Ademais, examina aspectos constitucionais e *processuais* do objeto de estudo. Por tal razão, este não é um trabalho exclusivamente de direito constitucional.

O ponto de partida desse estudo será a Teoria Geral do Direito, que nos oferece as categorias fundamentais para a análise da inconstitucionalidade da lei como um problema de validade da fonte do direito ou da norma jurídica em face da Constituição Federal. Nesse particular, será descrita uma teoria sobre a inconstitucionalidade das leis localizada dentro dessa perspectiva epistemológica, com traços rigorosos, aplicáveis a qualquer ordenamento jurídico. Adentrar-se-á, então, a Teoria da Constituição, para estudar as questões relativas ao controle de constitucionalidade, seus elementos, modalidades, técnicas de decisão e respectivos efeitos, delimitando-se o perfil dessa fiscalização no ordenamento brasileiro.

No segundo capítulo serão delineados os pressupostos constitucionais do controle, com base nos quais será examinada a fiscalização difusa, tema deste trabalho. Aqui o estudo começará a ingressar nas questões processuais, enfocando o recurso extraordinário, seus pressupostos de admissibilidade, processamento perante o Supremo Tribunal Federal e questões atuais decorrentes da promulgação da Emenda Constitucional n. 45/2004 e da edição da Lei 11.418/2006. Nessa parte também serão investigados os efeitos no tempo da pronúncia de inconstitucionalidade em sede de controle difuso, com base numa análise histórica de toda a jurisprudência do Pretório Excelso e atuais precedentes acerca da possibilidade de modulação de tal modalidade eficacial. Outros instrumentos relacionados ao tipo de controle objeto do trabalho serão em seguida enfocados, como a representação interventiva, o mandado de injunção e a argüição de descumprimento de preceito fundamental.

O capítulo 3 é todo dedicado aos aspectos processuais da fiscalização difusa. Nele buscar-se-á estudar, inicialmente, as questões processuais fundamentais, tais como as distinções procedimentais com o controle abstrato, a existência da questão constitucional, possibilidade de aplicação de técnicas de decisão oriundas da fiscalização concentrada, ações admissíveis, prazos prescricionais e parâmetros do controle. Com fulcro em tais premissas teóricas, o trabalho examinará importantes temas processuais relacionados ao controle difuso: utilização do mandado de segurança, possibilidade de antecipação dos efeitos da tutela, cabimento da medida liminar para afastar a aplicação da lei inconstitucional, possibilidade de declaração de inconstitucionalidade em sede de cumprimento de sentença e do processo de execução, cabimento da tutela cautelar em controle difuso. Por fim, uma questão de direito constitucional encerrará o trabalho: a relação entre a súmula com efeito vinculante e o controle difuso.

Com o exame das questões processuais e constitucionais sobre o controle difuso de constitucionalidade das leis pretende-se, ao final, oferecer conclusões que possam auxiliar no debate pela teoria e pelos operadores do direito acerca do significado e da enorme importância que esse tipo de ampla fiscalização tem como instrumento de garantia dos direitos fundamentais e da preservação da supremacia constitucional no Estado Democrático de Direito.

CAPÍTULO 1
# TEORIA SOBRE A INCONSTITUCIONALIDADE DAS LEIS E O SEU CONTROLE

## 1.1 Questões propedêuticas

### 1.1.1 Fontes do Direito

A expressão *fontes do direito* é plurissignificativa. A doutrina fala em *fonte formal, fonte material, fonte-fato, fonte-ato, fonte de produção* e de *cognição*. Esclareçamos o sentido de tais expressões.

Por *fonte material* designa-se todo ato ou fato que produza norma geral e abstrata,[1] enquanto a *fonte formal* é o modo de expressão do direito, o suporte físico que insere normas no sistema.

A distinção entre *fonte-ato* e *fonte-fato* corresponde à separação entre direito escrito e não escrito. A fonte-ato tem a forma escrita e se articula em disposições lingüísticas idôneas a exprimir as normas jurídicas.[2] Já os fatos normativos, são todos os comportamentos humanos que produzem normas jurídicas, as quais, todavia, não são formuladas expressamente por meio de disposições[3] (ex.: costume).

*Fonte de cognição* são os documentos e as publicações oficiais através dos quais os administrados têm conhecimento do direito,[4] enquanto *fonte de produção* é o conjunto das fontes autorizadas a inovar o direito vigente.

Para o presente estudo a acepção mais importante sobre as fontes do direito é a de fonte formal, ou seja, os atos e fatos que são habilitadas

---

1. Cf. Riccardo Guastini, *Teoria e dogmatica delle fonti*, p. 58.
2. Cf. Vezio Crisafulli, *Lezioni di Diritto Costituzionale*, t. II, pp. 3-43.
3. Cf. Riccardo Guastini, *Teoria e dogmatica...*, p. 92.
4. Idem, pp. 110-111.

pelo sistema a inserir normas jurídicas. No caso brasileiro, as fontes formais primárias são aquelas mencionadas no art. 59 da Constituição Federal, enquanto as secundárias são os atos infralegais, atos de aplicação da lei (ex.: atos administrativos).

### 1.1.2 Norma e disposição

As fontes formais do direito veiculam disposições, isto é, formulações lingüísticas, cujo significado é a norma jurídica. Em outras palavras, as disposições normativas (enunciados prescritivos) integram o plano da expressão, são fragmentos de linguagem escrita, enquanto a norma compõe o do conteúdo.[5]

O enunciado é o objeto da interpretação, a norma, o seu resultado. Como assevera Paulo de Barros Carvalho, "a norma é exatamente o juízo (ou pensamento) que a leitura do texto provoca em nosso espírito".[6]

Tanto a disposição quanto a norma poderá ser objeto da declaração de inconstitucionalidade, consoante será adiante examinado.

### 1.1.3 Hierarquia do ordenamento

O ordenamento jurídico pode ser concebido como um sistema, integrado por um *repertório* e um sistema integrado por uma *estrutura*. O repertório é o conjunto dos elementos do sistema, enquanto a estrutura é o plexo de regras que estabelecem o modo como tais elementos estão dispostos no sistema.[7]

Na estrutura do sistema existe hierarquia entre os elementos normativos, que decorre da hierarquia das fontes do direito,[8] a qual está diretamente vinculada à hierarquia das autoridades com competência normativa.

A hierarquia normativa pode manifestar-se de quatro modos distintos: a) hierarquia estrutural (*formal*); b) hierarquia *material*; c) hierarquia *lógica*; d) hierarquia *axiológica*.[9]

---

5. No presente estudo adota-se a corrente da semiologia de Ferdinand Saussure, que separa plano da expressão de plano do conteúdo.
6. *Curso de Direito Tributário*, p. 7.
7. Cf. Tércio Sampaio Ferraz Júnior, *Introdução ao Estudo do Direito*, p. 172.
8. Cf. Vezio Crisafulli, *Lezioni di Diritto Costituzionale*, p. 229; Marcelo Neves, *Teoria da Inconstitucionalidade das Leis*, p. 27.
9. Cf. Riccardo Guastini, *Teoria e dogmatica*..., pp. 121-124.

A hierarquia *formal* é a existente entre uma norma de competência e outra regra cuja produção por ela é disciplinada. Assim, tem-se uma norma 1, que confere competência a determinado órgão para a produção de normas, e a norma 2, elaborada no exercício de tal competência. Entre elas existe hierarquia formal.

A hierarquia *material* manifesta-se na presença de duas normas, uma das quais (norma superior) delimita o conteúdo possível da norma inferior.[10] Esse tipo de hierarquia é muito comum nos sistemas que adotam constituições dirigentes, as quais delimitam o exercício da competência legislativa de maneira significativa, condicionando o conteúdo de um grande número de normas infraconstitucionais.

Por outro lado, a hierarquia *lógica* refere-se à situação de dependência entre duas normas, pelo fato de uma referir-se à outra. Ex.: as normas que delimitam a eficácia de outras normas, as normas que têm efeito revogatório, normas que estabelecem definições, as quais são superiores às demais relacionadas ao instituto definido.[11]

Por fim, tem-se a hierarquia *axiológica*, que é um problema de interpretação, pois diz respeito à atribuição de um valor superior a uma norma, em detrimento de outra, no processo de interpretação e aplicação do Direito. Tem a ver, portanto, com a ponderação de bens e valores, com a tensão entre princípios jurídicos.

A hierarquia formal e material são aspectos ligados à validade da norma. As normas produzidas em desconformidade com o procedimento ou o conteúdo previsto nas normas superiores (subordinantes) são inválidas. A hierarquia lógica e a axiológica não são questões de validade, e sim de eficácia. Não se pode afirmar a invalidade de uma norma dependente de outra definidora de um instituto, do mesmo modo que um princípio cuja aplicação é afastada no caso concreto, por colidir com outro de valor inferior, não pode ser acoimado de inválido.[12]

A invalidade das normas, por burla à regra da estrutura hierárquica do sistema, na hipótese de funcionar a Constituição como norma superior, possibilita a deflagração de um mecanismo: o controle de constitucionalidade das leis.

10. Como observa Riccardo Guastini, toda hierarquia material decorre da formal, mas a relação inversa nem sempre se faz presente. Nos regimes de constituição flexível, por exemplo, as normas infraconstitucionais são formalmente, mas não materialmente subordinadas às normas constitucionais (cf. *Teoria e dogmatica...*, p. 122).
11. Cf. Riccardo Guastini, ob. cit., p. 122.
12. Nesse sentido, Riccardo Guastini, ob. cit., pp. 123-124.

*1.1.4 Validade das normas:*
*validade como essência e como qualidade, tipos de validade*

Temos afirmado que o problema da validade da norma jurídica pode ser examinado com base em dois modelos teóricos. No primeiro, a validade é tida como sinônimo de existência da norma. Dizer que a norma vale significa afirmar que esta pertence a determinado ordenamento jurídico. Norma válida é aquela produzida pela autoridade competente, segundo o procedimento previsto em lei. Destarte, nesta linha de posicionamento, a validade é a essência da norma, desprezando-se em sua análise o conteúdo da regra jurídica.[13]

Outro modo de enxergar o problema é entender a validade como predicado, como atributo da norma jurídica. Assim sendo, trata-se da conformidade da norma com o ordenamento jurídico, razão pela qual se separa, em tal modelo, dentro do mundo jurídico, os planos da validade e o da existência. A validade é vista, destarte, como qualidade, como algo que se agrega ao objeto – norma jurídica –, e não como sua própria essência.

Não pretendemos no presente estudo aprofundar a discussão sobre tema tão complexo. O nosso propósito é tão-somente de estabelecer uma premissa teórica para a investigação das questões ligadas ao controle de constitucionalidade. A nosso ver, o segundo modelo teórico é o mais apropriado para o exame do tema, posto que resolve um leque maior de problemas relacionados à matéria.

Fixemos, portanto, esta assertiva: validade é a qualidade da norma jurídica, e não a sua própria existência.

Há duas modalidades de validade: formal e material.

A validade formal consiste na observância das normas de competência e das que disciplinam o procedimento, sem qualquer investigação do conteúdo da norma.

A validade material, por outro lado, diz respeito à conformidade com as normas de hierarquia superior que versam sobre o conteúdo da norma inferior, ou seja, ao objeto da regulação normativa.

*1.1.5 Eficácia das regras jurídicas*

A eficácia apresenta, basicamente, três acepções na teoria do direito: a) aptidão para produzir efeitos jurídicos; b) produção de efeitos jurídicos; c) aplicabilidade.

---

13. Cf. Hans Kelsen, *Teoria Pura do Direito*, pp. 215-224.

Trata-se, portanto, de uma qualidade das normas (regras e princípios) e dos fatos jurídicos, que se apresenta de maneiras diferentes, consoante será adiante analisado.

Em relação às regras jurídicas, tem-se afirmado que a eficácia pode se manifestar de quatro formas distintas.

A primeira, denominada de *eficácia técnica*, refere-se à aptidão de a norma produzir efeitos, considerando a sua estrutura. Vale dizer, examina-se, neste ponto, se os âmbitos de validade (domínios) de vigência[14] estão delineados de maneira precisa, para que a norma tenha aptidão para atuar no plano dos fatos. Destarte, observar-se-á se os âmbitos de validade material, pessoal, temporal e espacial estão descritos, de forma suficiente, pela fonte formal de direito (documento normativo) que tiver veiculado a regra.

No segundo, denominado *eficácia semântica*, confronta-se o plano normativo com situação de fato por ele regulado. Assim, o cotejo entre a hipótese normativa e o suporte fático revelará a compatibilidade necessária para a norma atuar. O descompasso entre o plano dos fatos e o da norma importará na ausência deste tipo de eficácia. Ex.: norma que prevê a utilização por determinados sujeitos de um tipo de aparelho audiovisual inexistente no mercado.

Se tais modalidades eficaciais se fizerem presentes, a regra jurídica incide, jurisdicizando suportes fáticos, fenômeno denominado por Pontes de Miranda *eficácia legal*: "a incidência da regra jurídica é a sua eficácia; não se confunde com ela, nem com a eficácia do fato jurídico; a eficácia da regra jurídica é a sua incidência".[15] A incidência está no plano do pensamento, sendo automática e infalível.[16]

Por fim, tem-se a hipótese de *eficácia social* (efetividade), que significa a produção de efeitos previstos pela norma no plano dos fatos, por

---

14. Para Kelsen, "a referência da norma ao espaço e ao tempo é o domínio da vigência espacial e temporal da norma" (*Teoria Pura do Direito*, p. 13). E conclui: "Além dos domínios de validade espacial e temporal pode ainda distinguir-se um domínio de validade pessoal e um domínio de validade material das normas. Com efeito, a conduta que pelas normas é regulada é uma conduta humana, conduta de homens, pelo que são de distinguir em toda conduta fixada numa norma um elemento pessoal e um elemento material, o homem, que se deve conduzir de certa maneira, e o modo ou forma por que ele se deve conduzir" (ob. cit., p. 15).

15. *Tratado de Direito Privado*, t. I, p. 63.

16. Diz Pontes de Miranda: "a *incidência* da lei, pois que se passa no mundo dos pensamentos e nele tem de ser atendida, opera-se no lugar, tempo e outros 'pontos' do mundo em que tenha de ocorrer, segundo as regras jurídicas. É, portanto, *infalível*" (*Tratado de Direito Privado*, t. I, p. 62).

ter sido voluntariamente ou coativamente cumprida por seu destinatário. Assim, por exemplo, a norma que prevê o uso obrigatório de cinto de segurança em veículos automotores apresentará eficácia social no instante em que os condutores de automóveis fizerem uso deste equipamento de segurança. Convém salientar, contudo, que ainda que a norma não seja cumprida, poderá apresentar esse tipo de eficácia, à medida que os objetivos visados com a sua edição sejam atendidos, a exemplo da satisfação ideológica.[17]

Obviamente que a existência de eficácia social dependerá da presença das demais modalidades de eficácia, pois a ausência de algum dos âmbitos de validade da norma ou o descompasso entre esta e o plano dos fatos impossibilitará a sua observância.

É com base na eficácia técnica que todas as normas jurídicas, e não apenas as constitucionais, podem ser classificadas em normas de eficácia plena, contível[18] e limitada. O problema aí é da presença ou não dos domínios de vigência da norma, que a permitem atuar no plano dos fatos. Tal aptidão de produzir efeitos – eficácia técnica –, como ensina Tércio Sampaio Ferraz Júnior, admite graus, cuja aferição depende da verificação das *funções eficaciais*.[19] Nesta linha de entendimento, são três as funções eficaciais: de bloqueio, de programa e de resguardo. A primeira, busca obstaculizar a prática de determinada conduta, enquanto a de programa impõe um fim a ser alcançado e a de resguardo um determinado comportamento.[20] Dada à similitude entre as duas

---

17. Nesse sentido, leciona Tércio Sampaio Ferraz Júnior que "a eficácia social ou efetividade de uma norma não se confunde, porém, com sua observância. A obediência é um critério importante para o reconhecimento da efetividade, mas esta não se reduz à obediência. Existem exemplos de normas que nunca chegam a ser obedecidas e, não obstante isso, podem ser consideradas socialmente eficazes. São normas que estatuem prescrições reclamadas ideologicamente pela sociedade, mas que, se efetivamente aplicadas, produziriam insuportável tumulto social. Sua eficácia está, por assim dizer, em não serem obedecidas e, apesar disto, produzirem o efeito de satisfação ideológica" (*Introdução ao Estudo do Direito*, p. 195).

18. Na abalizada doutrina de José Afonso da Silva, as normas de eficácia *contida* são "aquelas em que o legislador constituinte regulou suficientemente os interesses relativos a determinada matéria, mas deixou margem à atuação restritiva por parte da competência discricionária do Poder Público, nos termos que a lei estabelecer ou nos termos de conceitos gerais nelas enunciados" (*Aplicabilidade das Normas Constitucionais*, p. 116). A nosso ver, como se trata de mera possibilidade de restrição de efeitos, é melhor falar em normas de eficácia "contível", ou restringível, como sugere Michel Temer (*Elementos de Direito Constitucional*, p. 26).

19. Cf. *Introdução ao Estudo do Direito*, p. 196.

20. Idem, p. 197.

últimas, preferimos separar as funções eficaciais em duas categorias: positiva e negativa.

Nas normas jurídicas, as mencionadas funções se manifestam por meio de graus diversos. Assim, numa regra de outorga de competência a principal função é a positiva, aparecendo a negativa de forma secundária. Quando a CF outorga, por exemplo, competência exclusiva à União para legislar sobre direito penal, faculta a este ente a prática de um comportamento positivo, destacando-se a função positiva. No entanto, tal regra veda que os demais entes políticos legislem sobre a matéria, aparecendo aí a função negativa. É possível, portanto, falar numa função primária e noutra secundária.

Com base em tais funções e tendo em vista os âmbitos de validade é que as normas jurídicas admitem a classificação supra, quanto ao grau de eficácia: plena, limitada e contível. Quando a função eficacial puder ser obtida sem a ajuda de outra regra, diz-se que a norma tem eficácia plena. Quando houver necessidade de auxílio de outras normas, a hipótese será de eficácia limitada, enquanto na última situação a eficácia é plena, havendo a possibilidade de outra norma restringir a possibilidade de produção de efeitos.[21]

A eficácia das regras, que pode ser denominada de eficácia jurídico-normativo, importa na transformação do suporte fático em fato jurídico. Como assevera Pontes de Miranda, "só após a incidência da regra jurídica é que os suportes fáticos entram no mundo jurídico, tornando-se fatos jurídicos. Os direitos subjetivos e todos os demais efeitos são eficácia do fato jurídico; portanto, *posterius*".[22] Portanto, a produção de efeitos dos fatos jurídicos é que pode ser denominada de *eficácia jurídica*. Em outras palavras, eficácia jurídica é a do fato, e não a eficácia das regras.

### 1.1.6 A eficácia do fato jurídico

A análise da eficácia do fato jurídico passa necessariamente, por um breve exame da teoria da norma jurídica de Pontes de Miranda, interpretada de forma precisa por Marcos Bernardes de Mello.

Embora Pontes não tenha escrito um trabalho específico sobre o tema, a este se dedicou nos primeiros volumes do Tratado de Direito Privado.

---

21. Cf. Tércio Sampaio Ferraz Júnior, ob. cit., pp. 197-198.
22. Cf. ob. cit., p. 51.

Ao seu sentir, o mundo jurídico compõe-se de fatos e de regras, sendo um subconjunto do mundo.[23] As regras jurídicas são produto da criação humana, pertencendo ao plano abstrato.[24]

Em toda regra existe um suporte fático (*Tatbestand*), que é a previsão abstrata de um fato ou grupo de fatos, de natureza diversa, sobre os quais a norma incide. Esse suporte fático admite duas acepções: a) suporte fático abstrato – previsão do fato no plano da norma; b) suporte fático concreto – o evento ocorrido no mundo físico.[25]

É a regra jurídica que seleciona os fatos do mundo fenomênico que considera relevantes para o direito.[26] Ao fazê-lo, escolhe fatos de diferentes modalidades, como os da natureza, psíquicos e até criações do próprio direito. Sendo assim, os elementos do suporte fático podem ser fatos da natureza, atos humanos, dados psíquicos, estimações valorativas, probabilidades, fatos e efeitos do mundo jurídico.[27]

Por meio da incidência, ocorre a juridicização do suporte fático concreto, pela subsunção à previsão abstrata (suporte fático abstrato). Assim, o suporte fático concreto passa a ser qualificado como fato jurídico, ingressando no plano da existência. Em célebre frase sobre o assunto, afirmou Pontes de Miranda: "para que os fatos sejam jurídicos, é preciso que regras jurídicas – isto é, normas abstratas – incidam sobre eles, desçam e encontrem os fatos, colorindo-os, fazendo-os 'jurídicos'".[28] Esse fenômeno Pontes qualifica como *eficácia da regra*, e não eficácia do fato: "a incidência da regra jurídica é a sua eficácia; não se confunde com ela, nem com a eficácia do fato jurídico; a eficácia da regra jurídica é a sua incidência; a do fato jurídico, irradia-se, é juridicização das conseqüências dele, devido à incidência".[29]

Uma vez ingressado no plano da existência, o fato pode passar pelo plano da validade e o da eficácia, que integram o mundo jurídico.

A eficácia do fato consiste, nesse modelo teórico – ao qual aderimos –, na produção de efeitos jurídicos, isto é, relações e situações jurídicas. Afirma Pontes: "só após a incidência de regra jurídica é que

23. *Tratado de Direito Privado*, t. I, p. 51.
24. Idem, p. 54.
25. Cf. Marcos Bernardes de Mello, *Teoria do Fato Jurídico: Plano da Existência*, p. 37.
26. Idem, p. 66.
27. Idem, pp. 38-42.
28. *Tratado...*, p. 52.
29. Idem, p. 63.

os suportes fáticos entram no mundo jurídico, tornando-se fatos jurídicos. Os direitos subjetivos e todos os demais efeitos são eficácia do fato jurídico".[30] A eficácia da regra, desse modo, é um *prius* em relação a do fato. Sem a incidência da regra não há que se falar na existência do fato jurídico, e, por conseguinte, em sua eficácia.

Nem todo fato jurídico produz efeitos. O fato ingressa no plano da existência no momento em que a norma incide sobre o suporte fático, reafirme-se. No entanto, é possível que o fato existente não produza efeito, como ocorre, por exemplo, na hipótese de testamento revogado pelo testador antes da sua morte.

No instante em que o fato gerar efeitos, produzirá uma situação jurídica, que pode ser entendida como um plexo de comportamentos modalizados pelas normas, vale dizer, as situações jurídicas correspondem ao conjunto de efeitos produzidos pelos fatos jurídicos. Podem existir apenas situações ativas ou passivas, pois a intersubjetividade não é um traço característico desta categoria.

A posição jurídica é um conceito relacional, isto é, resulta de uma operação de comparação. Ex.: determinado sujeito é credor de outrem, se este se encontrar na posição de devedor. A posição de um sujeito resulta da comparação com a do outro.

Já a relação jurídica é um vínculo em virtude do qual alguém tem o dever jurídico e outrem o direito subjetivo. Trata-se, pois, de uma intersecção de duas ou mais situações jurídicas, cujos conteúdos se correlacionam.

Não há coincidência, destarte, entre os conceitos de situação, posição e de relação jurídica. Calha aqui o magistério de Marcos Bernardes de Mello, ao asseverar que a situação jurídica "em sentido estrito, nomeia, exclusivamente, os casos de eficácia jurídica em que não se concretiza uma relação jurídica, e mesmo quando esta exista, os direitos subjetivos que dela emanam não implicam ônus e sujeição na posição passiva, porque seus efeitos se limitam a uma só esfera jurídica".[31]

Diante do exposto, infere-se que a eficácia dos fatos não equivale à das normas-regras. A primeira é a produção de situação jurídica; a segunda, a possibilidade ou a produção de efeitos sobre o suporte fático.

30. Idem, p. 51.
31. *Teoria do Fato Jurídico: Plano da Eficácia* – 1ª Parte, p. 79.

## 1.2 Constituição: conceito e supremacia

Há uma diversidade grande de conceitos traçados pela doutrina sobre a Constituição, que resulta de vários fatores, tais como diferentes posturas epistemológicas e concepções acerca do Estado.

É insustentável uma visão reducionista do problema, que o examine levando em consideração apenas um aspecto. Tal postura fechada acaba por impedir um exame profundo e completo sobre vários temas que gravitam ao redor do aludido conceito, como aquele objeto do presente estudo.

Basicamente, há três dimensões que integram a Constituição: a) normativa; b) fático-social (sociológica); c) ideológica (axiológica).[32]

A dimensão normativa significa que a Constituição é um sistema de regras e de princípios fundamentais, no sentido de que organizam juridicamente o Estado, o exercício do poder estatal, os órgãos que exercem o poder, as relações entre o Estado e os cidadãos e os direitos fundamentais. Destarte, trata-se de um subsistema de normas que regula a produção normativa.[33]

Já a dimensão sociológica, foi inicialmente examinada em 1863, em famosa conferência proferida por Ferdinand Lassalle. Ao seu sentir, a Constituição é a "soma dos fatores reais do poder" que regem uma nação, ou seja, uma força viva e eficaz, resultante da conjugação de vários fatores (poder militar, poder social e poder econômico) capaz de informar as leis e as instituições jurídicas.[34] Reduz-se, desse modo, o conceito de Constituição a uma dimensão meramente socioeconômica, da qual seria totalmente dependente o sistema constitucional.[35]

---

32. Cf. Marcelo Neves, *Teoria da Inconstitucionalidade das Leis*, p. 59.

33. Essa dimensão foi valorizada por Kelsen: "Se começarmos levando em conta apenas a ordem jurídica estadual, a Constituição representa o escalão de Direito positivo mais elevado. A Constituição é aqui entendia num sentido material, quer dizer: com esta palavra significa-se a norma positiva ou as normas positivas através das quais é regulada a produção das normas jurídicas" (*Teoria Pura do Direito*, p. 247).

34. Para Lassalle, "juntam-se esses fatores reais de poder, os escrevemos em uma folha de papel e eles adquirem expressão 'escrita'. A partir desse momento, incorporados a um papel, não são simples fatores reais do poder, mas sim verdadeiro direito – instituições jurídicas" (*A Essência da Constituição*, p. 19).

35. Marcelo Neves critica essa visão, asseverando que esta "postura sociologista (ou mesmo economicista) e mecanicista de Lassalle desconhece que o ordenamento jurídico constitucional tem uma relativa autonomia em relação à base de poder, condicionando-a em certo grau" (*Teoria da Inconstitucionalidade das Leis*, p. 60).

Por fim, tem-se a vertente ideológica, que enfatiza os valores plasmados pelas normas constitucionais, ou seja, a ideologia que está por trás do texto.

Tais dimensões estão reciprocamente condicionadas, ou seja, texto, realidade social subjacente e ideologia acabam se implicando mutuamente. Por conseguinte, um conceito abrangente da Constituição não pode desconsiderar esse relacionamento entre tais dimensões. Como observa acertadamente Marcelo Neves, "a Constituição total, enquanto estrutura e processo fundamentais do Estado, comporta a mútua implicação dos fatores fático-sociais, normativo-jurídicos e ideológicos, que constituem as dimensões básicas e essenciais do fenômeno estatal".[36]

Logo, ao se abordar a Constituição como um subsistema normativo, no presente estudo, estar-se-á admitindo que as normas constitucionais veiculam uma ideologia, condicionada pela realidade social que regulam. A perspectiva explorada, desse modo, não importará numa visão reducionista, e sim uma análise que enfatiza uma dimensão do conceito, sem esquecer, porém, do condicionamento existente com o contexto fático e o ideológico, tanto no processo de elaboração, quanto no de aplicação e de interpretação das normas constitucionais.

As normas que integram esse subsistema apresentam a nota típica da supremacia sobre as demais normas do ordenamento jurídico. Tal afirmação parte da premissa da existência de uma regra de hierarquia na estrutura do ordenamento,[37] da qual decorre a existência de séries normativas no sistema, nas quais há normas superiores que condicionam o processo de elaboração das inferiores, delimitando-lhes o conteúdo possível. As normas veiculadas pela Constituição ocupam o lugar mais alto no sistema jurídico, funcionando como fundamento de validade de todas as demais normas jurídicas. Esse atributo das normas constitucionais é a supremacia, que se manifesta de dois modos: material e formal.

A supremacia formal significa que a Carta Magna regula, de alguma maneira, o processo de produção de todas as normas infraconstitucionais, seja atribuindo competência normativa a determinados órgãos, seja prescrevendo o procedimento de elaboração das normas jurídicas.

Já a supremacia material decorre da determinação, na Lei Maior, do conteúdo possível das normas inferiores. Nesse caso, duas hipóteses poderão acontecer: a prescrição da conduta a ser regulada pela norma infraconstitucional ou da finalidade a ser perseguida. Em outras palavras,

36. Idem, p. 62.
37. Cf., supra, item 1.

meio e fim podem ser previstos diretamente pela norma constitucional, limitando-se, diretamente, a ação do legislador ordinário.

É importante ressaltar, todavia, que a supremacia constitucional não tem caráter absoluto, por várias razões, principalmente porque as normas inconstitucionais, mesmo estando numa relação de desconformidade com as normas que lhe são superiores, permanecem no sistema, produzindo efeitos, enquanto não são eliminadas por meio de procedimento específico. Assim, embora superiores, as normas constitucionais acabam convivendo com a sua violação, o que relativiza a superioridade. Ademais, a acentuada vagueza e ambigüidade da linguagem constitucional, ao lado da existência de uma pluralidade de órgãos encarregados da interpretação, acabam possibilitando uma divergência de opiniões quanto à existência ou não de inconstitucionalidade, e, por conseguinte, da observância à supremacia constitucional.[38]

Da supremacia constitucional decorre a existência da rigidez constitucional, sinônimo da impossibilidade de alteração da Constituição pelo mesmo procedimento previsto para a elaboração das leis infraconstitucionais. O fundamento das constituições rígidas, no precioso magistério de Oswaldo Aranha Bandeira de Mello, é constituírem leis de proteção política, leis de garantia.[39] Por esse motivo, elas gozam de um regime jurídico especial, impedindo-se que alterações formais em seu texto sejam efetuadas pelos procedimentos ordinários.

Tais constituições gozam, assim, de uma posição diferenciada no ordenamento jurídico, por duas razões: a) não podem ser modificadas por meio do procedimento de alteração das leis; b) fornecem os critérios de validade das leis infraconstitucionais.

### 1.3 A inconstitucionalidade

Os atos normativos e omissões do Poder Público no adimplemento do dever de legislar, que importarem violação à Constituição, são qualificados como inconstitucionais.

A inconstitucionalidade, dessa maneira, representa um problema de invalidade de comportamentos públicos, dos órgãos com competência normativa. Não ingressam nessa seara os comportamentos privados. Embora os direitos e garantias fundamentais também sejam dirigidos aos

---

38. Cf. Marcelo Neves, *Teoria da Inconstitucionalidade das Leis*, cit., pp. 66-67.
39. *A Teoria das Constituições Rígidas*, p. 39.

particulares, eventual descumprimento da Constituição não ingressará na zona da inconstitucionalidade, e sim na da legalidade. Isso porque o mecanismo de controle alcança quem detém poder de elaborar normas gerais ou abstratas, vale dizer, é um modo de controlar o exercício do poder político, consoante será adiante examinado. Os sujeitos privados não titularizam essa competência, não exercem poder político, razão pela qual a conduta que vierem a praticar em desconformidade com o Texto Magno não poderá ser objeto da fiscalização de constitucionalidade.[40]

A lei inconstitucional, portanto, é uma lei inválida, ato existente, que adentra o mundo jurídico, de maneira deficiente.

Não há como se negar que a inconstitucionalidade das leis[41] é um problema de relação intra-sistemática de normas jurídicas,[42] ou seja, relação entre normas hierarquicamente superiores, situadas no patamar constitucional, que estabelecem critérios de validade de outras normas. Em cada ordenamento jurídico em que existir supremacia da Constituição, haverá critérios nela contidos, com base nos quais será possível identificar a invalidade de um ato normativo ou omissão do Poder Público.

É indubitável, porém, que o tratamento do problema acaba sendo condicionado pelo contexto fático-social e ideológico, o qual influencia, como salientado anteriormente, a produção e a interpretação das regras constitucionais, que ditam os critérios de validade das demais normas.

40. Nesse sentido posiciona-se J. J. Gomes Canotilho: "O objecto de controlo da constitucionalidade são normas jurídico-públicas. Excluem-se, assim, da fiscalização judicial da Constituição os *actos normativos privados*. Esta solução inscreve-se na perspectiva tradicional baseada na autonomia da ordem jurídico-privada perante o ordenamento constitucional. Dito por outras palavras: as conseqüências jurídicas dos actos ou comportamentos inconstitucionais dos particulares não se reconduzem a problemas de inconstitucionalidade" (*Direito Constitucional e Teoria da Constituição*, p. 910). Jorge Miranda corrobora esse entendimento, analisando especificamente a violação de direitos e garantias fundamentais pelos particulares: "Não é inconstitucionalidade a violação de direitos, liberdades e garantias por entidades privadas, a eles também vinculados (art. 18º, 1), e nem sequer a ofensa de normas constitucionais por cidadãos em relações jurídico-públicas. Estas violações podem ser relevantes no plano do Direito constitucional; o seu regime é, no entanto, naturalmente diverso dos regimes específicos a que estão sujeitas as leis e outros actos do Estado" (*Manual de Direito Constitucional*, t. II, p. 274).
41. Este entendimento aplica-se à inconstitucionalidade positiva. Em relação à inconstitucionalidade negativa, como a invalidade consiste na ausência de produção normativa, não há como se defender que exista uma relação intra-sistemática entre normas.
42. Cf. Marcelo Neves, *Teoria da Inconstitucionalidade das Leis*, p. 69.

Portanto, a lei inconstitucional é aquela em desconformidade com a Constituição, em relação ao conteúdo nela previsto ou ao procedimento de produção normativa.

Há uma série de posições equivocadas na doutrina acerca do problema em exame. Há quem sustente, por exemplo, que a lei inconstitucional é uma lei inexistente, entendimento totalmente falho, à medida que a lei em pauta adentra o sistema, produzindo efeitos. Se a hipótese fosse de lei inexistente, não haveria como se explicar os efeitos produzidos pelas normas inconstitucionais, porque do ato inexistente efeitos não são gerados. Afirma-se, também, que o problema manifesta-se tão-somente em constituições rígidas. Em verdade, porém, nas constituições flexíveis, há um conjunto de normas que, embora destituídas de supremacia material em relação às demais, apresenta uma superioridade formal, porque disciplinam o processo de produção de outras regras. Por conseguinte, funcionam como fundamento de validade das normas, ocasionando o surgimento da inconstitucionalidade em caso de violação do procedimento por tais normas regulado.[43]

É indubitável que se trata de um ato inválido, que pode ingressar no plano da eficácia, produzindo efeitos jurídicos. É ato que adentra o sistema e pode produzir efeitos até ser desconstituído por uma norma invalidante, veiculada por uma decisão jurídica, como adiante será estudado.

Como modalidade de norma inválida, a lei inconstitucional pode ser qualificada como nula ou anulável, dependendo do tipo de mecanismo de controle de constitucionalidade do respectivo sistema jurídico.[44] No modelo norte-americano, entende-se que se trata de ato nulo, posto que a decisão judicial que reconhece a presença deste vício tem eficácia declaratória, operando geralmente efeitos retroativos. Já no modelo austríaco, no qual a fiscalização é concentrada, sendo exercida por um órgão especial, a decisão invalidante retira a norma do sistema com eficácia prospectiva, donde se infere que a lei inconstitucional aproxima-se

---

43. Nesse sentido: Marcelo Neves, *Teoria da Inconstitucionalidade das Leis*, pp. 87-88, e Santi Romano, *Princípios de Direito Constitucional Geral*, pp. 332-334.

44. Como observa Jorge Miranda, "O acto inconstitucional é inválido, por contrariar a norma em que se funda a sua validade. Mas a sua posição na dinâmica jurídica e a apreciação dos efeitos que produz ou produziu podem variar muito. Daí, os *valores jurídicos da inconstitucionalidade* como diferentes graus de apreciação do acto inconstitucional pelo Direito (ou seja, primeiro de tudo, pela norma constitucional de garantia)" (*Manual de Direito Constitucional*, t. II, p. 315).

do conceito de ato anulável. Já no modelo francês, de controle preventivo, a decisão de inconstitucionalidade veicula norma desjuridicizante,[45] pois impede a conversão do projeto de ato normativo em lei.

Cabe observar, por fim, que a lei inconstitucional é norma aplicável, apta a produzir efeitos jurídicos. No controle difuso, esta possibilidade pode ser afastada no caso concreto, porém, a aplicabilidade da norma continua a valer para outras situações.[46] Já no controle abstrato, a eficácia é eliminada com a decisão de inconstitucionalidade.

## 1.4 Tipos de inconstitucionalidade

Há diferentes tipos de inconstitucionalidade.[47]

Quando a desconformidade com a Constituição resulta da prática de um ato positivo, diz-se que existe inconstitucionalidade por *ação* (inconstitucionalidade positiva). Na hipótese de inadimplemento do dever de legislar, nas situações em que a Carta impõe a elaboração de uma norma jurídica, existe a inconstitucionalidade negativa, também designada de inconstitucionalidade por *omissão*.

A inconstitucionalidade positiva pode resultar de violação do procedimento previsto pela Constituição para a elaboração de uma fonte formal do direito ou de uma regra de competência.[48] Em tais situações,

---

45. Cf. Marcelo Neves, *Teoria da Inconstitucionalidade das Leis*, p. 82.
46. Como lembra Marcelo Neves, "quando o sistema de controle difuso, porém, adota o princípio do *stare decisis*, como ocorre nos EUA, afirma-se que a lei praticamente passa a ser inaplicável (perde a eficácia em sentido jurídico) a partir da decisão definitiva da Corte Suprema declarando-a inconstitucional. Mas também neste caso, considerando-se o caráter relativo do princípio do *stare decisis*, especialmente em face da possibilidade semântico-pragmática da mutação da jurisprudência da Corte Suprema, é de reconhecer-se não haver uma perda absoluta e definitiva da eficácia da lei" (*Teoria da Inconstitucionalidade das Leis*, p. 84).
47. A inconstitucionalidade material só pode ser manifestada em sistemas jurídicos que adotam uma Constituição rígida, ao passo que a formal também pode ser identificada em sistemas de Constituição flexível.
48. O tipo de inconstitucionalidade gerado pelo desrespeito à norma de competência é objeto de controvérsia da doutrina. Riccardo Guastini sustenta posição peculiar, defendendo que se a violação for de norma que confere competência, a hipótese será de inconstitucionalidade formal (absoluta ou subjetiva). Na hipótese de burla à norma que limita ou delimita o objeto da competência, o vício configura inconstitucionalidade material (*Teoria e dogmatica delle fonti*, pp. 484-489). Já para Jorge Miranda, a ofensa a esse tipo de norma configura inconstitucionalidade *orgânica*, enquanto o vício que atinge norma de forma ou de procedimento caracteriza inconstitucionalidade *formal* (*Manual de Direito Constitucional*, t. II, p. 296).

existirá a inconstitucionalidade *formal*. Caso o órgão com competência normativa elabore a regra jurídica em desconformidade com a norma que estabelece limites substanciais ao conteúdo do ato normativo (ex.: norma que viola os direitos e garantias fundamentais), haverá a inconstitucionalidade *material*.

No que se refere à extensão do vício, existe a inconstitucionalidade *total*, que atinge toda a fonte formal do direito, e a inconstitucionalidade *parcial*, que se verifica quando for possível separar, numa determinada norma ou fonte, a parte válida da inválida. Para que isso ocorra, é imprescindível que não exista relação de dependência lógica[49] ou teleológica[50] entre as partes da norma, de forma que uma possa sobreviver sem a outra.

Quando inexistir tal possibilidade de separação, haverá inconstitucionalidade *conseqüente* (derivada), hipótese em que a norma válida, dependente de uma em desconformidade com a Constituição, tem a sua validade atingida pela inconstitucionalidade daquela.[51] Este tipo de inconstitucionalidade opõe-se à inconstitucionalidade *antecedente* (imediata), que decorre simplesmente da desconformidade de uma regra com o texto constitucional.

Por fim, pode existir a inconstitucionalidade *originária*, que se configura quando o ato inconstitucional for elaborado na vigência da norma superior que funciona como parâmetro de controle; ou a inconstitucionalidade *superveniente* (sucessiva), que se verifica diante de mudança formal na Constituição, hipótese em que a edição de uma emenda consti-

---

49. Marcelo Neves examina com acerto o significado dessa dependência lógica, afirmando que "se a parte da lei conforme à Constituição apresenta-se com objeto não-independente relativamente à parte inconstitucional, ou à lei como um todo, impõe-se logicamente o reconhecimento da inconstitucionalidade total. E, correlativamente, se a parte compatível com a Constituição é compreendida como um objeto independente em relação à parte inconstitucional, ou à lei como um todo, caracteriza-se a inconstitucionalidade parcial" (*Teoria da Inconstitucionalidade das Leis*, p. 122).

50. A dependência teleológica entre partes de uma mesma norma ou fonte do direito ocorre quando a eliminação de uma delas for capaz de desvirtuar por inteiro a finalidade da norma.

51. A inconstitucionalidade conseqüente também se refere à hipótese em que norma fundamento de validade de um ato normativo for inconstitucional, ocasionando a pronúncia de invalidade da norma dependente (subordinada). Ex.: declaração de inconstitucionalidade da lei, com base na qual determinado regulamento foi expedido, gerando a invalidade deste (cf. Clèmerson Merlin Clève, *A Fiscalização Abstrata de Constitucionalidade no Direito Brasileiro*, p. 45).

tucional transforma em inconstitucional uma lei inferior originariamente compatível com a Constituição.⁵²

Existe, ainda, quem separe a inconstitucionalidade em direta (expressa) e indireta (implícita), asseverando que a primeira decorre de incompatibilidade com norma constitucional expressa, enquanto a segunda ocorre quando a desconformidade se verificar em relação à norma constitucional implícita. Além de imprecisa, tal diferenciação parte de uma premissa teórica incorreta: a admissão de normas expressas. Ao nosso ver, todas as normas jurídicas são implícitas.⁵³ Expresso é o texto, o suporte físico com base no qual a norma pode ser construída. Assim, a inconstitucionalidade sempre resulta de uma violação a uma norma constitucional, por natureza, implícita.

## 1.5 Controle de constitucionalidade

A idéia de controle não é exclusiva da teoria do direito.⁵⁴ Ela tem a ver com a noção de monitoração, de fiscalização, que pode ocorrer quando existe limite à realização de alguma conduta. Em qualquer setor da atividade humana pode-se identificar a presença de uma situação de

---

52. Promulgada uma norma constitucional, esta passa a produzir efeitos. Pode ocorrer, por conseguinte, que as leis infraconstitucionais anteriores à edição da Constituição sejam com esta incompatíveis. Se for considerado que a superveniência da norma constitucional implica em derrogação do direito anterior, com esta incompatível, a questão deixa de ser situada no âmbito do controle de constitucionalidade, passando para a esfera do direito intertemporal. Parece-nos, contudo, que a colisão entre normas da mesma hierarquia apresenta aspectos distintos em relação ao conflito entre lei anterior e nova norma constitucional. Nesse caso, quando as normas apresentam a mesma hierarquia, a lei posterior substitui a disciplina legal da lei anterior. Quando se trata da edição de uma emenda constitucional, esta não importa nova regulação das situações fáticas previstas na lei anterior. Ademais, a adoção de critérios de direito intertemporal para resolver o problema pode levar à perigosa admissão de que a norma constitucional é norma geral, devendo ceder diante da regulação da lei inferior. Por tais motivos, entendemos que a incompatibilidade entre lei infraconstitucional e emenda constitucional configura inconstitucionalidade superveniente, suscetível de declaração em sede de controle abstrato ou difuso.
53. O tema é polêmico na Teoria Geral do Direito. A posição amplamente dominante defende a inexistência de normas explícitas.
54. Tércio Sampaio Ferraz Júnior observa que "nos dois sentidos em que o legislador usa em português o neologismo *controle* – sentido forte de dominação e acepção mais atenuada de disciplina ou regulação –, em geral, é o primeiro que costuma merecer a atenção especial do jurista. Isso se deve à necessidade de uma dogmática incorporar explicitamente o fenômeno do poder como elemento para a teorização do direito" (*Introdução ao Estudo do Direito*, p. 309).

controle, na qual se verifica a presença dos seguintes elementos: um sujeito controlador, uma conduta controlada, um sujeito controlado e um parâmetro de controle.

Como a Constituição é dotada de supremacia formal e material em relação às demais normas jurídicas, constitui limite à atividade dos órgãos com competência normativa, donde decorre a necessidade de fiscalização da conduta de elaborar normas jurídicas.

A invalidade de lei que contrasta com a Constituição reclama a existência de uma forma de controle sobre a conformidade das leis em relação à Constituição. Como assevera Riccardo Guastini, na ausência desse controle a rigidez é proclamada, mas não é garantida.[55]

O mecanismo destinado à fiscalização da conformidade de determinada conduta perante a Constituição Federal é o controle de constitucionalidade. Trata-se de um mecanismo institucionalizado,[56] realizado, portanto, por órgãos previstos pelo sistema normativo, segundo determinados procedimentos, cuja atuação tem por objeto a prática de uma conduta inconstitucional, objeto de valoração.

No entanto, essa fiscalização[57] não importa apenas a formação de um juízo de valor acerca de determinado comportamento. Como os órgãos habilitados pelo sistema a controlar a constitucionalidade, no exercício das suas atribuições, interpretam e aplicam dispositivos constitucionais, que funcionam como parâmetros de controle, acabam contribuindo para a concretização e o desenvolvimento das regras e dos princípios constitucionais. Razão assiste, desse modo, a J. J. Gomes Canotilho, ao afirmar que não "se pode deixa de reconhecer constituir a tarefa de controlo também uma tarefa de concretização e desenvolvimento do direito constitucional".[58]

---

55. *Teoria e dogmatica delle fonti*, p. 329.

56. A fiscalização realizada pelos diferentes grupos sociais acerca da inconstitucionalidade de condutas do Poder Público não pode ser caracterizado como controle não institucionalizado, pois não tem o condão de assegurar a supremacia constitucional, eis que eventual juízo de desvalor não terá necessariamente eficácia de eliminar a inconstitucionalidade do sistema. Em sentido contrário, cf. Juliano Taveira Bernardes, *Controle Abstrato de Constitucionalidade*, pp. 27-29.

57. Como leciona Jorge Miranda, "a fiscalização é um meio institucionalizado, um sistema, um aparelho orgânico ou um processo criados a título mais ou menos específico para tal fim. A garantia é um fim mais que um meio, a fiscalização um meio, nunca um fim em si; a garantia é um resultado (hipotético, almejado), a fiscalização reside, antes de mais, numa actividade" (*Manual de Direito Constitucional*, t. II, p. 310).

58. *Direito Constitucional e Teoria da Constituição*, p. 863.

O controle em epígrafe diferencia-se segundo vários critérios, que ocasionaram o surgimento de modelos normativos distintos, consoante será adiante examinado.

## 1.6 Modalidades de fiscalização da constitucionalidade

O controle de constitucionalidade apresenta contornos diferentes nos diversos sistemas jurídicos que o adotam, razão pela qual é possível separar as modalidades de acordo com vários critérios.

Em primeiro lugar, pode-se identificar os tipos de controle segundo o objeto, ou seja, o tipo de conduta controlada. Nesta particular é possível falar-se em controle da inconstitucionalidade material, formal, originária, superveniente etc. Há, neste aspecto, uma relação direta entre os modelos de fiscalização e os tipos de inconstitucionalidade acima examinados.

O segundo critério a ser destacado é o do sujeito controlador, isto é, o órgão com competência constitucional para realizar o controle, do que deriva a existência de uma fiscalização política, a cargo de um órgão político, e outra jurisdicional, realizada por um ou vários órgãos do Poder Judiciário. Esse tipo manifesta-se por duas modalidades distintas: fiscalização difusa, quanto todos os juízes singulares e tribunais detêm competência para apreciar matéria de constitucionalidade das leis, e concentrada, quando tal competência é entregue exclusivamente a um órgão. Portanto, a fiscalização jurisdicional pode ser difusa ou concentrada, ao passo que a política será sempre concentrada.

Quanto ao tempo em que o controle se realiza, diz respeito à relação entre a fiscalização e a formação da conduta objeto do controle. Diz-se que a fiscalização é preventiva quando atua sobre o processo de produção da norma geral e abstrata, isto é, o controle atua antes da conclusão do processo de produção da fonte formal do direito ou antes do momento da sua executoriedade. Já a fiscalização repressiva (sucessiva) é exercida sobre o ato já praticado, o comportamento público já consumado.

No que se refere ao modo ou às circunstâncias como se manifesta o controle, pode ser concreto (difuso) ou abstrato. No primeiro caso, a fiscalização é exercida diante da existência de uma controvérsia acerca da aplicação da norma inconstitucional em situações subjetivas. Nessa hipótese, existe uma lide entre dois sujeitos de direito, envolvendo a validade de determinada norma constitucional que funcionou como fundamento de validade de uma norma individual produzida por um deles.

Já a fiscalização abstrata, atua sobre a validade da norma, independentemente da sua incidência e produção de efeitos no caso concreto. A norma é considerada no plano abstrato e não no plano dos fatos.

É importante observar que no direito comparado pode-se identificar pelo menos três tipos de fiscalização difusa: a) competência dos juízes e tribunais para decidir a questão constitucional (modelo norte-americano); b) competência para conhecer da questão, mas não para decidir, eis que tal competência cabe a um tribunal constitucional (modelo austríaco); c) competência para conhecer e decidir, com recurso para um tribunal situado fora da organização judiciária (tribunal constitucional).[59]

Quanto ao interesse relacionado à fiscalização, pode ser subjetiva, quando a produção de efeitos pela norma impugnada atingir a esfera jurídica de particulares, violando ou ameaçando de lesão direito subjetivo ou interesse legítimo. Já a fiscalização objetiva não leva em consideração tais circunstâncias, visando diretamente à tutela da Constituição, independentemente de a norma impugnada ter atuado no plano dos fatos, e, por conseguinte, alcançado interesses de sujeitos de direito.

Por fim, quanto ao procedimento em que o controle é exercido, tem-se a fiscalização difusa ou principal. No primeiro caso, a inconstitucionalidade constitui um ponto ou uma questão prejudicial, ao passo que na segunda hipótese é o objeto do processo, o tema a ser decidido.[60]

### 1.7 Modelos de fiscalização jurisdicional

A fiscalização jurisdicional de constitucionalidade das leis pode assumir formas diversas, as quais podem ser enquadradas em dois modelos: a) *judicial review of legislation*; b) *Verfassungsgerichtsbarkeit*.

Segundo o modelo norte-americano, qualquer juiz, no curso de um procedimento judicial, poderá desaplicar as normas jurídicas incompatíveis com a Constituição. Como conseqüência da existência do *stare decisis*, uma decisão da Suprema Corte americana declarando a inconstitucionalidade de uma lei acaba adquirindo efeitos gerais e vinculantes para os demais órgãos jurisdicionais, inclusive para os Tribunais Superiores Estaduais. Importa observar, contudo, como salienta Augusto Cerri, que "o vínculo não é absoluto, seja porque cada juiz pode subtrair-se através da técnica do *distinguishing* (isto é, valorizando aspectos peculiares da *fattispecie* a aplicar no caso), seja porque tal vínculo pode ser superado

---

59. É o modelo adotado em diversos países europeus, a exemplo de Portugal.
60. Cf. Jorge Miranda, *Manual de Direito Constitucional*, t. II, pp. 310-315.

pelo juiz superior, ao qual se imputa o precedente, por meio de alteração da jurisprudência (*overruling*) a qual, porém, infalivelmente, dá origem a um novo precedente".[61] Desse modo, o *judicial review of legislation* representa um modo de exercício da jurisdição ordinária, voltada em caráter institucional a garantir os direitos subjetivos dos administrados e, de modo reflexo, a assegurar a supremacia constitucional.

A decisão que lançou as bases teóricas para a admissibilidade desse modelo foi proferida por Marshall no caso William Marbury *vs*. James Madison.[62] Em verdade, tal precedente não examinou a questão da competência da Corte para apreciar a constitucionalidade dos atos normativos. A grande contribuição foi defender que é da essência do Poder Judiciário o dever de negar aplicação às leis inconstitucionais — idéia que já era defendida por Alexander Hamilton quinze anos antes da decisão epigrafada[63] — sustentando, ainda, que as normas inconstitucionais são nulas.[64] Nasceu, assim, a idéia da nulidade da lei inconstitucional.

O modelo da *Verfassungsgerichtsbarkeit* (jurisdição constitucional), de inspiração kelseniana, volta-se à tutela do direito objetivo. A fiscalização da constitucionalidade das leis compete a um órgão exclusivo,

---

61. *Corso di Giustizia Costituzionale*, pp. 11-12.

62. Para facilitar a compreensão do famoso precedente judicial, convém mencionar o contexto em que foi proferido. Marbury fora nomeado juiz de paz do Distrito de Columbia, não tendo tomado posse em face da recusa de Madison, Secretário de Governo. Foi requerida ordem de *mandamus* contra Madison, que não se defendeu. Diante da pressão política, que inclusive ameaçava de *impeachment* todos os juízes da Suprema Corte, Marshall recuou, afirmando que a recusa de Madison era ilegal, mas o writ era incabível, posto que a competência da Suprema Corte não poderia ter sido ampliada pela Lei Judiciária de 1789 (cf. Leda Boechat Rodrigues, *A Corte Suprema e o Direito Constitucional americano*, pp. 35-36).

63. Cf. Ronaldo Poletti, *Controle da constitucionalidade das leis*, p. 26.

64. Segundo Marshall, "é sem dúvida, da alçada e dever do Poder Judiciário declarar a lei. Aqueles que a aplicam aos casos particulares devem, necessariamente, explaná-la e interpretá-la. Se duas leis se contrariam, os tribunais devem decidir sobre o seu âmbito de ação. Assim, se uma lei estiver em antagonismo com a Constituição, e se tanto uma como outra forem aplicáveis à espécie, de modo que o tribunal tenha de decidir o caso de acordo com a lei, desatendendo à Constituição, ou de acordo com a Constituição, rejeitando a lei, ele, inevitavelmente, terá de escolher dentre os dois preceitos opostos o que regerá o assunto. Isso é da essência do dever judicial" (cf. Leda Boechat Rodrigues, *A Corte Suprema e o Direito Constitucional americano*, cit., p. 37). E complementa: "a redação da Constituição dos Estados Unidos confirma e fortalece o princípio, suposto essencial em todas as Constituições escritas, de que uma lei contrária à Constituição é nula; e que os tribunais, da mesma forma que os outros departamentos do governo, devem obediência àquele instrumento" (idem, pp. 37-38).

que é a Corte Constitucional, o qual atua diante de requerimento formulado pelos Governos Federal ou Estadual, não se exigindo demonstração de violação de interesse subjetivo.[65] Adota-se, pois, o controle concentrado, no qual o órgão encarregado da fiscalização atua como verdadeiro legislador negativo, anulando as normas inconstitucionais, isto é, expulsando-as do ordenamento jurídico. As normas inconstitucionais são consideradas anuláveis, ao contrário do que ocorre no modelo norte-americano. Por conseguinte, é prospectiva a eficácia temporal conferida à decisão de inconstitucionalidade.[66] Atualmente tal modelo é adotado em diversos países, tais como a Alemanha, Itália, Espanha, Portugal, Bélgica etc.; contudo, em tais sistemas não é seguido de forma pura, pois é combinado com o modelo da fiscalização incidental.

## 1.8 Evolução do controle de constitucionalidade no Brasil

### 1.8.1 Origem do controle e posteriores modificações

A primeira Constituição brasileira foi omissa acerca da possibilidade de fiscalização jurisdicional de constitucionalidade das leis, o que não impediu, todavia, a previsão da existência desse mecanismo no Decreto 848, de 11 de outubro de 1890, que estabeleceu em seu art. 3º que "na guarda e aplicação da Constituição e das leis nacionais a magistratura federal só interviria em espécie e por provocação da parte".[67] Inaugurou-se, assim, em nosso sistema o controle difuso de constitucionalidade, mantido posteriormente pelo texto da Constituição de 1891, cujo art. 59, § 1º, "b", outorgava competência ao STF para apreciar os recursos "quando se contestar a validade de leis ou de actos dos governos dos Estados em face da Constituição, ou das leis federais, e a decisão do tribunal do Estado considerar válidos esses actos, ou essas leis impugnadas".

Posteriormente, a Lei 221, de 20 de novembro de 1894, estabeleceu no art. 13, § 10, que "os juízes e tribunais apreciarão a validade das leis e regulamentos e deixarão de aplicar aos casos concretos as leis manifes-

---

65. Cf. Hans Kelsen, "Le giurisdizioni costituzionale e amministrativa al servizio dello stato federale secondo la nuova costituzione austriaca del 1o ottobre 1920", pp. 22-23.

66. Hans Kelsen, "Le giurisdizioni costituzionale...", p. 25.

67. Cf. Celso Agrícola Barbi, "Evolução do controle da constitucionalidade das leis no Brasil", *RDP* 4, abril-junho/1968, p. 37.

tamente inconstitucionais e os regulamentos manifestamente incompatíveis com as leis ou com a Constituição".[68]

A promulgação da Carta de 1934 apresentou como novidades principais a exigência de *quorum* especial para declaração de inconstitucionalidade (art. 179),[69] denominada atualmente de "cláusula de reserva"; a criação da ação direta para fins de intervenção (art. 12, § 2º) e a outorga de competência ao Senado para suspender a execução de lei declarada inconstitucional pelo Poder Judiciário (arts. 91, IV, e 96),[70] figura que objetivou estender a eficácia subjetiva da decisão de inconstitucionalidade proferida em controle difuso, tendo em vista a inexistência em nosso ordenamento, como nos Estados Unidos da América, do *stare decisis*.

A Carta de 1937 manteve apenas a cláusula de reserva (art. 96), porém, criou um mecanismo apto a aniquilar, na prática, a fiscalização de constitucionalidade, ao prescrever, no parágrafo único do art. 96, que "no caso de ser declarada a inconstitucionalidade de uma lei que, a juízo do Presidente da República, seja necessária ao bem estar do povo, à promoção ou defesa de interesse nacional de alta monta, poderá o Presidente da República submetê-la novamente ao exame do parlamento; se este a confirmar por dois terços de votos em cada uma das Câmaras, ficará sem efeito a decisão do Tribunal". Com isso, ato do Presidente da República tinha o condão de submeter à apreciação do Poder Legislativo norma declarada inconstitucional, que, por decisão dessa Casa, poderia ter assegurada a sua vigência no ordenamento. O Judiciário, assim, ficou refém do Poder Executivo.

O advento da Constituição de 1946 reincorporou todas as inovações da Carta de 1934 e aperfeiçoou o papel do Senado, estabelecendo que a suspensão da execução da lei ocorreria tão-somente após a decisão de inconstitucionalidade "definitiva" do Supremo Tribunal Federal (art.

68. Cf. Gilmar Ferreira Mendes, *Controle de constitucionalidade*, p. 173.
69. "Art. 179. Só por maioria absoluta de votos da totalidade dos seus juízes, poderão os tribunais declarar a inconstitucionalidade de lei ou de ato do poder publico."
70. "Art. 90. São atribuições privativas do Senado Federal: (...) IV – suspender a execução, no todo ou em parte, de qualquer lei ou ato, deliberação ou regulamento, quando hajam sido declarados inconstitucionais pelo Poder Judiciário. (...) Art. 96. Quando a Corte suprema declarar inconstitucional qualquer dispositivo de lei ou ato governamental o Procurador Geral da República comunicará a decisão ao Senado Federal, para os fins do art. 91, n. IV, e bem assim à autoridade legislativa ou executiva, de que tenha emanado a lei ou o ato."

64).[71] Além disso, o texto também avançou, aperfeiçoando a argüição de inconstitucionalidade para fins de intervenção.[72] Nesse período foi apresentada a primeira ação direta, denominada de "representação".[73]

Na vigência dessa Constituição Federal promulgou-se a Emenda Constitucional 16/1965, instituindo-se uma grande novidade no ordenamento brasileiro: a ação direta genérica. Nasceu aí a fiscalização abstrata de constitucionalidade.

O Texto de 1967 e a Emenda 1, de 1969, não modificaram a sistemática do controle de constitucionalidade prevista na Carta de 1946, incluindo-se as modificações da Emenda 16/1965.

Com o advento da Carta de 1988, a fiscalização de constitucionalidade adquiriu novo perfil. Dentre as inovações surgidas, merecem ser destacadas as seguintes: ampliação da legitimação ativa para propositura da ação direta (art. 103); instituição da ação direta por omissão (art. 103, § 2º) e do mandado de injunção (art. 5º, LXXI); criação da argüição de descumprimento de preceito fundamental (art. 102, § 1º); exigência de manifestação do Procurador Geral da República em todas as ações de inconstitucionalidade, bem como de citação do Advogado-Geral da União (art. 103, §§ 1º e 3º); e modificação do recurso extraordinário, que passou a versar exclusivamente sobre questão constitucional (art. 102, III).

O mecanismo de controle de constitucionalidade foi novamente modificado com a promulgação da Emenda Constitucional 3, de 18.3.1993, que criou a ação declaratória de constitucionalidade de lei ou ato normativo federal.

Em 1999 foi promulgada a Lei 9.868, posteriormente alterada pela Lei 12.063/2009, que regulamentou o processo de julgamento da ação direta de inconstitucionalidade e da ação declaratória de constitucionalidade; e a Lei 9.882, regulando a argüição de descumprimento de preceito fundamental.

---

71. "Art. 64. Incumbe ao Senado Federal suspender a execução, no todo ou em parte, de lei ou decreto declarados inconstitucionais por decisão definitiva do Supremo Tribunal Federal."

72. Nesse tipo de argüição não se verifica a fiscalização abstrata da constitucionalidade das leis. Não existe, neste caso, um processo objetivo. A representação versa sobre um conflito federativo. O que se busca é verificar *in abstracto* a constitucionalidade de norma estadual tão-somente para fins de intervenção. A decisão do STF limita-se a declarar a violação da Constituição, sem pronunciar a nulidade do ato inconstitucional.

73. Cf. Gilmar Ferreira Mendes, *Controle Concentrado de Constitucionalidade*, p. 183.

Em dezembro de 2004 foi promulgada a Emenda Constitucional 45, promovendo diversas alterações no controle de constitucionalidade das leis, as quais merecem um exame mais cuidadoso.

### 1.8.2 Alterações introduzidas pela Emenda Constitucional 45/2004

#### 1.8.2.1 Controle abstrato

##### 1.8.2.1.1 Legitimidade para propositura da ADI e ADC – A legitimidade para ajuizamento de Ação Declaratória de Constitucionalidade, segundo o regime originariamente previsto na Emenda Constitucional 3/1993 – que introduziu o instituto em nosso ordenamento jurídico – alcançava apenas o Presidente da República, a Mesa do Senado Federal, a Mesa da Câmara dos Deputados e o Procurador-Geral da República. O motivo dessa restrição é o objetivo visado com a utilização desse remédio: afastar dúvida acerca da constitucionalidade de determinado ato normativo, incerteza decorrente de uma série de decisões judiciais, proferidas em controle difuso, reconhecendo a invalidade da norma jurídica. A eliminação dessa situação interessa diretamente a apenas um número limitado de órgãos públicos, aos quais foi outorgada, então, a faculdade para a utilização da ADC.

A Emenda Constitucional 45/2004 alterou esse regramento, revogando o § 4º do art. 103 da CF e modificando a redação do *caput* desse dispositivo, concedendo aos mesmos entes a possibilidade de ajuizamento de ADI e de ADC. Equiparou-se, destarte, a legitimidade ativa para a propositura de tais ações.

Outra inovação operada foi a modificação do inciso V do art. 103, o qual concedia faculdade para ajuizamento de ADI ao Governador de Estado. Na vigência desse enunciado prescritivo debateu-se em sede doutrinária[74] e jurisprudencial acerca da possibilidade de utilização dessa ação direta pelo Governador do Distrito Federal. No julgamento da ADI 645 o Supremo Tribunal Federal posicionou-se pela admissibilidade.[75] Veio a lume, então, a Lei 9.868/1999, a qual, ao regular o procedimento da ADI e da ADC, conferiu expressamente em seu art. 2º, V, tal legitimidade, a despeito da inexistência de previsão constitucional. Com o advento da EC 45/2004 essa situação acabou sendo corrigida com a alte-

---

74. Para uma análise mais aprofundada da divergência existente na doutrina sobre esse tema, conferir a obra de Gilmar Ferreira Mendes e Ives Gandra da Silva Martins, *Controle Concentrado de Constitucionalidade*, pp. 93-95.
75. STF, ADI 645, rel. Min. Ilmar Galvão, *DJU* 21.2.1992.

ração do inciso V do art. 103 e a concessão da faculdade em epígrafe ao chefe do Poder Executivo Distrital.

*1.8.2.1.2 Efeito vinculante das decisões proferidas em sede de ADI*
– O efeito vinculante foi incorporado ao nosso sistema constitucional com o advento da Emenda Constitucional 3/1993, que inseriu o § 2º no art. 102 da CF, prescrevendo o seguinte: "As decisões definitivas de mérito, proferidas pelo Supremo Tribunal Federal, nas ações declaratórias de constitucionalidade de lei ou ato normativo federal, produzirão eficácia contra todos e efeito vinculante, relativamente aos demais órgãos do Poder Judiciário e ao Poder Executivo". Trata-se de uma eficácia reforçada, que confere a obrigatoriedade de os órgãos do Poder Judiciário e do Poder Executivo observarem a decisão do Pretório Excelso, sob pena de serem invalidados os atos praticados em desconformidade com essa orientação pretoriana.

A análise desse enunciado demonstra que não foi adotado o citado efeito para as decisões liminares,[76] nem para as definitivas proferidas em Ação Direta de Inconstitucionalidade. O problema da possibilidade de concessão de provimento liminar e o seu efeito vinculante acabou sendo resolvido pelo Supremo no julgamento da Ação ADC 4.[77] Com a edição da Lei 9.868/99 tentou-se uma solução para a outra lacuna da EC 3/1993,[78] equiparando-se, no art. 28, parágrafo único, o regime das decisões definitivas da ADI e da ADC.

Ao nosso sentir, tal dispositivo é inconstitucional, porque os efeitos da decisão de inconstitucionalidade constituem aspectos substancias da fiscalização de constitucionalidade, não podendo ser ampliados por lei ordinária. Ademais, se é verdade que a ADI e a ADC têm a mesma natureza, não se deve perder de vista que os efeitos do julgamento de procedência do pedido são diversos: na primeira, importa na expulsão da norma do sistema jurídico, na segunda, implica a confirmação da validade do ato normativo impugnado.[79]

A EC 45/2004 acabou modificando a redação do art. 102, § 2º, da CF, conferindo o efeito em epígrafe para as decisões definitivas de

---

76. A EC 3/1993 não previu a possibilidade de concessão de medida liminar em sede de ADC.
77. STF, ADC/MC 04, rel. Min. Sydney Sanches, *DJU* 21.5.1999.
78. Relacionada com o efeito vinculante.
79. O STF pronunciou-se sobre a matéria, reconhecendo a constitucionalidade do art. 28, parágrafo único, da Lei 9.868/1999.

mérito, proferidas pelo STF nas ações diretas de inconstitucionalidade. Adotou-se, portanto, a postura outrora encampada pela lei ordinária referenciada.

*1.8.2.1.3 Parametricidade do controle* – O parâmetro de controle da constitucionalidade das leis é o conjunto das normas constitucionais, alcançando as regras e os princípios constitucionais, conhecido como "bloco de constitucionalidade".[80]

A EC 45/2004 inseriu o § 3º no art. 5º da Carta Magna, *verbis*: "Os tratados e convenções internacionais sobre direitos humanos que forem aprovados, em cada Casa do Congresso Nacional, em dois turnos, por três quintos dos votos dos respectivos membros, serão equivalentes às emendas constitucionais".

Criou-se, assim, a possibilidade de tratados e convenções internacionais, que versarem sobre determinada matéria e tiverem sido aprovados por *quorum* qualificado e procedimento especial nas Casas Legislativas, apresentarem status de norma constitucional. Sendo assim, tais normas também passarão a funcionar como parâmetro de aferição da constitucionalidade de atos normativos.[81] Ampliou-se, desse modo, a parametricidade da fiscalização de constitucionalidade.

1.8.2.2 Controle difuso

A EC 45/2004 acrescentou um novo parágrafo ao art. 102 da CF, prescrevendo o seguinte: "No recurso extraordinário o recorrente deverá demonstrar a repercussão geral das questões discutidas no caso, nos termos da lei, a fim de que o Tribunal examine a admissão do recurso, somente podendo recusá-lo pela manifestação de dois terços de seus membros". Estabeleceu-se, assim, um novo pressuposto de admissibilidade do recurso extraordinário, restringindo-se o acesso do jurisdicionado ao controle difuso de constitucionalidade das leis, exercido pelo Supremo Tribunal Federal.

Na vigência da Carta de 1969 existia semelhante mecanismo, conhecido como *argüição de relevância*, o qual foi introduzido pela EC 7,

---

80. Admite-se, também, que a lei complementar funcione como parâmetro, na hipótese de interposição de normas.
81. A exemplo do que ocorre com qualquer emenda constitucional, os tratados e convenções internacionais que adquirirem esta natureza também estarão sujeitos ao controle de constitucionalidade.

de 13.4.1977, que inseriu o § 1º no art. 119 – norma de outorga de competência ao Supremo Tribunal Federal para processar e julgar o recurso extraordinário – estabelecendo que as hipóteses de cabimento desse remédio jurídico seriam indicadas no Regimento Interno desste Tribunal, que atenderia "à sua natureza, espécie, valor pecuniário e relevância da questão federal". Já o § 3º do art. 119 da CF, estabelecia que esse Regimento Interno estabeleceria "o processo e o julgamento dos feitos de sua competência originária ou recursal e da argüição de relevância da questão federal". Estava, assim, criado o mecanismo de filtragem das causas que seriam apreciadas pelo Pretório Excelso em sede de recurso extraordinário, por influência de semelhante instituto que limita o acesso à Suprema Corte nos Estados Unidos da América.

Foi disciplinada, então, a argüição de relevância pelos arts. 327 a 329 do Regimento Interno do STF, que tinha força de lei. A definição de questão federal foi gizada pelo art. 327, § 1º, da seguinte forma: "entende-se relevante a questão federal que, pelos reflexos na ordem jurídica, e considerados os aspectos morais, econômicos, políticos ou sociais da causa, exigir a apreciação do recurso extraordinário pelo Tribunal".

Criou-se, destarte, com a adoção dessa definição, uma fórmula vaga, imprecisa, que concedia ao Supremo Tribunal Federal grande margem de discricionariedade na admissibilidade do recurso em epígrafe. Vale notar, de outro lado, que tal mecanismo consistia em pressuposto apenas do recurso extraordinário baseado em matéria infraconstitucional,[82] não incidindo na hipótese de alegação de violação à Constituição.

A repercussão geral a que se refere a Emenda Constitucional 45/2004 também busca nitidamente reduzir o volume de processos a serem apreciados pelo Pretório Excelso, mas apresenta algumas diferenças em relação ao instituto supra citado.

A primeira delas é que a definição de "repercussão geral" deve ser traçada pelo legislador, e não pelo regimento interno da Corte Maior. Sendo assim, enquanto não fosse elaborada esta lei, o STF não poderia deixar de conhecer qualquer recurso extraordinário sob o argumento de inexistência do mencionado pressuposto. Além disso, no modelo antigo era exigido o reconhecimento da relevância da matéria para a admissão do recurso (pressuposto positivo), enquanto no atual é da inexistência da repercussão para que o recurso não seja admitido, posto que o dis-

---

82. Na vigência da Carta de 1969 inexistia o recurso especial, versando o extraordinário tanto matéria constitucional, quanto infraconstitucional (cf. infra, cap. II, item 5.2.1).

positivo constitucional em epígrafe refere-se expressamente à recusa da admissibilidade.

O novo mecanismo suscita algumas questões. Em primeiro lugar, é constitucional a restrição ao controle difuso, com sede na Constituição, operada pelo novo mecanismo? Segundo, qual o significado da "repercussão geral"? O adjetivo "geral" refere-se aí às hipóteses de demandas cujos resultados possam alcançar um grupo de sujeitos, ou às situações em que o efeito da decisão poderá gerar sério gravame financeiro ao erário, atingindo a coletividade por via reflexa? A repercussão, em outras palavras, é da tese jurídica em debate, do efeito da decisão, ou do bem jurídico objeto do provimento jurisdicional?

Outra polêmica decorrente do novel instituto: haverá necessidade de criação pela lei de um incidente de repercussão geral, de cuja argüição dependerá a inadmissibilidade do RE por ausência de tal requisito, ou se trata de um mero pressuposto a ser examinado caso a caso em todos os recursos interpostos? O reconhecimento da inexistência da repercussão geral pela maioria de votos de dois terços dos membros do STF em determinado recurso dispensa o pronunciamento do Plenário em posterior processo idêntico, possibilitando, assim, o não conhecimento deste pelo Ministro Relator, ou até mesmo pelo órgão *a quo*?

Tais questões foram parcialmente solucionadas com a edição de lei regulamentadora do instituto (Lei 11.418/2006).[83] Outras problemáticas serão resolvidas, gradativamente, pela jurisprudência do Supremo Tribunal Federal, à medida que o mecanismo for aplicado pela Corte.

De qualquer sorte, se por um lado a inovação representa uma tentativa de redução da sobrecarga de processos em tramitação nesse Tribunal, dando maior celeridade à sua atuação, de outro constitui séria limitação ao controle difuso de constitucionalidade das leis, e, por conseguinte, ao acesso à Justiça. O tempo dirá se as vantagens do fim visado com a edição da norma serão superiores às desvantagens por ela criadas.

Outra modificação relacionada ao controle difuso foi a transferência para o âmbito do recurso extraordinário de situação outrora prevista para o recurso especial. Inseriu-se a letra "d" no art. 102, III, da Carta Magna, admitindo-se o recurso extraordinário de decisão que "julgar válida lei local contestada em face de lei federal". A justificativa para essa mudança é que, nesse caso, a controvérsia objeto do recurso diz respeito à distribuição de competência para legislar. Se existe impugnação a lei

---

83. Para uma análise do procedimento criado pela Lei 11.418/2006, cf. infra, cap. II, item 5.2.3.

local em face da federal é porque se alega que aquela versou sobre matéria de competência da legislação federal.[84]

### 1.9 Atual sistema de controle de constitucionalidade brasileiro

O modelo atual de controle de constitucionalidade do ordenamento brasileiro consagra, em relação ao momento, o controle preventivo e repressivo. Quanto ao órgão, o controle político e o jurisdicional. Por fim, quanto ao procedimento, o controle difuso e o concentrado.

O controle preventivo é realizado pelo Poder Legislativo e pelo Executivo no procedimento legislativo. O primeiro exerce tal faculdade por meio das Comissões de Constituição e Justiça, enquanto o segundo poderá fiscalizar a constitucionalidade do projeto de lei manifestando a sua discordância por meio do veto (CF, art. 66, § 4º). Admite-se, também, o controle preventivo realizado pelo Poder Judiciário, na via incidental, em caso de inobservância, pelos parlamentares, do processo legislativo previsto na Constituição Federal.

Já no controle repressivo, a regra geral é a da competência do Poder Judiciário. Admite-se como exceção a possibilidade de rejeição de Medida Provisória pelo Congresso Nacional (CF, art. 62, § 5º), eis que neste caso o Poder Legislativo atua sobre ato normativo perfeito e acabado.[85] Outra exceção consagrada pela jurisprudência do Supremo Tribunal Federal (Súmula 347) é a possibilidade de controle repressivo pelos Tribunais de Contas, faculdade que encontra fundamento em competência constitucional implícita.

Sobre a possibilidade de a Administração declarar a inconstitucionalidade de norma jurídica, em nosso sistema, é importante observar, inicialmente, que a atividade administrativa é infralegal, ou seja, atividade de subordinação à lei. No exercício da função administrativa, o Estado tem o dever de cumprir a lei, emitindo atos para concretizar o mandamento normativo, não lhe cabendo emitir qualquer juízo acerca da validade da lei objeto de aplicação.

---

84. Cf. infra, cap. II, item 5.2.3
85. Parte da doutrina também sustenta que a faculdade contida no art. 49, V, da CF, representa um mecanismo de controle repressivo de constitucionalidade pelo Poder Legislativo (cf. Alexandre de Moraes, *Direito Constitucional*, 21ª ed., São Paulo, Atlas, pp. 682-683). Para nós, todavia, em tal hipótese haverá um controle de legalidade do regulamento, e não de constitucionalidade. Nesse sentido, conferir Juliano Taveira Bernardes (*Controle Abstrato de Constitucionalidade*, p. 48).

Em verdade, no Brasil, o órgão habilitado a se pronunciar sobre a validade (constitucionalidade) da lei é o Judiciário. É ele, e só ele, quem tem competência, haurida do texto da Constituição, para qualificar a lei como inconstitucional, expulsando-a do sistema (CF, arts. 97 e 102, I). Como enfatiza Celso Antônio Bandeira de Mello, "o Direito apresenta a peculiaridade de estabelecer não só o seu modo de produção, mas o modo de eliminação, o modo de expungir aquilo que tenha sido produzido pelo Direito que regula isto".[86] No caso brasileiro, o direito posto outorga ao Judiciário, e a mais ninguém, a competência para pronunciar-se sobre a inconstitucionalidade das normas jurídicas, eliminando as normas inválidas do sistema. Entre nós, a decisão de inconstitucionalidade é ato privativo do Poder Judiciário.

Acresça-se, ainda, que o controle que o Executivo realiza acerca da constitucionalidade, consistente na possibilidade de vetar projetos que considerar inconstitucionais (CF, art. 66, § 1º), antecede à existência da lei. Se fosse admitido outro controle, *a posteriori*, o veto perderia o sentido.[87]

Por tais motivos, entendemos que o Executivo não pode negar aplicação à lei, sob o fundamento de inconstitucionalidade, por falta de competência constitucional. Como os "Tribunais Administrativos" são órgãos do Poder Executivo, são igualmente inabilitados para se pronunciarem acerca da inconstitucionalidade da norma jurídica tributária. Concordamos, nesse particular, com o abalizado escólio de Celso Antônio Bandeira de Mello, segundo o qual "num processo administrativo tributário não pode ser discutida a constitucionalidade da lei: porque este tribunal é um tribunal administrativo, e um tribunal administrativo se aloca no plano sublegal; e por se alocar no plano sublegal, ele não tem poderes para contender aquilo que resulta de lei".[88]

E nem se diga que este posicionamento fere o princípio da ampla defesa.[89] Esse princípio tem caráter procedimental (instrumental), sig-

---

86. "O Controle da constitucionalidade pelos tribunais administrativos no processo administrativo tributário", *RDT* 75/16.
87. Cf. Celso Antônio Bandeira de Mello, "O Controle da Constitucionalidade pelos Tribunais Administrativos no Processo Administrativo Tributário", *RDT* 75/15-16.
88. Idem, p. 18.
89. Os doutrinadores que sustentam a possibilidade de declaração de inconstitucionalidade pela Administração fundamentam-se basicamente no princípio da ampla defesa. Nessa direção posicionam-se Marçal Justen Filho, "Ampla defesa e conhecimento de argüições de inconstitucionalidade e ilegalidade no processo admi-

nificando que nos processos administrativos e jurisdicionais deve ser facultado às partes oportunidade para apresentar suas alegações, produzir os meios de provas legítimos, devendo, ademais, ser cientificadas de todos os atos do procedimento. As partes podem alegar o que quiserem em processos, porque o direito de defesa, em ambos os aspectos (ativo e passivo), é autônomo, ou seja, independe do direito material. Isso, contudo, não significa que o órgão julgador deve se manifestar sobre todas as alegações. Ele só poderá fazê-lo se tiver competência constitucional. Assim, por exemplo, num processo jurisdicional em que determinado sujeito postula a reparação de danos oriundos de um ilícito penal, se o desejar, poderá postular a condenação do réu nas sanções previstas no Código Penal, haja vista que o direito de ação é autônomo, geral e abstrato. Porém, como o juiz do feito não tem competência para julgar a matéria penal, sobre o mencionado pedido não poderá se manifestar. Isso comprova que a amplitude da defesa não significa amplitude de competência para examinar qualquer tipo de alegação. A competência constitucional nada tem a ver com a ampla defesa. Logo, no processo administrativo tributário a parte pode invocar a inconstitucionalidade da norma impositiva, mas, se o fizer, tal alegação será inútil, porque os "Tribunais Administrativos" não têm competência para apreciar a matéria, reafirme-se.

De igual modo, não se admite o controle repressivo realizado pelas cortes arbitrais, por ausência de fundamento constitucional.

No que se refere ao procedimento, o controle difuso pode ser exercitado por qualquer órgão jurisdicional, ao passo que o concentrado é de competência exclusiva do Supremo Tribunal Federal. Os dois mecanismos convivem no sistema, podendo gerar influências recíprocas, consoante será posteriormente estudado.

## 1.10 *Parâmetro do controle*

A fiscalização de constitucionalidade, no ordenamento brasileiro, é realizada com base no parâmetro constitucional, ou seja, no conjunto de regras e de princípios veiculados pela Constituição escrita. No entanto, há determinadas normas que não têm hierarquia constitucional, mas são reclamadas como fundamento de validade de outras leis infraconstitucionais (ex.: CF, art. 146, III; art. 59, parágrafo único). Tais regras são

nistrativo", *RDDT* 25/76-77, e Wagner Balera, "Do controle de constitucionalidade pelo tribunal fiscal", *RDT* 71/64-65.

qualificadas como normas interpostas, ingressando na parametricidade do controle.

Logo, pode-se defender a existência de dois modelos de parametricidade: i) *parametricidade direta* da Constituição, no qual o ato normativo é o objeto de controle e o Texto Maior representa o parâmetro direto; ii) *parametricidade interposta*, que se refere às hipóteses de desconformidade entre um ato normativo e outro de valor não constitucional, embora previsto na Constituição como fundamento de validade do primeiro. Nessa situação, o texto constitucional é o parâmetro indireto e a norma interposta, o direto.[90]

Convém observar que a fiscalização alcança os atos normativos posteriores à promulgação da Constituição. A fiscalização de direito anterior só poderá ocorrer nas hipóteses expressamente admitidas pelo ordenamento. No caso brasileiro, em controle abstrato admite-se a análise da inconstitucionalidade de atos anteriores à Constituição apenas em sede de Argüição de Descumprimento de Preceito Fundamental (Lei 9.882/1999, art. 1º, parágrafo único, I).[91] Já no controle difuso, poderá ser discutida a constitucionalidade de leis anteriores, com base na Constituição revogada, bem como os efeitos gerados pelos atos inconstitucionais. Isso significa que nesse tipo de controle a parametricidade é mais ampla.

### 1.11 Objeto do controle

Objeto do controle de constitucionalidade é a norma jurídica ou a omissão no cumprimento do dever de legislar. Em nosso sistema,[92] as normas gerais e abstratas ou individuais e concretas podem ser fiscalizadas pelo Judiciário. Vale dizer, tanto os atos normativos produzidos pelos Poderes Legislativo e Executivo quanto os administrativos estão sujeitos ao mecanismo em pauta.

Cabe reafirmar, no entanto, que a fiscalização em estudo não alcança os atos decorrentes da autonomia privada, como, por exemplo,

---

90. Cf. J. J. Gomes Canotilho, *Direito Constitucional e Teoria da Constituição*, pp. 894-895.
91. Como a jurisprudência do STF entende que a desconformidade entre ato normativo anterior à nova Constituição deve ser resolvida por critérios de direito intertemporal, entende-se que a desconformidade configura revogação, sendo descabida, por esse motivo, a impugnação da lei em sede de ADI.
92. Em alguns ordenamentos os atos administrativos não podem ser objeto de controle pelo Judiciário, em face da existência do contencioso administrativo.

as convenções coletivas de trabalho. A inconstitucionalidade refere-se apenas aos comportamentos públicos, como salientado anteriormente. Eventual desconformidade entre atos de particulares e as normas constitucionais submete-se ao controle de legalidade.[93]

É importante asseverar, também, que a fiscalização é de normas posteriores à Constituição em vigor e de normas anteriores. Embora entre nós prevaleça o entendimento que as leis anteriores à nova Constituição foram por esta revogadas – posição com a qual não concordamos – a fiscalização de constitucionalidade é importante não só para investigar a desconformidade com o texto constitucional, como para a definição dos efeitos gerados por aquelas normas.[94] Ademais, tais normas, embora revogadas, podem continuar a produzir efeitos jurídicos, em face do princípio *tempus regit actum*. Tal possibilidade de controle, no direito brasileiro, poderá ocorrer na fiscalização difusa, bem como em sede de Argüição de Descumprimento de Preceito Fundamental (ADPF).

Todas as normas veiculadas pelas fontes do direito previstas no art. 59 da Constituição Federal poderão ser fiscalizadas, independentemente do vício que apresentem, ou seja, do tipo de inconstitucionalidade. É imprescindível que as normas tenham sido postas no ordenamento por meio de fontes já promulgadas. Controle sobre o projeto de lei, em nosso sistema, não compete ao Judiciário, e sim às Casas do Poder Legislativo.

As emendas constitucionais podem ser sindicadas por violação ao procedimento previsto na Constituição para a sua elaboração, bem como na hipótese de burla às limitações materiais (cláusulas pétreas), temporais ou circunstanciais ao exercício da competência reformadora.

93. Como assevera J. J. Gomes Canotilho, "o objecto do controlo da constitucionalidade são *normas jurídico-públicas*. Excluem-se, assim, da fiscalização judicial da Constituição os *actos normativos privados*. Esta solução inscreve-se na perspectiva tradicional baseada na autonomia da ordem jurídico-privada perante o ordenamento constitucional. Dito por outras palavras: as conseqüências jurídicas dos actos ou comportamentos inconstitucionais dos particulares não se reconduzem a problemas de inconstitucionalidade" (*Direito Constitucional e Teoria da Constituição*, p. 910).

94. Jorge Miranda justifica este tipo de controle afirmando o seguinte: "se convém proceder, com a maior eficácia possível, à expurgação do sistema jurídico de normas contrárias à Constituição, ela torna-se ainda mais necessária para normas anteriores do que para normas posteriores, visto que estas são decretadas por órgãos por ela criados e que se presume agirem segundo os seus critérios e valores, ao passo que as normas de Direito anterior são resquícios de um sistema ou de uma idéia de Direito que a Constituição erradicou definitivamente" (*Manual de Direito Constitucional*, t. II, p. 350).

As demais fontes indicadas no art. 59 submetem-se ao controle de validade pelo Poder Judiciário, com base na parametricidade direta ou indireta.

Os atos normativos elaborados pela Administração e pelos Tribunais também podem ser objeto de determinados tipos de controle. A súmula com efeito vinculante (CF, art. 103-A), por exemplo, poderá ter a sua validade impugnada em sede de controle abstrato.

Já as decisões jurisdicionais não se submetem à fiscalização de constitucionalidade, eis que deverão ser impugnadas por meio dos remédios jurídicos previstos na legislação infraconstitucional (recursos e meios autônomos de impugnação). Ademais, como observa J. J. Gomes Canotilho, "fiscalizar a constitucionalidade de normas jurídicas aplicadas pelos tribunais não se confunde com a fiscalização da constitucionalidade das próprias decisões jurisdicionais. O controlo da constitucionalidade é um controlo normativo incidente sobre normas e não sobre decisões aplicadoras de normas".[95]

Além disso, as omissões inconstitucionais também poderão figurar como objeto do controle de constitucionalidade.

A inconstitucionalidade por omissão, como salientado anteriormente, caracteriza-se pelo inadimplemento do dever de legislar ou pelo cumprimento desse dever de maneira deficiente. Consoante observa Jorge Miranda, "ela verifica-se sempre que, mandando a norma reguladora de certa relação ou situação praticar certo acto ou certa actividade nas condições que estabelece, o destinatário não o faça, não o faça nos termos exigidos, não o faça em tempo útil, e a esse comportamento se liguem conseqüências mais ou menos adequadas".[96] A omissão caracteriza-se, portanto, pela omissão do órgão com competência normativa em dar efetividade às normas constitucionais.

No direito brasileiro, a Constituição Federal de 1988 admitiu expressamente o controle de constitucionalidade das omissões, criando dois instrumentos jurídicos destinados a esse fim: o mandado de injunção, exercitável em controle difuso, e a ação direta de inconstitucionalidade por omissão, relacionada ao controle abstrato.

### 1.12 A decisão de inconstitucionalidade

A "declaração de inconstitucionalidade", nos sistemas, como o brasileiro, que adotam a fiscalização jurisdicional, é uma decisão judicial

---

95. *Direito Constitucional* ..., pp. 909-910.
96. *Manual*, t. II, pp. 393-394.

que elimina, no plano normativo, a contradição existente entre lei infraconstitucional e a Constituição Federal. Ademais, tal decisão deverá resolver os problemas gerados no plano fático, decorrentes da aplicação e da observância da norma inconstitucional. Para alcançar tal desiderato poderá inclusive flexibilizar os efeitos temporais da decisão, consoante será adiante analisado.

Sob a ótica formal, essa decisão poderá ser veiculada na forma de uma decisão interlocutória, de uma sentença ou acórdão, dependendo do tipo de procedimento em que vier a ser produzida.

Na perspectiva analítica, a decisão de inconstitucionalidade veicula uma norma invalidante, sancionatória,[97] em cuja hipótese se identifica o descumprimento da Constituição e no mandamento a certificação da invalidade da norma inconstitucional, seguida ou não – dependendo do modelo de fiscalização (difuso ou concentrado) – da expulsão da norma do ordenamento. Dado o fato da existência de uma inconstitucionalidade, então deve ser a certificação de invalidade da norma inconstitucional e sua desaplicação ao caso concreto (controle difuso) ou a sua expulsão do ordenamento (controle abstrato). Eis o modelo da norma sancionatória inserida pela decisão de inconstitucionalidade.

Importa observar que a sanção negativa é uma conseqüência jurídica desagradável, prevista no mandamento normativo, que nem sempre atinge diretamente o sujeito que realizou a conduta prevista na hipótese normativa, que funciona como pressuposto para a aplicação do ato de restrição de direito.[98]

A invalidação de normas inconstitucionais configura uma situação semelhante, visto que a conseqüência jurídica (invalidação) não incide sobre os sujeitos que editaram a norma inválida, o que não significa, entretanto, que a invalidade não tem natureza sancionatória.[99] Nesse caso,

97. Outro não é o entendimento de Luigi Ventura ao afirmar que "la c.d. 'declaratoria di incostituzionalità', che identifichiamo nell'annullamento *lato sensu*, in altri termini elimina dall'ordinamento un atto legislativo o parte di esso, per cui si ha una sanzione che colpisce direttamente l'atto e non già l'organo che lo ha emanato e, appunto come sanzione, opera immediatamente sul piano processuale e mediatamente, seppure in via contestuale, incide sul diritto sostanziale oltre che, come cercheremo di dimostrare, sul piano politico" (*Le sanzioni costituzionali*, p. 61).

98 Na legislação civil brasileira, por exemplo, existe a hipótese de responsabilização dos pais pelos atos ilícitos praticados pelos filhos menores (CC, art. 932, I), situação em que determinado sujeito pratica o ato ilícito, sendo a sanção (responsabilidade civil) aplicada a outro indivíduo.

99. Em sentido contrário, posiciona-se Norberto Bobbio ("Sanzione", *Novissimo Digesto Italiano*, v. XVI, pp. 535-536).

a sanção representa uma reação do ordenamento jurídico pelo descumprimento da Constituição Federal, que alcança somente o ato inválido, e não o sujeito produtor da norma, nem os seus bens.[100]

Como observa acertadamente Roberto J. Vernengo, sempre que existe um conflito de normas no ordenamento, algum mecanismo decisório[101] é deflagrado para convalidar alguma delas, para anular norma existente ou declarar inválido o ato de criação normativa.[102] Quando tal conflito configurar uma inconstitucionalidade, o ato que poderá importar na invalidação da norma e, por conseguinte, na retirada de sua eficácia, será a decisão de inconstitucionalidade.

A norma invalidante veiculada por essa decisão jurisdicional pode ser analisada, como ressalta Riccardo Guastini,[103] sob duas perspectivas: a do conteúdo e a dos efeitos. Do ponto de vista do conteúdo, a norma se caracteriza como o reconhecimento (declaração) da invalidade de norma jurídica ou de fonte do direito. Já sob o ponto de vista dos efeitos, provoca a expulsão da norma inválida do sistema, e, por conseguinte, a perda de eficácia (controle abstrato); ou a retirada da eficácia no caso concreto, invalidando a norma impugnada apenas em relação às partes do processo (controle difuso), como será adiante melhor analisado.

## 1.13 Técnicas de decisão

A declaração de inconstitucionalidade pode importar na *pronúncia de nulidade* do ato normativo contrário à Constituição Federal. Essa é a primeira técnica de decisão, surgida em nosso ordenamento por influên-

---

100. A lição de Marcos Bernardes de Mello é preciosa sobre o tema em discussão. Ao seu sentir, a invalidade tem "o caráter de uma sanção que o ordenamento jurídico adota para punir certa espécie de ato contrário a direito (= ilícito). É verdade que aparenta diferenças relativamente às sanções que, de modo positivo, punem diretamente as pessoas, impondo-lhes ônus (como a perda da liberdade) e obrigações reparativas (como as de indenizar), porque a invalidade, em qualquer de seus graus (= nulidade ou anulabilidade), tem efeitos negativos. Mas só aparenta. Em essência não há diferenças. Em qualquer das espécies há punição ao infrator da norma, só que a invalidade, se não o alcança em sua pessoa, diretamente, ou em seus bens, o atinge, recusando-lhe possa obter o objetivo colimado com a prática do ato jurídico invalidado" (*Teoria do fato jurídico: plano da validade*, p. 46).
101. O ordenamento jurídico contempla diversos mecanismos de invalidação, tanto na órbita do direito privado (ex.: invalidação de negócios jurídicos) quando no direito público (ex.: invalidação de atos administrativos pela Administração).
102. *Curso de Teoria General del Derecho*, p. 387.
103. *Teoria e Dogmática delle fonti*, cit., p. 160.

cia do direito norte-americano. Nessa situação, a decisão de inconstitucionalidade invalida o ato normativo, retirando-o ou não do sistema, o que depende do tipo de controle (abstrato ou difuso) em que tiver sido produzido esse provimento jurisdicional.

Convém notar, a propósito, que é possível a invalidação parcial do ato normativo. Aplica-se, em sede de controle de constitucionalidade, o princípio da *divisibilidade das leis*, corolário do princípio da divisibilidade do ato jurídico, assim examinado por Lúcio Bitttencourt: "se as porções inválidas podem ser separadas do texto e, se depois de tal separação, ainda existe texto completo, inteligível e válido, capaz de ser executado e conforme ao propósito ou intento geral da legislatura, o ato não será julgado inconstitucional *in totum*, mas apenas nas partes afetadas, prevalecendo o restante".[104] Existe, pois, declaração de inconstitucionalidade seguida da nulidade total ou parcial do texto (documento) normativo.

Na fiscalização de constitucionalidade o órgão jurisdicional poderá, ainda, adotar a técnica da *declaração de inconstitucionalidade sem redução de texto*, hipótese em que será restringida a aplicação do texto da lei inconstitucional, ou seja, limitado um dos âmbitos de validade da norma jurídica, não permitindo que esta incida em algumas situações.[105] Vale dizer, o órgão fiscalizador reconhece a invalidade (inconstitucionalidade) de um dos elementos da norma. Os primeiros precedentes do Supremo Tribunal Federal utilizando esta técnica referiam-se à violação do princípio da anterioridade da lei tributária, tendo a Corte decretado a inconstitucionalidade, determinando que a norma tributária incidisse no exercício financeiro posterior à sua criação.[106] Posteriormente, a técnica foi aplicada para excluir a aplicação retroativa de norma que versava sobre correção monetária de débitos fiscais,[107] para excluir a aplicação

---

104. *O Controle Jurisdicional da Constitucionalidade das Leis*, p., 125.

105. Em seu clássico estudo sobre o tema, Lúcio Bittencourt já se referia à declaração de nulidade parcial sem redução de texto, afirmando o seguinte: "ainda no que tange à constitucionalidade parcial, vale considerar a situação paralela em que uma lei pode ser válida em relação a certo número de casos ou pessoas e inválida em relação a outros" (*O Controle Jurisdicional da Constitucionalidade ...*, p. 128).

106. STF, 2ª T., RMS 13.208, rel. Min. Adalício Nogueira, *DJU* 11.5.1966; 3ª T., RMS 13.694, rel. Min. Carlos Medeiros, *DJU* 10.8.1966; 3ª T., RMS 11.853, rel. Min. Luiz Gallotti, *DJU* 17.8.1966; 1ª T., RMS 16.661, rel. Min. Evandro Lins e Silva, *DJU* 14.12.1966; 1ª T., RE 61.102, rel. Min. Oswaldo Trigueiro, *DJU* 14.12.1968; 1ª T., RMS 16.588, rel. Min. Víctor Nunes, *DJU* 12.6.1968.

107. Tribunal Pleno, RE 69.749, rel. Min. Bilac Pinto, *DJU* 12.4.1972; 2ª T., RE 99.180-8, rel. Min. Djaci Falcão, *DJU* 11.3.1983.

# TEORIA SOBRE A INCONSTITUCIONALIDADE DAS LEIS 53

retroativa de lei que versava sobre mensalidades escolares,[108] para afastar a incidência da lei criadora do IPMF no mesmo exercício financeiro e sobre os entes sujeitos à imunidade tributária,[109] e, mais recentemente, para excluir a incidência do ICMS sobre a navegação aérea.[110]

Por fim, existe a *interpretação conforme à Constituição*,[111] técnica que demanda uma análise mais detalhada. Cabe assinalar, inicialmente, que esta consiste na adoção pelo órgão controlador de um sentido para o texto (documento) normativo, compatível com a Constituição Federal, dentre mais de um significado possível.[112] O órgão julgador elege uma hipótese de interpretação como *constitucional*, rechaçando, implicitamente, os demais significados possíveis do texto, sem que ocorra a invalidação do texto ou de qualquer dispositivo legal (enunciado prescritivo) nele inserido. [113]

Essa técnica fundamenta-se, para parte da doutrina, na presunção de constitucionalidade dos atos normativos.[114] Outra corrente defende ser o princípio da conservação das normas o fundamento da técnica em epígrafe, enquanto alguns setores elegem o princípio da segurança jurídica ou da unidade do ordenamento jurídico como embasamento teórico da aplicação da interpretação conforme à Constituição.[115]

Existem limites à utilização dessa modalidade de decisão. Há quem defenda que são a literalidade do texto e a vontade (intenção) do legis-

---

108. ADI 319, rel. Min. Moreira Alves, *DJU* 30.4.1993.
109. ADI 939-7, rel. Min. Sydney Sanches, *DJU* 18.3.1994.
110. ADI 1.089, rel. Min. Francisco Rezek, *DJU* 27.6.1997.
111. Sobre o tema, conferir, por todos, André Luiz Batista Neves, *A Interpretação Conforme à Constituição e seus Limites*, 2007.
112. Jorge Miranda assevera que a "interpretação conforme à constituição não consiste tanto em escolher, entre vários sentidos possíveis e normais de qualquer preceito, o que seja mais conforme com a constituição quanto em discernir no limite – na fronteira da inconstitucionalidade – um sentido que, conquanto não aparente ou não decorrente de outros elementos de interpretação, é o sentido necessário e que se torna possível por virtude da força conformadora da Lei fundamental" (*Manual de Direito Constitucional*, t. II, p. 233).
113. STF, Rp 948, rel. Min. Moreira Alves, *DJU* 16.3.77; Rp 1.471-7, rel. Min. Moreira Alves, *DJU* 15.4.1988; Rp 1.454-1, rel. Min. Octavio Gallotti, *DJU* 20.5.1988; Rp 1.389-8, rel. Min. Oscar Corrêa, *DJU* 12.6.1988; Rp 1.399-5, rel. Min. Aldir Passarinho, *DJU* 9.9.1988; ADI 939-7, rel. Min. Sydney Sanches, *DJU* 18.3.1994; ADI 1.045, rel. Min. Marco Aurélio, *DJU* 6.5.1994.
114. Cf. Marcelo Neves, *Teoria da Inconstitucionalidade das Leis*, p. 147.
115. Cf. André Luiz Batista Neves, *A Interpretação conforme à Constituição*, pp. 208-214.

lador.[116] De outro lado, corrente significativa assevera que a finalidade da norma restringe a aplicação da interpretação conforme, discordando, pois, da utilização de outros parâmetros limitadores.[117] Nesse sentido, no julgamento da Representação 1.417, o Pretório Excelso decidiu que "o princípio da interpretação conforme à Constituição (*Verfassungskonforme Auslegung*) é princípio que se situa no âmbito do controle da constitucionalidade, e não apenas simples regra de interpretação (...). No caso, não se pode aplicar a interpretação conforme à Constituição, por não se coadunar essa com a finalidade inequivocamente colimada pelo legislador, expressa literalmente no dispositivo em causa, e que dele ressalta pelos elementos da interpretação lógica".[118]

Convém salientar, ainda, que a interpretação conforme não equivale à declaração ser redução de texto, embora ambas envolvam o repúdio a um sentido inconstitucional para o texto. Na primeira, o sentido escolhido para o texto é aquele reconhecido como *constitucional*, enquanto na segunda o STF reconhece a *inconstitucionalidade* de um determinado sentido, que é excluído como hipótese interpretativa. Além disso, como destaca Rui Medeiros, com base na doutrina italiana, "enquanto na inconstitucionalidade parcial qualitativa as diferentes normas que se extraem da disposição 'podem operar *contemporaneamente*, pois regulam *fattispecie* diversas ou determinam efeitos independentes', já na interpretação conforme à Constituição 'as diferentes normas que resultam das interpretações contrastantes estão destinadas a operar *alternativamente*'".[119]

Destarte, evidencia-se que a decisão acerca da constitucionalidade não se resume numa escolha binária (constitucionalidade ou inconstitucionalidade), visto que há soluções intermediárias em que parte do texto ou a sua integralidade é preservada, sem ser atingida pela pronúncia de nulidade.

116. Com base na doutrina norte-americana, Lúcio Bittencourt assinala que a interpretação conforme à Constituição não pode importar em "violência às palavras usadas no texto – *without doing too great violence to the words actually used*, pois, quando a *mens legis* é clara e, na sua eloquência, colide com a lei suprema, não é lícito aos tribunais recorrer a uma interpretação forçada ou arbitrária para tornar a lei válida" (*O Controle Jurisdicional* ..., pp. 94-95). No mesmo sentido: J. J. Gomes Canotilho (*Direito Constitucional* ..., p. 230).

117. Cf. André Luiz Batista Neves, *A Interpretação conforme à Constituição*, pp. 248-249.

118. STF, Rp 1.417, rel. Min. Moreira Alves, *DJU* 15.4.1988.

119. *A Decisão de Inconstitucionalidade*, p. 318.

## 1.14 Objeto da decisão de inconstitucionalidade

A decisão de inconstitucionalidade pode ter por objeto a lei (fonte formal do direito), disposição (enunciado prescritivo) ou a norma jurídica. Esclareçamos.[120]

Quando o órgão jurisdicional pronuncia a inconstitucionalidade formal de um texto normativo, a decisão atinge o documento normativo por inteiro, e, por conseguinte, suas disposições e as normas jurídicas por estas veiculadas. Nesse caso, a decisão versa sobre a invalidade do procedimento de formação do texto normativo, independentemente do seu conteúdo.

Na hipótese de certificação da inconstitucionalidade material, a decisão não se refere ao procedimento de elaboração do documento normativo, e, sim, ao seu conteúdo. Em tais situações, poderá atingir a disposição ou a norma jurídica.

Uma determinada disposição poderá veicular, em caráter alternativo, duas normas: N1 e N2. Por hipótese, N1 é compatível com a Constituição, enquanto N2 é incompatível. A pronúncia de inconstitucionalidade de N2 não alcançará o enunciado prescritivo.[121]

Uma disposição poderá, também, exprimir conjuntamente duas normas, uma das quais em contraste com a norma constitucional. A declaração de inconstitucionalidade de uma das normas não repercutirá na disposição, eis que esta continuará servindo de suporte físico para a construção da norma compatível com a Constituição.[122]

Todavia, quando todas as normas veiculadas por um enunciado forem incompatíveis com o texto constitucional, a pronúncia de inconstitucionalidade alcançará todo o enunciado prescritivo. Outrossim, é possível que a invalidação da disposição ocorra em caráter parcial, quando a decisão de inconstitucionalidade atingir uma ou algumas palavras da disposição, a qual resulta alterada.

Por fim, quando se formula uma decisão interpretativa – por meio da utilização da técnica da interpretação conforme à Constituição – a decisão atinge a norma, permanecendo intacto o respectivo dispositivo. A decisão de inconstitucionalidade, nesta hipótese, não invalida o texto (suporte físico), e sim alguma(s) possibilidade(s) de interpretação.

120. Cf. Riccardo Guastini, *Teoria e Dogmática...*, cit., pp. 497-500.
121. Cf. Riccardo Guastini, idem, p. 500.
122. Idem, pp. 500-501.

## 1.15 Efeitos da decisão de inconstitucionalidade

### 1.15.1 Eficácia material

Em sede de controle abstrato tem-se defendido, no Brasil, que a pronúncia de inconstitucionalidade importa na declaração da nulidade da norma inconstitucional.

Parte da teoria jurídica sustenta que a nulidade da norma inconstitucional é um princípio constitucional implícito,[123] que encontraria fundamento nos arts. 97 e 102, III, "a", "b", e "c", da Carta Magna. A despeito da existência de abalizada corrente doutrinária, liderada por Pontes de Miranda, defendendo o caráter constitutivo negativo da pronúncia de inconstitucionalidade,[124] prevalece o entendimento no sentido de que a decisão de inconstitucionalidade no controle abstrato tem eficácia *declaratória*.

Na jurisprudência do Supremo Tribunal Federal a nulidade da norma inconstitucional foi sustentada em diversos julgados,[125] embora tal entendimento tenha sido flexibilizado em várias decisões, inclusive em pronunciamentos mais recentes, como será adiante estudado.

Como examinamos em trabalho anterior,[126] para nós nenhuma decisão judicial apresenta apenas uma modalidade de eficácia. Consoante afirmava Pontes de Miranda, "não há nenhuma ação pura, nenhuma sentença que seja pura".[127] Na lição do mestre alagoano, todos os provimentos judiciais têm várias cargas eficaciais. O que varia é o grau em que se manifestam os tipos de eficácia nas decisões, ou seja, há tipos de eficácia que predominam sobre outros, daí surgindo a classificação das ações pelo critério da eficácia predominante.[128]

Em sede de controle abstrato predomina a eficácia declaratória, pois o provimento jurisdicional certifica a invalidade de uma norma,

---

123. Nesse sentido: Gilmar Ferreira Mendes (*Jurisdição constitucional*, p. 256) e Clèmerson Merlin Clève ("Declaração de inconstitucionalidade de dispositivo normativo em sede de juízo abstrato e efeitos sobre os fatos singulares praticados sob sua égide", *RTDP* 17/ 87)

124. *Comentários à Constituição de 1967, com a Emenda 1 de 1969*, t. III, pp. 616-625.

125. STF, Rp 971, rel. Min. Djaci Falcão, *DJU* 7.11.1978; Rp 1.016, rel. Min. Moreira Alves, *DJU* 26.10.1979.

126. *Efeitos da Decisão de Inconstitucionalidade em Direito Tributário*, pp. 90-91.

127. *Tratado das ações*, t. I, p. 137.

128. Cf. *Tratado ...*, pp. 138-143.

## TEORIA SOBRE A INCONSTITUCIONALIDADE DAS LEIS

situação que antecede à decisão. Isto é, a decisão de inconstitucionalidade tem eficácia declaratória da invalidade da norma inconstitucional, conferindo certeza à existência do estado de inconstitucionalidade.

Outrossim, esse provimento judicial também apresenta a eficácia constitutiva da ineficácia da norma inconstitucional, ou seja, constitutivo-negativa da eficácia. Em outras palavras, a decisão de inconstitucionalidade corta, elimina a eficácia (eficácia legal) da norma inconstitucional, retirando-a do sistema normativo.

Destarte, resolve-se a discussão em torno da eficácia declaratória ou constitutiva da decisão de inconstitucionalidade, separando-se os planos do mundo jurídico sobre os quais esta atua. A declaração atinge a validade, a constituição, a eficácia. Por esta última ter caráter negativo, alcança também o plano da existência, pois expulsa a norma inválida do ordenamento, vale reafirmar. Ao analisar a problemática da eficácia das decisões declaratórias de inconstitucionalidade da Corte Constitucional italiana, Ricardo Guastini afirma que "la decisione costituzionale di accoglimento è 'dichiarativa' di invalidità e, insieme, 'costitutiva' di inefficacia, della legge".[129] Esse posicionamento pode ser tranquilamente aplicado em nosso ordenamento, para sustentar a dupla eficácia da decisão de inconstitucionalidade em controle concentrado de constitucionalidade das leis.

### 1.15.2 Eficácia temporal

#### 1.15.2.1 Inexistência de solução prévia para o problema

Em estudo anterior[130] defendemos que não existe uma solução antecipada para os efeitos temporais da decisão de inconstitucionalidade, a qual pode se projetar apenas para o futuro ou atingir fatos pretéritos. Esclareçamos.

Em sede doutrinária[131] e jurisprudencial[132] defende-se, com base no princípio da nulidade da lei inconstitucional, a eficácia retroativa da pronúncia de inconstitucionalidade.

---

129. *Le fonti del diritto e l'interpretazione*, p. 316.
130. *Efeitos da Decisão de Inconstitucionalidade em Direito Tributário*, p. 93-96.
131. Rui Barbosa, grande conhecedor do direito constitucional norte-americano, foi o grande divulgador da doutrina da nulidade da lei inconstitucional no Brasil. Ao seu sentir, "toda medida legislativa, ou executiva, que desrespeitar preceitos constitucionais, é, de sua essência, nula" (*Os actos inconstitucionaes do Congresso*

Não se pode olvidar, contudo, que a norma inconstitucional juridiciza suportes fáticos (eficácia legal), transformando-os em fatos jurídicos, os quais, por sua vez, também podem gerar efeitos jurídicos (eficácia jurídica). Assim sendo, a pronúncia de inconstitucionalidade é insuficiente para apagar os efeitos dos fatos jurídicos decorrentes de norma inconstitucional. A decisão invalidante atinge o plano da norma, e não o dos fatos jurídicos.

Logo, a decisão de inconstitucionalidade não importa necessariamente na pronúncia de nulidade, posto que os efeitos produzidos pela norma inconstitucional – decorrentes de fatos jurídicos (eficácia jurídica) – podem ser tutelados por outros princípios constitucionais (ex.: da segurança jurídica, da moralidade, da boa-fé, etc.). Sendo assim, a nulidade da lei inconstitucional não pode ser entendida como um dogma, e, sim, como um princípio jurídico. Nesta qualidade, tem caráter relativo, podendo ser afastado diante do caso concreto, quando colidir com outro princípio. Surgirá, nesse caso, uma tensão (colisão) entre princípios, que deverá ser solucionada mediante o uso da ponderação.

Com base na regra da proporcionalidade em sentido estrito deve-se sopesar, no caso concreto, a desvantagem do meio – sacrifício do princípio da nulidade – em relação à vantagem do fim – proteção de outro princípio (segurança jurídica, moralidade, boa fé do administrado, etc.). Em outros termos, o que importa, aqui, é verificar se as conseqüências gerais da decisão de inconstitucionalidade, no plano dos fatos, são excessivas ou não, tendo em vista outros princípios constitucionais. Nessa operação, deve-se sopesar os interesses afetados pela norma inconstitucional com os que seriam sacrificados com a eficácia retroativa.

Logo, os efeitos no tempo da pronúncia de inconstitucionalidade devem ser fixados, tendo em vista o conjunto dos princípios constitucionais relacionados com a situação fática.

Não existe, pois, uma solução *a priori* que possa ser aplicada para a eficácia temporal da pronúncia de inconstitucionalidade, a qual pode atingir, ou não, efeitos pretéritos. Como afirmou o Min. Bilac Pinto, em voto proferido no julgamento do RE 78.594, os efeitos da decisão epi-

---

e do *Executivo ante a Justiça Federal*, p. 61). Com base no magistério de Rui, outros doutrinadores têm sustentado idêntico entendimento. Nesse sentido, manifestam-se, por exemplo, José Luiz de Anhaia Mello, *Da separação de poderes à guarda da Constituição*, p. 112, Caio Tácito, *Anulação de leis inconstitucionais*, p. 343, e Elival Silva Ramos, *A inconstitucionalidade das leis*, p. 119.

132. STF, Rp 971, rel. Min. Djaci Falcão, *DJU* 7.11.1978; Rp 1.016, rel. Min. Moreira Alves, *DJU* 26.10.1979.

grafada "não podem ser sintetizados numa regra única, que seja válida para todos os casos".[133]

A propósito, cabe salientar que a flexibilização da eficácia retroativa da pronúncia de inconstitucionalidade, ora defendida, não constituiu qualquer novidade na teoria jurídica.[134] Lúcio Bittencourt, grande estudioso da matéria no Brasil, já chamava a atenção para a necessidade de flexibilizar a nulidade da norma inconstitucional, afirmando o seguinte: "é manifesto, porém, que essa doutrina da ineficácia *ab initio* da lei inconstitucional não pode ser entendida em termos absolutos, pois que os efeitos de fato que a norma produziu não podem ser suprimidos, sumariamente, por simples obra de um decreto judiciário".[135] Outros estudiosos do tema têm seguido essa trilha, a exemplo de Ronaldo Poletti,[136] Gilmar Ferreira Mendes,[137] Clèmerson Merlin Clève,[138] Regina Ferrari,[139] Sacha Calmon Navarro Coelho,[140] Carlos Roberto Siqueira Castro,[141] e Christina Aires Correa Lima.[142]

A jurisprudência do Supremo Tribunal Federal também já se posicionou nessa direção, afastando o princípio da nulidade em diversos julgamentos precedentes, adiante examinados.[143]

Dessarte, ao declarar a inconstitucionalidade de determinada norma, o Supremo Tribunal Federal[144] poderá atribuir a essa decisão eficá-

133. STF, 2ª T., RE 78.594, rel. Min. Bilac Pinto, *DJU* 30.10.1974, voto do relator.

134. Para uma análise da matéria no direito português, ver o excelente estudo de Rui Medeiros (*A decisão de inconstitucionalidade*, pp. 673-723), no qual o autor defende, ao analisar o art. 282, 4º, da Constituição lusitana, a posição ora adotada, quando à necessidade de aplicação do princípio da proporcionalidade na fixação dos efeitos no tempo da decisão de inconstitucionalidade.

135. *O controle jurisdicional da constitucionalidade das leis*, p. 148.

136. *Controle da constitucionalidade das leis*, p. 128.

137. *Controle de constitucionalidade*, p. 280.

138. "Declaração de inconstitucionalidade de dispositivo normativo em sede de juízo abstrato e efeitos sobre os atos singulares praticados sob sua égide", *RTDP* 17/91.

139. *Efeitos da declaração de inconstitucionalidade*, pp. 211-216.

140. *O controle da constitucionalidade das leis e do poder de tributar na Constituição de 1988*, p. 216.

141. *Da declaração de inconstitucionalidade e seus efeitos*, p. 32.

142. "Os efeitos da declaração de inconstitucionalidade perante o Supremo Tribunal Federal", *Cadernos de Direito Constitucional e Ciência Política*, v. 27, pp. 203-204.

143. Cf. infra, cap. II, item 6.1.

144. Neste particular, divergimos de Clèmerson Merlin Clève, que defende que os problemas oriundos da decisão de inconstitucionalidade deverão ser solucionados

cia prospectiva, reputando válidos os atos praticados com base na norma constitucional. Para que isso ocorra, basta que, mediante o processo de ponderação concreta, conclua que o sacrifício imposto pela eficácia retroativa da decisão será excessivo, tal como o fez nos precedentes referenciados.

De igual modo, no controle difuso, a pronúncia de inconstitucionalidade pelo STF pode importar, ou não, na retroatividade dos efeitos da decisão. Vale dizer, a solução para o problema da eficácia temporal deve ser a mesma proposta para o controle abstrato, isto é, a eficácia retroativa ou prospectiva da pronúncia vai depender dos princípios relacionados com o caso concreto.[145]

Por tais razões, a definição dos efeitos temporais da decisão de inconstitucionalidade dependerá da situação fática, sendo estabelecida por meio da ponderação, tema este que demanda um exame mais cuidadoso.

1.15.2.2 A ponderação de bens

A ponderação de bens ou de direitos (*Abwägung*), também conhecida por balanceamento (*Balancing*), apareceu na teoria do direito como um método indispensável à solução dos casos em que existe uma colisão entre dois direitos no caso concreto, tutelados por normas jurídicas distintas, de maneira que a aplicação de uma resulte na desaplicação da outra. Trata-se, em verdade, de uma aparente colisão entre duas normas, que não pode ser solucionada pelos critérios tradicionalmente previstos pelo sistema para a resolução das antinomias jurídicas. Como assinala, a propósito, Karl Larenz, "a 'ponderação de bens no caso concreto' é um método de desenvolvimento do Direito, pois que serve para solucionar colisões de normas – para as quais falta uma regra expressa na lei-, para delimitar umas das outras as esferas de aplicação das normas que se entrecruzam e, com isso, concretizar os direitos cujo âmbito, como o direito geral de personalidade, ficou em aberto".[146]

Não consiste, entretanto, numa etapa da interpretação do texto. No momento da ponderação, observa J. J. Gomes Canotilho, "está em causa

---

pelo juiz singular, e não pela Corte Suprema (cf. "Declaração de inconstitucionalidade de dispositivo normativo em sede de juízo abstrato e efeitos sobre os atos singulares praticados sob sua égide", *RTDP* 17/93).

145. Convém observar, a propósito, que os primeiros precedentes do STF, em que a Corte atribuiu eficácia *ex nunc* à pronúncia de inconstitucionalidade, foram proferidos em sede de controle incidental (cf. infra, cap. II, item 6.1).

146. *Metodologia da Ciência do Direito*, 2ª ed., p. 501.

não tanto atribuir um *significado normativo* ao texto da norma, mas sim equilibrar e ordenar bens conflitantes (ou, pelo menos, em relação de tensão) num determinado caso".[147] Há, basicamente, quatro propostas metodológicas para o tema "ponderação de bens". A primeira e mais conhecida, é aquela formulada por Robert Alexy – que conquistou boa parte da doutrina nacional – segundo a qual a ponderação é método de solução de conflito entre princípios jurídicos. Nessa linha de entendimento, como os princípios são mandados de otimização,[148] por meio da ponderação será possível sopesar a possibilidade de aplicação de um determinado princípio que se entrecruza com outro contraposto, a fim de se assegurar, na maior medida possível, no plano normativo e fático, a sua realização. Conflitos entre regras, leciona o mestre alemão, "ocorrem na dimensão da validade, enquanto as colisões entre princípios – visto que só princípios válidos podem colidir – ocorrem, para além dessa dimensão, na dimensão do peso".[149] E conclui, afirmando que o conflito entre princípios deve "ser resolvido 'por meio de um sopesamento entre os interesses conflitantes'. O objetivo desse sopesamento é definir qual dos interesses – *que abstratamente estão no mesmo nível – tem maior peso no caso concreto*".[150]

Uma segunda concepção entende que a ponderação representa um modo de resolver qualquer conflito normativo, ainda que não relacionado com a aplicação dos princípios jurídicos. Já a terceira corrente, apresenta uma concepção ainda mais ampla, defendendo que a ponderação é uma atividade pela qual se avaliam bens jurídicos, princípios, valores e interesses,[151] estando presente em qualquer atividade de interpretação. Por fim, há quem defenda que a ponderação é uma "técnica jurídica de solução de conflitos normativos que envolvem valores ou opções políticas em tensão, insuperáveis pelas formas hermenêuticas tradicionais".[152]

---

147. *Direito Constitucional e Teoria da Constituição*, p. 1.200.
148. *Teoria dos Direitos Fundamentais*, São Paulo, Malheiros Editores, 2008, p. 90.
149. Idem, p. 94.
150. Idem, p. 95 (grifos do autor). Nesse sentido, cf., também, Riccardo Guastini, *Teoria e Dogmatica delle Fonti*, pp. 228-231, e J. J. Gomes Canotilho, *Direito Constitucional e Teoria da Constituição*, pp. 1.199-1.200.
151. Cf. Humberto Ávila, *Teoria dos Princípios*, pp. 145-147.
152. Cf. Ana Paula de Barcellos, *Ponderação, Racionalidade e Atividade Jurisdicional*, p. 35.

No presente estudo, adotar-se-á a primeira alternativa, com algumas restrições, entendendo-se a ponderação como método de resolução de conflitos entre princípios jurídicos, e, eventualmente, entre normas jurídicas, insuscetíveis de resolução pelos métodos tradicionais propostos pela Teoria do Direito. A ponderação relaciona-se com o problema da eficácia dos princípios jurídicos, tendo lugar todas as vezes em que existir um entrecruzamento entre dois direitos subjetivos antagônicos, instituídos por norma de igual hierarquia, de maneira que atribuir eficácia a um enunciado normativo significará retirar ou diminuir a eficácia do outro. Como sopesar importa em atribuir valor,[153] zona onde ingressará a ideologia do aplicador, faz-se mister a adoção de um procedimento organizado, racional e motivado, a fim de se restringir a subjetividade do aplicador do direito.

A modulação da eficácia temporal da decisão de inconstitucionalidade é o resultado de uma ponderação de bens e de direitos. Diante do caso concreto é que o órgão fiscalizador deverá resolver a tensão entre o princípio implícito (em nosso sistema) da nulidade da lei inconstitucional – que importa em atribuir eficácia retroativa à decisão de inconstitucionalidade – e outro princípio jurídico, como, por exemplo, a segurança jurídica e a boa-fé, que poderão, a depender das circunstâncias do caso, restringir a aplicação daquele, ocasionando a atribuição de eficácia prospectiva a essa decisão.[154] Tendo em vista as condições do caso é que o órgão jurisdicional, mediante a técnica da ponderação, estabelecerá a precedência de um determinado princípio em face de outro.

Isso significa, pois, que a modulação da eficácia temporal da aludida decisão jurídica não pode ser realizada de modo arbitrário, levando-se em consideração a conveniência ou a ideologia do órgão com competência decisória. O procedimento exige racionalidade e motivação.

153. A propósito, assinala Karl Larenz que "'ponderar' e 'sopesar' é apenas uma imagem; não se trata de grandezas quantitativamente mensuráveis, mas do resultado de valorações" (*Metodologia da Ciência do Direito*, p. 491).
154. Outro não é o magistério de Daniel Sarmento: "a questão dos efeitos temporais das decisões no controle de constitucionalidade envolve uma típica ponderação de interesses. De um lado da balança, coloca-se o princípio implícito da nulidade da lei inconstitucional, e do outro, eventuais interesses de estatura constitucional, que poderiam ser atingidos pelos efeitos da decisão, e que estão compreendidos dentro da genérica alusão a 'razões de segurança ou de excepcional interesse social' estampada no art. 27 da Lei 9.868" ("A Eficácia Temporal das Decisões no Controle de Constitucionalidade", in *O Controle de Constitucionalidade e a Lei 9.868/99*, Daniel Sarmento (org.), pp. 101-138, esp. p. 136).

## 1.15.2.3 A modulação da eficácia temporal da decisão de inconstitucionalidade

A decisão de inconstitucionalidade, impropriamente denominada de "declaração de inconstitucionalidade", consiste, em nosso ordenamento, num provimento jurisdicional, que pode veicular uma norma individual e concreta (decisão proferida em controle difuso, pelo juiz de primeiro grau ou tribunal de segundo grau), geral e concreta (decisão proferida em controle difuso, pelo STF) ou geral e abstrata (controle abstrato).

Essa norma jurídica, de caráter invalidante, pode apresentar, consoante acima analisado, eficácia prospectiva ou retroativa. A primeira significa que os efeitos gerados pelas situações jurídicas constituídas com base na norma inconstitucional são asseguradas pela decisão invalidante. Já a eficácia retroativa, importa em apagar do mundo do direito a eficácia das situações jurídicas surgidas com base na norma inconstitucional. Tais efeitos jurídicos, nesse caso, serão expurgados do plano jurídico, mas não do plano dos fatos. Vale dizer, os fatos jurídicos surgidos com base na norma inconstitucional não podem ser eliminados, pois a retroatividade não opera no plano factual, e, sim, no plano abstrato, no plano jurídico-normativo. O direito não tem a aptidão de fazer voltar o tempo já decorrido, mas poderá não reconhecer, para o mundo jurídico, os efeitos de determinados acontecimentos já decorridos. O tempo do direito não equivale ao tempo do mundo fenomênico.

Em sede de controle concentrado de constitucionalidade das leis, a lei inconstitucional é impugnada no plano abstrato, sem que ocorra, de forma direta, qualquer investigação acerca dos direitos subjetivos por tal regra violados. Entretanto, no momento de definir a eficácia no tempo do provimento jurisdicional que certifica a invalidade da norma inconstitucional, o órgão competente – no caso brasileiro, o Supremo Tribunal Federal – levará em consideração as situações jurídicas surgidas com base na lei inconstitucional. Vale dizer, o Pretório Excelso deverá verificar se tais situações receberam a tutela de alguma regra ou princípio jurídico. Em caso afirmativo, efetuará um juízo de ponderação entre o princípio que protege os efeitos de tais situações jurídicas e o princípio da nulidade da lei inconstitucional. É com base nessa ponderação que o Tribunal poderá atribuir eficácia retroativa ou prospectiva à decisão de inconstitucionalidade em controle abstrato.

Evidencia-se, portanto, que embora essa modalidade de controle não vise à tutela de direito subjetivo, no momento de definir os efeitos no tempo da pronúncia de inconstitucionalidade, a Corte Excelsa adentra o exame das situações jurídicas constituídas com apoio na norma inconstitucional. Logo, a fiscalização da lei ocorre no plano abstrato para fins de aferição da violação ou não do parâmetro de constitucionalidade; todavia, na definição dos efeitos no tempo da decisão de inconstitucionalidade, o órgão controlador desce ao exame do plano factual.

Destarte, evidencia-se que não existe uma solução apriorística para os efeitos no tempo da decisão de inconstitucionalidade em controle abstrato. Tudo vai depender dos princípios jurídicos envolvidos no caso concreto. Mediante um juízo de ponderação de bens é que o órgão fiscalizador atribuirá eficácia retroativa ou prospectiva ao provimento jurisdicional de inconstitucionalidade.

A Lei 9.868/1999, que regula o processo de julgamento da ação direta de inconstitucionalidade, autorizou o Supremo Tribunal Federal a modular os efeitos no tempo da decisão de inconstitucionalidade proferida em controle abstrato, prescrevendo o seguinte: "Ao declarar a inconstitucionalidade de lei ou ato normativo, e tendo em vista razões de segurança jurídica ou de excepcional interesse social, poderá o Supremo Tribunal Federal, por maioria de dois terços de seus membros, restringir os efeitos daquela declaração ou decidir que ela só tenha eficácia a partir de seu trânsito em julgado ou de outro momento que venha a ser fixado" (art. 27).

Embora se trate de regra de constitucionalidade duvidosa, eis que veiculada por lei infraconstitucional, a verdade é que o Supremo Tribunal Federal vem aplicando tal norma na definição dos efeitos da decisão de inconstitucionalidade, tanto em controle abstrato quanto no difuso, como será posteriormente analisado.

A exegese desse dispositivo – que consagra uma ponderação de bens – conduz-nos a algumas conclusões. Em primeiro lugar, a competência conferida ao Pretório Excelso só poderá ser exercida diante da presença de um determinado pressuposto: presença de razões de segurança jurídica ou de excepcional interesse social. A expressão "razões de segurança jurídica" significa a existência de situações geradas pela norma inconstitucional, tuteladas pelo princípio da segurança jurídica. Em outros termos, o que se busca proteger, nessa situação, é a segurança das situações constituídas sob o amparo da lei inválida.[155] Logo, nesse

---

155. Analisando o art. 27 da Lei 9.868/1999, conclui Carlos Roberto Siqueira Castro: "habilitou-se, formalmente, o nosso Supremo Tribunal Federal a mitigar e temperar os efeitos drásticos dos julgamentos constitucionais, em ordem a preservar a segurança e a estabilidade de determinadas relações jurídicas consumadas sob a

caso, no juízo de ponderação, comparecerá, de um lado, o princípio da segurança jurídica, do outro, o da nulidade da lei inconstitucional. Quanto ao "excepcional interesse social", diz respeito ao interesse da coletividade, e não do Estado. Isto é, adotando-se a festejada separação de Renato Alessi entre interesse público primário e secundário, a lei, nesse caso, alude ao primeiro, ao interesse da coletividade, e não do ente público. Não basta, porém, a existência de interesse da coletividade, é necessário que tal interesse seja tutelado pelo ordenamento jurídico. Sem essa tutela, o interesse terá a natureza de mero interesse de fato, e não de direito. É preciso, pois, que alguma regra ou princípio jurídico ampare as situações geradas pela lei inconstitucional, provocando o aparecimento do interesse da coletividade na manutenção dos efeitos decorrentes das situações surgidas sob o manto da lei inválida. Só assim será efetuado o juízo de ponderação necessário à definição dos efeitos no tempo da decisão de inconstitucionalidade. Desse modo, o conceito "indeterminado" em tela é determinável, tendo em vista o contexto em que se insere (atribuição de eficácia temporal da decisão de inconstitucionalidade).

Do exposto, observa-se, portanto, que a modulação dos efeitos no tempo da decisão de inconstitucionalidade é uma conseqüência de um juízo de ponderação a ser exercitado pelo órgão controlador, o qual não pode atuar de maneira desvinculada.

### 1.15.3 Eficácia da medida cautelar

No direito brasileiro, por ocasião da fiscalização de constitucionalidade, a medida liminar sempre foi confundida com medida cautelar, parecendo que essa identificação revela que a medida cautelar em sede de controle abstrato corresponde a uma medida liminar, que visa a tutelar a utilidade da futura decisão final de procedência. Destarte, as duas expressões podem ser utilizadas indistintamente, neste contexto, apresentando o mesmo significado.

A liminar ingressou no mecanismo de controle de constitucionalidade, no ordenamento pátrio, pela Lei 2.271/1954, que determinou, em seu art. 4º, a aplicação do rito do mandado de segurança aos procedi-

---

égide da norma expurgada do sistema de direito positivo e que não devam ser abaladas pela ordinariedade dos efeitos retroativos de tais julgados" ("Da Declaração de Inconstitucionalidade e seus Efeitos em Face das Leis ns. 9.868 e 9.882/99", in *O Controle de Constitucionalidade e a Lei 9.868/99*, Daniel Sarmento (org.), pp. 39-100, esp. p. 97).

mentos de competência do STF.[156] A lei que disciplinava o mandado de segurança (Lei 1.533/1951, art. 7º) versava sobre liminar, e não sobre cautelar.[157] Surgiu, assim, a identificação entre as categorias em epígrafe.

A partir da vigência dessa norma, a Corte Excelsa passou a deferir o pedido de medida liminar em diversas Representações.[158] Posteriormente, a permissão para a concessão foi consignada no Regimento Interno da Egrégia Corte.

Essa permissão adquiriu estatura de norma constitucional com a promulgação da EC 7/1977, que se referia a "medida cautelar", posicionamento que foi mantido pela Constituição de 1988 (art. 102, I, "p").

O atual texto é omisso sobre a concessão de liminar (cautelar) em ação declaratória de constitucionalidade; entretanto, essa possibilidade foi admitida pelo Supremo Tribunal Federal no julgamento da medida cautelar na ADC 4, com base no argumento que a função cautelar é implícita na função jurisdicional, sendo irrelevante a omissão constitucional sobre a matéria.[159]

No que se refere à eficácia temporal, prevaleceu na Suprema Corte o entendimento de que a decisão tem eficácia *pro futuro*, posto que não importa em retirada da norma do sistema, implicando tão-somente na suspensão da sua vigência[160] e da sua eficácia, em se tratando de ação direta de inconstitucionalidade.

156. Antes disso, porém, o STF já tinha se defrontado com pedido de suspensão provisória de norma inconstitucional no julgamento da Representação 94, de 17.7.1947, não acolhido pelo Ministro Relator, Castro Nunes (cf. Gilmar Ferreira Mendes, *Moreira Alves e o controle de constitucionalidade no Brasil*, p. 27).

157. Inclusive, a liminar nesse procedimento pode, ou não ter função cautelar.

158. Rp 467, rel. Min. Luiz Gallotti, *DJU* 2.8.1961; Rp 466, rel. Min. Cândido Motta Filho, *DJU* 17.10.1963.

159. STF, ADC/MC 4, rel. Min. Sydney Sanches, *DJU* 21.5.1999.

160. Em questão de ordem discutida no julgamento da Rp 1.391 o Ministro Moreira Alves examinou o tema da eficácia da medida cautelar, precedente que serviu como marco na orientação da jurisprudência do STF sobre a matéria. Naquela oportunidade, o eminente Juiz afirmou o seguinte: "Quando suspendemos liminarmente a vigência de uma lei, na realidade, não estamos declarando sua inconstitucionalidade, mas estamos apenas evitando que ela, a partir da concessão da liminar, produza efeitos negativos para o Tesouro, tendo em vista o interesse público. Se não fosse assim, com a concessão de liminar, teríamos que obrigar retroativamente à devolução todos os que já tivessem recebido. Por isso, sempre me pareceu que a eficácia da liminar é apenas *ex nunc*, ou seja, a partir do momento em que o Supremo Tribunal Federal a defere. Não se trata de suspensão equivalente à do Senado, que é suspensão em decorrência de declaração de inconstitucionalidade, e, portanto,

No julgamento da ADI 596 a Corte mitigou seu posicionamento, passando a admitir a eficácia *ex tunc* da cautelar, excepcionalmente, na hipótese de a norma impugnada ter seus efeitos exauridos imediatamente após a sua vigência, mas com repercussão indireta no futuro pela desconstituição de atos pretéritos,[161] posicionamento reiterado em outros julgados.[162]

Essa solução foi ratificada com o advento da Lei 9.868/1999 (art. 11, § 1º), eis que o legislador estabeleceu a regra geral da eficácia *ex nunc* da liminar cautelar, que poderá ser excepcionada em algumas situações pelo Pretório Excelso.[163] Ademais, estabeleceu-se um prazo de duração da medida, de 180 (cento e oitenta) dias, após o que ela perderá a eficácia,[164] caso a ação direta, ou a ação declaratória, não sejam julgadas neste período (art. 21, parágrafo único).[165]

A liminar-cautelar tem efeitos diferenciados na ADI e na ADC. Na primeira, suspende a eficácia (legal) da norma impugnada. Já na segunda, o provimento liminar confirma a constitucionalidade da norma, impedindo que sobre essa questão se manifestem os demais órgãos do Poder Judiciário. Sobre este tema, a Lei 9.868/1999 estabeleceu, no art. 21,[166] que a cautelar em sede de ação declaratória de constitucionalida-

definitiva, razão por que a expressão mais apropriada seria a de retirada de vigência" (STF, Rp 1.391, rel. Min. Célio Borja, *DJU* 27.10.1988, voto do Min. Moreira Alves). Em julgamento posterior esse posicionamento foi ratificado (ADI 1.342, Rel Min. Sydney Sanches, *DJU* 15.31996).

161. STF, ADI 596, rel. Min. Moreira Alves, *DJU* 7.51993.

162. STF, ADI/MC 1.787, rel. Min. Moreira Alves, *DJU* 3.4.1998; ADI/MC 1.797, rel. Min. Marco Aurélio, *DJU* 5.6.1998; ADI/MC 1.592, rel. Min. Moreira Alves, *DJU* 17.4.1998; ADI/MC 1.837, rel. Min. Sydney Sanches, *DJU* 11.9.1998; ADI/MC 1.727, rel. Min. Sydney Sanches, *DJU* 3.4.1998.

163. Reza o § 1º do art.11 da Lei 9.868/99: "a medida cautelar, dotada de eficácia contra todos, será concedida com efeito *ex nunc*, salvo se o Tribunal entender que deva conceder-lhe eficácia retroativa".

164. Para Ives Gandra da Silva Martins, a inobservância do prazo não implicará na cessação da eficácia da liminar (*Controle concentrado de constitucionalidade*, p. 283).

165. O art. 21, parágrafo único, da Lei 9.868/1999, estabelece o seguinte: "concedida a medida cautelar, o Supremo Tribunal Federal fará publicar em seção especial do Diário Oficial da União a parte dispositiva da decisão, no prazo de dez dias, devendo o Tribunal proceder ao julgamento da ação no prazo de cento e oitenta dias, sob pena de perda de sua eficácia".

166. Segundo o art. 21 da Lei 9.868/1999 "o Supremo Tribunal Federal, por decisão da maioria absoluta de seus membros, poderá deferir pedido de medida cautelar na ação declaratória de constitucionalidade, consistente na determinação de

de tem efeito inibitório, o que não impede, todavia, que outros efeitos sejam atribuídos à cautelar, desde que sejam necessários para proteger o resultado final do processo. Portanto, o efeito previsto nesse dispositivo é apenas um dos possíveis efeitos da liminar no procedimento epigrafado.[167]

Quanto à eficácia subjetiva, a liminar produz efeitos *erga omnes*, após a publicação no *Diário Oficial da União* e no *Diário da Justiça da União* (art. 11, Lei 9.868/1999),[168] em se tratando de Ação Direta de Inconstitucionalidade. Na hipótese de Ação Declaratória, a lei exige apenas a publicação no *Diário Oficial da União* (art. 21, Lei 9.868/1999).

### 1.15.4 Eficácia subjetiva

A decisão de inconstitucionalidade apresenta eficácia geral ou individual. No primeiro caso, será proferida em controle abstrato, e, na segunda hipótese, em controle difuso. Convém salientar, entretanto, que as recentes alterações ocorridas na legislação processual civil permitem estender a eficácia subjetiva da decisão do controle difuso, prolatada pelo Supremo Tribunal Federal, para terceiros, como será adiante estudado.[169]

A promulgação da EC 3/1993 introduziu no ordenamento brasileiro o efeito *vinculante* das decisões proferidas em ações declaratórias de constitucionalidade em relação aos órgãos do Poder Judiciário e do Poder Executivo. Posteriormente, essa vinculação foi estendida para a decisão proferida em sede de ação direta de inconstitucionalidade pela Lei 9.868/1999 e pela EC 45/2004, que também possibilitou a aplicação dessa modalidade eficacial às súmulas do Supremo Tribunal Federal (CF, art. 103-A).

O efeito vinculante é uma eficácia qualificada que confere obrigatoriedade à observância das decisões e súmulas do Pretório Excelso,

---

que os juízes e os tribunais suspendam o julgamento dos processos que envolvam a aplicação da lei ou do ato normativo objeto da ação até o seu julgamento definitivo".

167. Cf. Teori Albino Zavascki, *Eficácia das sentenças na jurisdição constitucional*, p. 64.

168. O art. 11 da Lei 9.868/1999 dispõe o seguinte: "concedida a medida cautelar, o Supremo Tribunal Federal fará publicar em seção especial do Diário Oficial da União e do Diário da Justiça da União a parte dispositiva da decisão, no prazo de dez dias, devendo solicitar as informações à autoridade da qual tiver emanado o ato, observando-se, no que couber, o procedimento estabelecido na Seção I deste Capítulo".

169. Cf., infra, cap. III.

possibilitando a utilização de reclamação constitucional para invalidar a decisão judicial ou administrativa que dispuser em sentido contrário.

Vale dizer, é um *plus* em relação à eficácia *erga omnes*, posto que esta não permite a utilização daquele remédio constitucional para compelir os órgãos jurisdicionais ou administrativos a adotarem o entendimento da Corte Maior. Trata-se, em verdade, de uma solução legislativa que se assemelha ao princípio do *stare decisis*, existente no direito anglo-saxônico.

### 1.15.5 Restauração de vigência da norma revogada

A decisão de inconstitucionalidade invalida a norma contrária à Constituição Federal, retirando-a do sistema jurídico, em caso de controle abstrato. Nessa situação, a norma expulsa não tem aptidão para modificar a ordem jurídica, não podendo, pois, revogar a norma antecedente que versava sobre idêntica matéria. Disso decorre que a decisão de inconstitucionalidade implica na repristinação da norma revogada, não se aplicando a essa situação a regra do art. 2º, § 3º, da Lei de Introdução ao Código Civil.

No Brasil[170] tal posicionamento decorreu de construção doutrinária[171] e da jurisprudência da Corte Excelsa,[172] alcançando, inclusive, a situação em que a decisão de inconstitucionalidade tem eficácia prospectiva (modulação da eficácia temporal). Nesse caso, não se reconhece a invalidade da norma inconstitucional desde o termo inicial de sua vigência, entretanto, também existe uma situação de invalidade, donde resulta a impossibilidade de regra inválida revogar a norma que lhe antecede. Como o efeito da pronúncia de inconstitucionalidade – declaração de invalidade e constituição da ineficácia – opera para o futuro, a repristinação só acontecerá a partir da cessação dos efeitos no tempo da norma inconstitucional.

No controle difuso a restauração de vigência da norma revogada ocorre com restrições, pois a decisão de inconstitucionalidade não tem aptidão para eliminar a norma inconstitucional do ordenamento. Essa possibilidade depende da publicação da Resolução do Senado Federal

---

170. Em alguns países, como, por exemplo, Portugal, o efeito repristinatório é admitido expressamente pela Constituição.
171. Clèmerson Merlin Clève defende esse entendimento (*A fiscalização abstrata de constitucionalidade no direito brasileiro*, p. 167).
172. STF, Rp 1.077, rel. Min. Moreira Alves, *DJU* 28.9.1984.

no *Diário Oficial* (CF, art. 52, X), que importará no efeito repristinatório em epígrafe.

A Lei 9.868/1999 regulou a matéria expressamente, prescrevendo no § 2º do art. 11 que "a concessão da medida cautelar torna aplicável a legislação anterior acaso existente, salvo expressa manifestação em sentido contrário". O legislador estabeleceu uma regra que versa sobre o restabelecimento provisório da vigência e da eficácia da norma repristinada, em se tratando de concessão de medida cautelar. Se a suspensão de vigência ocasionada pela medida liminar importa na restauração de vigência da legislação anterior, a retirada de vigência – decorrente da decisão de mérito (decisão de inconstitucionalidade) – deve implicar idêntica conseqüência, pois também produz uma ausência de normatização no sistema jurídico sobre a matéria versada pela norma inconstitucional, revogadora da lei anterior.

CAPÍTULO 2
# O CONTROLE DIFUSO DE CONSTITUCIONALIDADE DAS LEIS: PERFIL CONSTITUCIONAL

## 2.1 Considerações gerais

No controle difuso a argüição de inconstitucionalidade ocorre no curso de um processo jurisdicional, ou seja, diante de uma situação concreta. Em outras palavras, a controvérsia sobre a validade da lei manifesta-se diante de uma lide, podendo surgir logo com o ajuizamento da demanda, com a resposta do réu ou noutro momento posterior. Como assevera Lúcio Bittencourt, é imprescindível "que se trate de uma *controvérsia real*, decorrente de uma *situação jurídica objetiva*, surgindo a dúvida quanto à constitucionalidade da lei que deve regê-la".[1]

Sendo assim, nesse tipo de fiscalização a norma geral e abstrata ou a fonte formal (lei, em sentido amplo) não é impugnada diretamente. O interessado insurge-se contra o ato jurídico ou a conduta praticada ou que se deseja realizar com base na lei acoimada de inconstitucional. Por conseguinte, a inconstitucionalidade aparece como o fundamento jurídico do pedido ou da resposta do réu, e não como objeto de pedido.[2] O objetivo da ação não é a certificação da inconstitucionalidade, mas a tutela de direito que envolva a aplicação da lei supostamente inconstitucional.

Importa observar, também, que a alegação de inconstitucionalidade em tais situações pode alcançar relações jurídicas entre administrados e

1. *O Controle Jurisdicional da Constitucionalidade das Leis*, p. 112.
2. A propósito, assevera Lúcio Bittencourt que "a ação não pode visar diretamente ao ato inconstitucional do Poder Legislativo, mas terá de se referir à inconstitucionalidade dele como fundamento, e não como alvo do libelo'" (ob. cit., p. 111).

o Poder Público ou entre particulares. Nada obsta, por exemplo, que no curso de uma ação ordinária em que se postula o cumprimento de uma cláusula contratual, o réu alegue a sua incompatibilidade com a Constituição como fundamento de defesa.

Portanto, pode-se concluir que a característica básica do controle difuso é a sua vinculação a uma situação jurídica subjetiva.

No Brasil, a fiscalização em epígrafe ampliou-se gradativamente. Inicialmente, admitia-se a alegação de inconstitucionalidade tão-somente como fundamento de defesa. Vale dizer, o interessado deveria adotar um comportamento passivo, aguardando o início do processo judicial para poder argüir a inconstitucionalidade como fundamento da sua resposta. Posteriormente, passou-se a admitir a discussão na petição inicial, ou seja, como fundamento jurídico do pedido. Atualmente, a discussão pode ocorrer inclusive por meio de um remédio jurídico específico para tal fim, interposto perante o Supremo Tribunal Federal, como será adiante analisado.

Nesse particular, o direito brasileiro parece ter acompanhado os passos do norte-americano. Nos Estados Unidos da América, a questão constitucional pode ser invocada por três meios: i) exceção de inconstitucionalidade; ii) pedido de *injunction*; iii) utilização do procedimento da sentença declaratória.[3] Inicialmente, desde o julgamento do caso Marbury *vs*. Madison a Suprema Corte decidiu que o Poder Judiciário só poderia se manifestar sobre a inconstitucionalidade de lei na via de exceção. A partir de 1908 a *injunction* passou a ser admitida. Trata-se de um remédio jurídico ajuizado contra funcionário público com competência para executar a lei acoimada de inconstitucional, para impedir ou reprimir a prática de ato danoso a particular. Posteriormente, em 1934, promulgou-se uma lei federal que conferiu competência às Cortes Federais para o procedimento de sentença declaratória, no qual a inconstitucionalidade é examinada num relação jurídica, sendo solucionada a controvérsia constitucional por meio de uma sentença, que irá regular direitos e situações subjetivas.[4]

Outra característica do controle difuso é a existência de uma *questão* ou *ponto constitucional*. Questão é todo ponto controvertido surgido no processo, sobre o qual as partes divergem. A questão constitucional constitui uma questão de direito, representada pela ausência de consenso

---

3. Cf. Clémerson Merlin Clève, *A Fiscalização Abstrata de Constitucionalidade no Direito Brasileiro*, p. 74.
4. Cf. Clémerson Merlin Clève, ob. cit., pp. 74-76.

acerca da validade de norma jurídica perante a Constituição. Como no controle difuso a questão principal do feito versa sobre uma situação subjetiva – não se tratando de fiscalização em tese da validade da norma – a questão constitucional é um antecedente lógico, cuja resolução influencia o teor da decisão final acerca da questão principal. Em outros termos, a questão constitucional é uma questão prejudicial do processo.

Convém salientar, todavia, que em determinados processos poderá existir apenas um ponto constitucional, se houver concordância das partes acerca da invalidade da norma que incidiu sobre a situação fática objeto do processo. Ex.: o autor ajuíza ação ordinária postulando a repetição do indébito, com base na alegação da inconstitucionalidade da norma instituidora do tributo. Na contestação, o Fisco reconhece a alegação de inconstitucionalidade, porém alega fato impeditivo, ausência de recolhimento da exação. Nesse caso, inexistirá questão constitucional, em face da ausência de dissenso sobre a validade da norma jurídica.

## 2.2 Pressupostos subjetivos

### 2.2.1 Sujeitos autorizados a suscitar a questão constitucional

Na fiscalização difusa a inconstitucionalidade pode ser argüida pelas partes (autor ou réu), terceiros intervenientes (assistente, oponente etc.) ou pelo Ministério Público, quer atue como parte ou como *custos legis*.

Outrossim, a inconstitucionalidade pode ser reconhecida de ofício pelo órgão jurisdicional, pois se trata de matéria de ordem pública.

Em qualquer situação, é imprescindível que a declaração de inconstitucionalidade ocorra nos autos do processo jurisdicional, isto é, diante de uma situação concreta, e não em abstrato.

### 2.2.2 Órgãos autorizados a declarar a inconstitucionalidade

No Brasil, consoante analisado anteriormente,[5] apenas o Poder Judiciário detém competência constitucional para reconhecer a invalidade de lei perante a Constituição Federal.

O órgão competente para declarar a inconstitucionalidade será aquele autorizado pela Constituição Federal ou pela legislação processual civil a processar e julgar a causa.

5. Cf., supra, cap. I.

Há que se observar, todavia, em se tratando de órgão colegiado, a cláusula de reserva (CF, art. 97), introduzida pela Constituição de 1934, que visa a dar maior grau de certeza à decisão de inconstitucionalidade proferida por órgão colegiado.[6]

A inserção desse dispositivo em nosso ordenamento levou a doutrina a discutir a possibilidade de o juiz singular pronunciar a inconstitucionalidade de lei no caso concreto, prevalecendo, a final, o entendimento de que a mencionada cláusula não constitui norma de competência, e, sim, uma condição de eficácia da decisão de inconstitucionalidade.[7]

Cumpre observar, todavia, que tal condicionamento não se aplica à hipótese de declaração de constitucionalidade de lei ou ato normativo por Tribunal, nem ao reconhecimento da revogação de lei infraconstitucional em face do advento de nova Constituição ou de promulgação de Emenda Constitucional.

Por fim, cabe observar que a cláusula de reserva deve ser observada inclusive na hipótese de o órgão colegiado, ao invés de pronunciar a

---

6. Ao comentar o art. 179 da Carta de 1934, que introduziu no direito brasileiro a exigência de *quorum* de maioria absoluta para a declaração de inconstitucionalidade, Oswaldo Aranha Bandeira de Mello explica os motivos que justificaram essa inovação: "Envolveu esse preceito o acolhimento, expresso, de orientação que nesse sentido firmara a jurisprudência dos Tribunais dos EE.UU., a fim de evitar decisões declarando a inconstitucionalidade de atos legislativos e executivos por simples maioria, que não asseguravam a certeza na orientação da Corte de Justiça" (*A Teoria das Constituições Rígidas*, p. 159).

7. Nesse sentido, posiciona-se Lúcio Bittencourt: "O art. 200 da Constituição não tem outro efeito senão o de *condicionar* a eficácia da decisão declaratória da inconstitucionalidade ao voto – nem mesmo à *presença*, mas ao *voto*, pronunciado pela forma que a lei ordinária estabelecer – da maioria dos membros do tribunal. O referido preceito não é, *em si mesmo*, nem uma regra de funcionamento, nem uma norma de competência: estabelece apenas uma *condição de eficácia*.

"Desse nosso ponto de vista decorrem conseqüências de maior importância, que vão repercutir, de modo decisivo, sobre vários aspectos do sistema de controle jurisdicional adotado entre nós.

"A primeira conseqüência – já por nós estudada – diz respeito ao poder que reconhecemos ao juiz singular para o julgamento da inconstitucionalidade. Se o art. 200 constituísse uma 'regra instrumental de incompetência', como quer Chermont de Miranda, é claro que o juiz singular não poderia, em hipótese alguma, julgar da constitucionalidade" (*O Controle Jurisdicional* ..., pp. 45-46).

inconstitucionalidade de lei, decidir pela sua inaplicabilidade ao caso concreto,[8] por ser inconstitucional.[9]

## 2.3 Pressupostos objetivos

### 2.3.1 Procedimentos que admitem o controle difuso de constitucionalidade

Consoante será examinado posteriormente,[10] a declaração de inconstitucionalidade da lei poderá ocorrer, via de regra, em qualquer tipo de procedimento jurisdicional, de cognição, cautelar ou de execução. Em alguns procedimentos existem restrições, tendo em vista o modo como está estruturado e o tipo de tutela com a qual se relaciona.

Em qualquer caso, convém reafirmar que o objeto do processo não será, em hipótese alguma, a pronúncia de inconstitucionalidade da lei, e, sim, a proteção de um direito subjetivo ou a tutela do próprio processo.

### 2.3.2 Procedimento de declaração de inconstitucionalidade

Nos órgãos jurisdicionais de primeiro grau de jurisdição não há procedimento previsto na legislação processual civil para a declaração incidental da inconstitucionalidade da lei. Logo, basta a argüição da "questão" constitucional pelo autor, pelo réu, pelo Ministério Público ou a pronúncia de ofício pelo Juiz para que a fiscalização incidental seja exercitada.

Em relação aos Tribunais, o Código de Processo Civil previu em seus arts. 480 a 482 um procedimento específico para a declaração incidental da inconstitucionalidade de lei ou ato normativo, que demanda uma análise mais detalhada.

Em primeiro lugar, cabe observar que o controle incidental pelo Tribunal Pleno ou pelo órgão especial (CF, art. 93, XI) não está submetido ao regramento do CPC, bastando a observância da norma do art. 97

---

8. Nesse sentido estabelece a Súmula Vinculante 10 do STF que "Viola a cláusula de reserva de plenário (cf. artigo 97) a decisão de órgão fracionário de tribunal que, embora não declare expressamente a inconstitucionalidade de lei ou ato normativo do poder público, afasta sua incidência, no todo ou em parte".
9. Cf. Clèmerson Merlin Clève, *Fiscalização abstrata...*, cit., p. 83; Luís Roberto Barroso, *O Controle de Constitucionalidade no Direito Brasileiro*, p. 78.
10. Cf., infra, cap. IV.

da CF. Logo, a questão constitucional poderá ser conhecida e decidida por esse órgão em qualquer momento em que exerça sua atividade de cognição, sem restrições de ordem procedimental.

Em relação ao órgão fracionário,[11] tendo em vista a exigência do art. 97 da CF, que o impede de declarar a inconstitucionalidade de lei, pela impossibilidade de obtenção do *quorum* de maioria absoluta, a apreciação da questão constitucional sujeita-se ao regramento dos arts. 480 a 482 do CPC. Nesse caso, como adverte J. C. Barbosa Moreira, "ocorre julgamento *per saltum*: a competência fica cindida, segundo critério *funcional*, entre o órgão julgador do recurso ou da causa e o órgão a que vai caber o exame da questão suscitada como premissa da decisão. Em última análise, será julgado por *dois órgãos* distintos o recurso ou a causa, pronunciando-se cada qual sobre um aspecto da matéria. A decisão final resultará da integração de ambos os pronunciamentos: exemplo típico de decisão subjetivamente complexa".[12]

Objeto da argüição será a lei ou ato normativo federal, estadual, distrital ou municipal, sendo irrelevante o tipo de inconstitucionalidade alegada.

A argüição poderá ocorrer em qualquer recurso, causa da competência originária do órgão fracionário ou remessa necessária, a que se refere o art. 475 do CPC. É indispensável que a decisão a ser adotada pelo órgão dependa logicamente da solução da questão constitucional.

Qualquer das partes do processo, assistente ou Ministério Público (atuando como parte ou como *custos legis*) tem legitimidade para a argüição da inconstitucionalidade perante o órgão fracionário, a qual também poderá ocorrer *ex officio* pelo Relator, Revisor ou qualquer dos juízes do órgão jurisdicional fracionário.

A argüição poderá ser manifestada em qualquer das fases do processo ou até mesmo em sustentação oral, na sessão de julgamento, tendo como limite temporal o encerramento da votação. Sobre ela manifestar-se-á necessariamente o Ministério Público, salvo na hipótese de tê-la apresentado no curso do processo ou em parecer sobre o recurso.

Por expressa inovação legislativa, que incorporou entendimento já consolidado na jurisprudência, "os órgãos fracionários dos tribunais não submeterão ao plenário, ou ao órgão especial, a argüição de inconstitucionalidade, quando já houver pronunciamento destes ou do plenário do

---

11. O órgão fracionário compreende Turma, Câmara, Seção, Grupo de Câmaras ou Câmaras Cíveis Reunidas.

12. *Comentários ao Código de Processo Civil*, pp. 34-35.

Supremo Tribunal Federal sobre a questão" (CPC, art. 481, parágrafo único)

A apresentação da argüição, por escrito ou oralmente, importa em suspensão do julgamento para a deliberação do órgão fracionário, que ocorrerá na forma prevista no respectivo Regimento Interno do Tribunal.

A argüição poderá ser rejeitada por ser inadmissível (ex.: inexistência de relação lógica entre a questão principal do processo e a alegação de inconstitucionalidade) ou por improcedência, diante da inexistência do vício de inconstitucionalidade. A rejeição da argüição não implica na remessa dos autos ao Pleno ou Órgão Especial, e sim em prosseguimento do julgamento pela Turma.

Acolhida a argüição, por maioria simples dos votos,[13] total ou parcialmente,[14] ocorrerá a cisão funcional do julgamento, eis que ao órgão especial caberá o exame da constitucionalidade ou inconstitucionalidade da lei e ao órgão fracionário a decisão sobre a questão principal do processo, com base no julgamento da prejudicial de mérito.

O Pleno (ou o Órgão Especial) só decidirá a argüição de inconstitucionalidade nos limites em que tiver sido acolhida pelo órgão fracionário; no entanto, sua atividade cognitiva não está limitada pelos fundamentos jurídicos da inconstitucionalidade invocada.

A lei processual civil permite a participação, no incidente de inconstitucionalidade, como *amicus curiae*, das pessoas jurídicas responsáveis pela edição do ato impugnado e dos sujeitos legitimados à propositura da ADI.

A pronúncia da inconstitucionalidade deverá observar o *quorum* da maioria absoluta dos juízes do Tribunal, ou seja, o número superior à metade do número total de juízes. Se tal *quorum* não for obtido, ainda que exista entendimento majoritário pela inconstitucionalidade, esta não poderá ser declarada.

---

13. Não se exige maioria absoluta dos votos para o julgamento do órgão fracionário, pois este não declara a inconstitucionalidade de lei, hipótese em que deveria incidir o art. 97 da CF. A Turma ou Câmara apenas se manifesta quanto à plausibilidade da alegação de inconstitucionalidade.

14. No caso do acolhimento parcial da argüição de inconstitucionalidade, razões de ordem prática recomendam que o julgamento do recurso fique suspenso aguardando a decisão do Pleno (ou do Órgão Especial). O prosseguimento do julgamento importaria em verdadeiro tumulto no andamento do processo, que deve ser evitado pelo órgão julgador. Nesse sentido, cf. J. C. Barbosa Moreira, *Comentários ao CPC*, pp. 42-43.

Qualquer que seja o conteúdo dessa decisão, vinculará o órgão fracionário no julgamento do caso concreto. Como salienta José Carlos Barbosa Moreira, "a solução dada à prejudicial *incorpora-se* no julgamento do recurso ou da causa, como premissa inafastável".[15] Contudo, tal pronunciamento não faz coisa julgada (CPC, art. 469, III), produzindo efeitos apenas nos autos do processo em que foi produzido.

Salvo os embargos de declaração, nenhum outro recurso poderá ser interposto da decisão do Pleno (ou do Órgão Especial), a qual poderá ser impugnada tão-somente por meio do recurso que puder ser interposto contra o acórdão do órgão fracionário que concluir o julgamento da causa, complementando-o.

No Superior Tribunal de Justiça a matéria é regulada pelos arts. 199 e 200 do Regimento Interno, que conferem competência ao Órgão Especial, denominado de Corte Especial (art. 2º, I), para processar e julgar a argüição de inconstitucionalidade. Acolhida a argüição pela Seção ou Turma, será remetido o feito ao julgamento da Corte Especial, abrindo-se vistas ao representante do Ministério Público, pelo prazo de quinze dias. A proclamação da inconstitucionalidade exige a observância do *quorum* da maioria absoluta.[16] Concluído o julgamento pela Corte Especial, os autos retornarão à Turma ou Seção para prosseguir no julgamento da causa.

Perante o Supremo Tribunal Federal a declaração de inconstitucionalidade não obedece às normas do CPC, sendo regulada pelo Regimento Interno do órgão, cujo art. 11, I, determina que a argüição de inconstitucionalidade de processo em tramitação perante a Turma será por esta apreciada, podendo ou não ser considerada relevante. Em caso de acolhimento da argüição, independentemente da lavratura do acórdão, o feito será submetido à apreciação do Plenário, depois de ouvido o Ministério Público (art. 176, § 1º, RISTF). O Plenário julgará a prejudicial de inconstitucionalidade e as demais questões da causa (art. 177, RISTF), o que significa que não haverá a devolução do processo para que a Turma

---

15. Idem, p. 46.

16. O § 3º do art. 199 do Regimento Interno do STJ prevê regra destinada à obtenção do *quorum* de maioria absoluta, prescrevendo que "se não for alcançada a maioria absoluta necessária à declaração de inconstitucionalidade, estando ausentes Ministros em número que possa influir no julgamento, este será suspenso, a fim de aguardar-se o comparecimento dos Ministros ausentes, até que se atinja o *quorum*; não atingido, dessa forma, o *quorum*, será convocado Ministro não integrante da Corte, observada a ordem de antiguidade (art. 162, § 3º)".

prossiga no julgamento, ao contrário do que ocorre com o procedimento regulado na lei processual civil.

### 2.4 Fundamentos constitucionais do controle difuso

O controle difuso de constitucionalidade das leis perpassa boa parte do texto constitucional, fundamentando-se em diversos enunciados, de maneira explícita ou implícita.

O primeiro fundamento é o princípio constitucional da inafastabilidade do controle jurisdicional, previsto pelo art. 5º, XXXV, da Carta Maior. O texto prescreve que "a lei não excluirá da apreciação do Poder Judiciário lesão ou ameaça a direito". Como o dano ou a iminência de sua ocorrência poderão advir da conduta inconstitucional de agentes públicos, nestas situações o controle atuará sem qualquer tipo de restrição. Cabe aqui a invocação de um cânone hermenêutico, segundo o qual onde o texto normativo não diferenciou, não cabe ao intérprete fazê-lo. O Texto Magno previu foi o mais amplo controle jurisdicional sobre qualquer tipo de lide, independentemente dos sujeitos que nela figurem, do seu objeto e respectivos fundamentos. Logo, se a causa contemplar uma questão constitucional, não escapará do controle jurisdicional. Examinando dispositivo análogo, previsto na Carta revogada, Pontes de Miranda ensinava que aquele prescrevia que "a lei ordinária não pode excluir da apreciação judicial, do *judicial control*, as próprias leis, ou quaisquer outras regras jurídicas, nem a defesa de direitos individuais que se fundem em regras jurídicas da Constituição".[17] A apreciação "sobre as próprias leis", a qual se refere o insuperável mestre alagoano, envolve a discussão sobre a validade da lei em face da Constituição, ou seja, a constitucionalidade, tarefa entregue pela Carta ao Poder Judiciário.

No rol dos direitos e garantias fundamentais a Carta também inseriu o direito ao contraditório e a ampla defesa (art. 5º, LV). Defesa é o "exercício da pretensão à tutela jurídica".[18] A amplitude no seu exercício significa que as partes litigantes poderão levantar qualquer tipo de argumento, inclusive a argüição de inconstitucionalidade da lei, como questão incidental. Entendimento contrário importaria em restringir a possibilidade de defesa, limitando-se o alcance da garantia constitucional.

---

17. *Comentários à Constituição de 1967*, t. V, p. 105.
18. Cf. Pontes de Miranda, *Comentários à CF de 1967, com a Emenda n. 1* ..., p. 234.

De outro lado, ao elencar as competências privativas do Senado Federal, o art. 52, X, da Constituição, previu a possibilidade desse órgão "suspender a execução, no todo ou em parte, de lei declarada inconstitucional por decisão definitiva do Supremo Tribunal Federal". Como a decisão de mérito proferida em controle abstrato possui, por expressa disposição constitucional, eficácia *erga omnes* e efeito vinculante (art. 102, § 2º), a decisão a que se refere o mencionado dispositivo constitucional só pode ser aquela proferida no exercício de outro tipo de fiscalização de constitucionalidade das leis: o controle difuso. Vale dizer, ao regular esse tipo de competência, a Carta previu, em caráter explícito, o controle difuso de constitucionalidade das leis.

Essa trilha foi seguida com a consagração do recurso extraordinário como modalidade principal destinada ao exercício da fiscalização difusa pelo Pretório Excelso (CF, art. 102, III). Uma das hipóteses de cabimento desse remédio jurídico versa sobre a declaração de inconstitucionalidade de lei federal por Tribunal Superior ou juízo que funcione excepcionalmente como instância única, como será adiante analisado, donde se extrai, mais uma vez, a presença de um fundamento da fiscalização difusa.

De igual modo, ao regular a irrecorribilidade das decisões proferidas pelo Tribunal Superior Eleitoral (art. 121, § 3º), admitiu-se o cabimento de recurso quando a decisão contrariar a Constituição, vale dizer, envolver questão constitucional.

Corroborando o posicionamento adotado pela Carta de 1988, a EC 45/2004 inseriu o art. 103-A no texto constitucional, prevendo a existência da *súmula com efeito vinculante*. Consoante previsto em tal dispositivo, esse ato normativo terá por objeto "matéria constitucional", tendo como um dos pressupostos para a sua elaboração a existência de controvérsia atual entre órgãos jurisdicionais sobre validade, interpretação ou eficácia de normas. Ora, matéria constitucional que tem por objeto validade de norma constitui questão constitucional, pois esta nada mais é do que existência de dúvida sobre validade de lei perante a Constituição.

Do exposto infere-se, destarte, que a fiscalização difusa de constitucionalidade das leis foi adotada na Constituição Federal em vigor, em toda a sua plenitude, não podendo, por conseguinte, ser limitada pelo legislador, nem mediante processo de interpretação do texto constitucional.

## 2.5 O controle difuso perante o Supremo Tribunal Federal

### 2.5.1 Considerações gerais

O controle difuso de constitucionalidade das leis pode ser exercitado pelo Supremo Tribunal Federal no julgamento das causas de sua competência originária (CF, art. 102, I) ou recursal (CF, art. 102, II e III). Na primeira hipótese, ao apreciar determinada demanda, o Tribunal manifestar-se-á acerca da constitucionalidade de lei ou ato normativo, argüida como questão incidental. Ex.: o Tribunal ao julgar mandado de segurança impetrado contra ato do Presidente da República, examina a constitucionalidade do ato normativo em que se baseou o suposto ato coator.

Tratando-se de competência recursal, a certificação da validade ou da invalidade de lei ou ato normativo poderá ocorrer no julgamento do recurso ordinário constitucional (CF, art. 102, II), como por exemplo, ao analisar recurso interposto contra decisão denegatória de mandado de segurança impetrado contra ato de Ministro de Estado.

Em verdade, porém, o exercício da fiscalização difusa de constitucionalidade das leis pela Corte Maior se dá, na grande maioria dos casos, no julgamento de um remédio jurídico-constitucional concebido para tal fim: o recurso extraordinário (CF, art. 102, III).

### 2.5.2 O recurso extraordinário

#### 2.5.2.1 Evolução histórica

O recurso extraordinário é um instituto de origem norte-americana. Nos Estados Unidos da América, em face da omissão da Constituição e das suas emendas, aprovou-se em 1789 o *Judiciary Act,* permitindo-se à Suprema Corte rever as decisões finais das Cortes Superiores estaduais em algumas hipóteses relacionadas com a constitucionalidade das leis e a invalidade de leis estaduais, dentre outras hipóteses de cabimento. Essa lei de outorga de competência, inclusive, foi acoimada de inconstitucional, sendo rejeitada tal argüição no julgamento dos casos *Martin vs. Hunter's Lesee* e *Cohens vs. Virginia.*[19]

Em nosso ordenamento o instituto ingressou com a proclamação da República, sendo previsto, inicialmente, no Decreto 848, de 24 de outubro de 1890, art. 9º, parágrafo único, sendo posteriormente acolhido

---

19. Cf. J. C. Barbosa Moreira, *Comentários ao CPC,* p. 562.

pelo art. 59, § 1º, da Constituição de 1891. Com a edição do primeiro Regimento Interno do Supremo Tribunal Federal, adquiriu a denominação "recurso extraordinário", incorporada à legislação processual posterior. Todas as Cartas do período republicano mantiveram a existência desse remédio jurídico, que ganhou um novo perfil com o advento do texto atualmente em vigor.

Isso porque, antes de 1988, tal recurso tinha por finalidade assegurar, como defendia Pontes de Miranda,[20] a inteireza positiva, a validade, a autoridade e a uniformidade de interpretação da Constituição e das leis federais.[21]

Com a promulgação da Carta de 1988, o remédio jurídico em exame ganhou um perfil diferente, ficando reservado apenas para a apreciação de questões constitucionais, enquanto as demais restaram entregues ao âmbito de cabimento do Recurso Especial (CF, art. 105, III), instrumento criado com o propósito de assegurar a uniformidade da interpretação da legislação federal infraconstitucional.

Tal contexto foi alterado pela EC 45/2004, que inseriu um novo dispositivo no art. 102, III, do Texto Magno,[22] transferindo para o âmbito do recurso extraordinária matéria de interpretação de lei federal, anteriormente inserida na esfera do recurso especial.

2.5.2.2 Características

O recurso extraordinário enquadra-se na classe dos *recursos excepcionais*, também denominados de *recursos de direito estrito*, podendo ser diferenciado dos *recursos ordinários* (comuns, normais), que apresentam uma forma menos rigorosa, são dirigidos a Tribunais locais ou regionais, não apresentam pressupostos de admissibilidade mais rigorosos, comportam discussão de matéria de fato e de direito, bastando a

---

20. *Comentários à Constituição de 1967, com a Emenda 1 de 1969*, p. 107.

21. Tal escopo, como leciona José Carlos Barbosa Moreira, estava ligado a determinados traços do ordenamento jurídico anterior: "pluralidade de fontes normativas, com edição de regras jurídicas por um poder central e por poderes locais; pluralidade de órgãos judicantes com competência para aplicar as normas emanadas do poder central; hierarquização das regras jurídicas, com supremacia da Constituição; possibilidade de controle judiciário da legitimidade das normas editadas pelos órgãos legiferantes, à luz das hierarquicamente superiores" (*Comentários ao CPC*, p. 566).

22. O dispositivo inserido pela EC 45/2004 no art. 102, III, da Carta, foi a alínea "d", que admite o cabimento de recurso extraordinário quando a decisão recorrida "julgar válida lei local contestada em face de lei federal".

mera sucumbência para configurar o interesse em recorrer.[23] Os recursos excepcionais contêm determinados caracteres, a saber: a) exigem o prévio esgotamento das instâncias ordinárias; b) não se destinam diretamente à correção da suposta injustiça da decisão; c) não comportam apreciação de matéria de fato; d) apresentam sistema de admissibilidade desdobrado ou bipartido; e) os pressupostos de admissibilidade são regulados pela Constituição, e não pela lei infraconstitucional; f) é provisória a execução realizada na pendência do recurso; g) necessidade de prequestionamento da matéria constitucional. Examinamo-los separadamente.

O remédio jurídico em tela só pode ser interposto contra determinada decisão judicial contra a qual já tiverem sido esgotados todos os meios ordinários de impugnação. O fundamento da exigência é que o Supremo Tribunal Federal, ao processar e julgar um recurso desta natureza, atua como órgão de cúpula do Poder Judiciário, devendo manifestar-se apenas sobre questões de grande relevância nacional, tais como as questões constitucionais.

Além disso, o instituto não tem por escopo revisar decisões judiciais, eis que se trata de um remédio que permite ao STF cumprir a sua missão de guardião da Constituição. Isso não significa que direito subjetivo não possa ser tutelado por meio do recurso extraordinário. A finalidade de tal recurso é a de garantir a "inteireza positiva do direito constitucional", para usar uma expressão de Pontes de Miranda. Logo, ao julgar esse tipo de remédio, tutela-se diretamente a Constituição e por via reflexa o direito subjetivo da parte recorrente, conferido por norma constitucional. Não se corrige a suposta injustiça de uma decisão, como ocorre no julgamento de outros recursos ordinários. A atuação do órgão jurisdicional competente tem em vista a proteção das situações jurídicas subjetivas criadas pela atuação das normas constitucionais. Calha bem aqui o magistério de Barbosa Moreira: "O recurso extraordinário (como o especial, ramificação dele) não dá ensejo a novo exame da causa, análogo ao que propicia a apelação. Com as ressalvas que a seu tempo hão de consignar-se, nele unicamente se discutem *quæstiones iuris*, e destas apenas as relativas ao direito federal. No seu âmbito, contudo, parece excessivo negar que sirva de instrumento à tutela de direitos subjetivos das partes ou de terceiros prejudicados".[24] Por conseguinte, não basta a

---

23. Cf. Rodolfo de Camargo Mancuso, *Recurso Extraordinário e Recurso Especial*, p. 125.
24. *Comentários ao CPC*, p. 567.

simples sucumbência para que surja o interesse de recorrer. É necessário um *plus*, que é a existência de uma questão constitucional.

Disso decorre que o instituto não se presta à revisão de matéria de fato, ou seja, ao reexame da prova produzida nos autos.[25] O recurso excepcional em estudo tem cognição limitada às questões de direito, relacionadas à eficácia, vigência ou aplicação da Constituição. É pacífica, inclusive, a posição do STF sobre o tema, consoante demonstra o enunciado da Súmula 279: "Para simples reexame de prova não cabe recurso extraordinário". Examinando o tema, Rodolfo de Camargo Mancuso justifica a restrição do âmbito de cognição do recurso extraordinário: "Compreende-se que os recursos excepcionais não sejam vocacionados à mera *revisão da matéria de fato*; é que a indigitada injustiça daí defluente teria por *causa* uma afirmada má subsunção do fato à norma, erronia essa, todavia, corrigível pelos recursos comuns, mormente a apelação, que se caracteriza pela amplitude do efeito devolutivo; ao passo que o objetivo precípuo dos recursos extraordinário e especial volta-se à readequação do julgado recorrido aos parâmetros constitucionais ou do direito federal, comum, respectivamente, portanto remanescendo no plano do *direito estrito*".[26]

No processamento do recurso extraordinário ocorre uma cisão entre juízo de admissibilidade e juízo de mérito, de forma diferenciada, distribuída entre o Tribunal *a quo* e o *ad quem*. A interposição do recurso ocorre perante o presidente ou vice-presidente do Tribunal recorrido, a quem compete o exame dos pressupostos de admissibilidade do recurso. Se for admitido, tal exame não vincula o STF, que poderá ou não conhecer do recurso extraordinário. Importa observar, todavia, que a competência para avaliação do pressuposto da "repercussão geral da questão constitucional" é exclusiva do Pretório Excelso (Lei 11.418/2006). Tal fracionamento visa filtrar o volume de recursos extraordinários a serem admitidos, evitando uma sobrecarga de trabalho para a Corte Maior.

Por se tratar de um recurso excepcional, os pressupostos de admissibilidade do recurso são veiculados pela Constituição Federal, e não pelo CPC, que regula apenas a parte procedimental (prazo, preparo, modo de interposição etc.). De tal peculiaridade decorre a impossibilidade de aplicação da fungibilidade recursal em matéria de recurso extraordinário.

---

25. Consoante decidiu a Corte, "não cabe recurso extraordinário, quando interposto com o objetivo de discutir questões de fato ou de examinar matéria de caráter probatório" (STF, 2ª T., AI-AgR 640.480, rel. Min. Celso de Mello, *DJU* 22.2.2008).

26. *Recurso Extraordinário e Recurso Especial*, p. 165.

Outra característica do recurso extraordinário é não ter efeito suspensivo. Conseguintemente, possibilita a execução do julgado impugnado, que se fará em caráter provisório. Entretanto, para evitar que se cause dano irreparável, admite-se a concessão de medida cautelar inominada para suspender a execução do provimento hostilizado por meio de recurso extraordinário, que poderá ser requerida perante o Presidente do Tribunal *a quo* ou o Ministro Relator do recurso, dependendo da situação.[27]

Por fim, o recurso extraordinário caracteriza-se pela necessidade de prequestionamento da questão constitucional. Trata-se de pré-requisito de admissibilidade, inspirado no direito norte-americano, que constava das Cartas de 1891, 1934, 1937 e 1946, desaparecendo dos textos constitucionais a partir da Carta de 1967. Por esse motivo, parte da doutrina entende que a omissão constitucional é relevante, sendo tal requisito inadmissível. A jurisprudência do Supremo Tribunal Federal, todavia, caminha em direção contrária, existindo atualmente diversas Súmulas regulando esse tema.[28]

Exige-se o prequestionamento explícito da matéria constitucional, requisito que decorre da própria natureza do recurso extraordinário, como recurso de direito. É imprescindível, portanto, que a matéria devolvida pela interposição desse remédio tenha sido objeto de pronunciamento *expresso* pelos juízos inferiores.[29] Como salientado pelo Min. Sepúlveda Pertence, em voto proferido no julgamento do AgR 253.566, o RE "não investe o Supremo de competência para vasculhar o acórdão recorrido, à procura de uma norma que poderia ser pertinente ao caso, mas da qual não se cogitou. Daí a necessidade de pronunciamento explícito do Tribunal *a quo* sobre a questão suscitada no recurso extra-

---

27. Entende-se que protocolizada a petição recursal, a competência se transfere para o tribunal *ad quem*, na qual a ação cautelar será processada.

28. Súmula 282: "É inadmissível o recurso extraordinário quando não ventilada, na decisão recorrida, a questão federal suscitada". Súmula 356: "O ponto omisso da decisão, sobre o qual não foram opostos embargos declaratórios, não pode ser objeto de recurso extraordinário, por faltar o requisito do prequestionamento".

29. Parcela da doutrina diverge desse posicionamento, defendendo a possibilidade de prequestionamento implícito. Rodolfo de Camargo Mancuso posiciona-se nessa direção, afirmando o seguinte: "Desde que se possa, *sem esforço*, aferir no caso concreto que o objeto do recurso está razoavelmente demarcado nas instâncias precedentes, cremos que é o bastante para satisfazer essa exigência que, de resto, não é excrescente, mas própria dos recursos de tipo excepcional, malgrado não conste, *às expressas*, nos permissivos constitucionais que os regem" (*Recurso Extraordinário* ..., p. 314).

ordinário. Sendo o prequestionamento, por definição, necessariamente explícito, o chamado "prequestionamento implícito" não é mais do que uma simples e inconcebível contradição em termos".[30]

Discute-se, também, no âmbito doutrinário, se tal requisito alcançaria as questões de ordem pública, eis que insuscetíveis de preclusão (CPC, art. 267, § 3º). Abalizada corrente sustenta que tais questões não precluem, sendo suscitáveis em qualquer tempo e grau de jurisdição, razão pela qual seria inexigível, nesses casos, o prequestionamento deste tipo de matéria.[31]

Numa síntese bastante apertada, são essas as características do recurso extraordinário, que justificam a sua inclusão na classe dos recursos excepcionais.

### 2.5.2.3 Pressupostos constitucionais

O recurso extraordinário poderá ser interposto em relação às "causas decididas em única ou última instância" (CF, art. 102, III). Isso significa, como lembra Pontes de Miranda "que não pode interpor recurso extraordinário o que se conformou com a sentença de *primeira* instância, ou de instância que *não* foi *a última*".[32] Trata-se, em verdade, de um pressuposto comum a todas as hipóteses de cabimento desse recurso, por meio do qual se exige que a decisão impugnada seja oriunda de um Tribunal Superior – o que se infere da expressão "última instância" – ou de juízo, singular ou colegiado, que funcione como "única" instância, como por exemplo, as Turmas Recursais dos Juizados Especiais Cíveis e Criminais. Convém observar que a decisão deve versar sobre o mérito da causa, razão pela qual não se admite o recurso extraordinário de sentenças que extinguem o processo sem resolução do mérito, bem como das proferidas no âmbito da jurisdição voluntária.[33]

A primeira hipótese de cabimento do recurso epigrafado é a prevista no art. 102, III, "a", da Constituição Federal: decisão que "contrariar dispositivo desta Constituição".

---

30. STF, AgR 253.566-6, rel. Min. Sepúlveda Pertence, *DJU* 3.3.2000.
31. Cf., nesse sentido, Rodolfo de Camargo Mancuso, *Recurso Extraordinário* ..., p. 311.
32. *Comentários à CF de 1967* ..., p. 103.
33. Em sentido contrário, posiciona-se Barbosa Moreira: "não obstante fale o texto constitucional em 'causas decididas', o melhor entendimento é o de que a decisão não precisa versar sobre o mérito" (*Comentários* ..., p. 571).

A expressão tem alcance amplo, abrangendo as hipóteses de contrariedade à literalidade do texto normativo-constitucional ou à sua finalidade, por meio do processo de interpretação e de compreensão. Não se equipara, portanto, à situação em que se nega vigência aos dispositivos constitucionais, a qual pode importar em afirmar que determinado enunciado não está mais em vigor, ou quando se recusa em aplicá-lo, quando ela é aplicável.

Barbosa Moreira critica, acertadamente, a redação do dispositivo constitucional que consagra essa hipótese de cabimento, afirmando que "a descrição do texto contém um *juízo de valor*: a decisão que contrarie dispositivo constitucional é decisão, à evidência, incorreta, e como tal merecedora de reforma. Aí, portanto, se ficar demonstrada a realização do 'tipo', o recorrente não fará jus ao mero *conhecimento*, senão ao *provimento* do recurso. Para empregar técnica semelhante à das letras *b* e *c*, deveria o legislador constituinte ter dito na letra *a*: 'quando a decisão recorrida *for impugnada sob a alegação* de contrariar dispositivo desta Constituição'".[34] Para superar o problema, propõe a seguinte interpretação: "Requisito de admissibilidade será, então, a mera ocorrência *hipotética* (isto é, *alegada*) do esquema textual: não se há de querer, para admitir o recurso extraordinário pela letra *a*, que o recorrente prove desde logo a contradição real entre a decisão impugnada e a Constituição da República; bastará que ela a *argua*. Do contrário, insista-se, estaremos exigindo, ao arrepio da técnica e da lógica, que o recurso seja procedente para ser admissível".[35] De fato, o juízo de admissibilidade do recurso jamais pode se confundir com o de mérito, para que a ordem do procedimento não seja invertida. Por isso, na aferição do pressuposto em tela bastará ao órgão jurisdicional verificar se existe plausibilidade na alegação de contrariedade à Constituição.

Sobre a matéria, inclusive, há importante precedente do Supremo Tribunal Federal, cuja ementa é a seguinte: "Recurso extraordinário: Letra *a*: alteração da tradicional orientação jurisprudencial do STF, segundo a qual só se conhece do RE, *a*, se for para dar-lhe provimento: distinção necessária entre o juízo de admissibilidade do RE, *a* – para o qual é suficiente que o recorrente alegue adequadamente a contrariedade pelo acórdão recorrido de dispositivos da Constituição nele prequestionados – e o juízo de mérito, que envolve a verificação da compatibilidade ou não entre a decisão recorrida e a Constituição, ainda que sob prisma

---

34. *Comentários* ..., pp. 569-570, grifos do autor.
35. Idem, p. 570.

diverso daquele em que se hajam baseado o Tribunal *a quo* e o recurso extraordinário".[36]

Importa observar, ainda, que a "contrariedade" à CF deve ser direta e frontal, e não por via reflexa, ou seja, é o próprio texto constitucional que resultou violado, e não o direito ordinário.[37] A justificativa para tal restrição é que o STF, ao processar e julgar o recurso em estudo, realiza o controle difuso de constitucionalidade das leis, e não o de legalidade. Portanto, a ofensa deve atingir imediatamente o texto constitucional, sem necessidade de inserção da lei ordinária como elemento intermediário para se aferir a presença do pressuposto epigrafado.

Acresça-se, também, que na situação em que o direito ordinário simplesmente repetir o conteúdo de dispositivo constitucional, a violação do direito infraconstitucional configurará burla à Constituição, suscetível de enquadramento na hipótese em tela.

Do exposto resulta que, em verdade, o enunciado constitucional em estudo contempla vários tipos de decisões judiciais violadoras do Texto Magno: a sentença contra a literalidade dos dispositivos constitucionais (*sententia contra litteram legis*); a que violar o sentido do texto (*sententia contra rationem legis*). Em ambas as situações, a burla poderá atingir regra ou princípio da Constituição.

Discute-se, também, no âmbito doutrinário, se a sentença sem motivação poderá ser enquadrada nesse dispositivo constitucional. Ao nosso ver, a resposta é positiva, pois a motivação das decisões judiciais é requisito exigido expressamente pela atual Carta (CF, art. 93, X) para qualquer tipo de provimento jurisdicional. Por conseguinte, a ausência de fundamentação importará em "contrariedade" ao Texto Magno, suscetível de correção por meio do recurso extraordinário.

Já a segunda hipótese, regulada no art. 102, III, "b", é a de interposição de recurso extraordinário para impugnar decisão que "declarar a inconstitucionalidade de tratado ou lei federal".[38]

---

36. STF, RE 298.694, rel. Min. Sepúlveda Pertence, *DJU* 23.4.2004. No mesmo sentido: RE 299.799, rel. Min. Sepúlveda Pertence, *DJU* 5.9.2003.
37. STF, 2ª T., AI-AgR 670.916, rel. Min. Celso de Mello, *DJU* 18.4.2008.
38. Ao comentar tal situação, que já era prevista no art. 119, III, "b", da Carta de 1969, Pontes de Miranda ensinava que versava sobre o princípio da hierarquia das regras jurídicas, devendo-se confrontar uma regra constitucional com outra hierarquicamente inferior, concluindo-se pela infração da norma superior. E arrematava: "O que se exige é: a) que haja duas regras jurídicas federais, uma das quais é constitucional (primeiro pressuposto); b) que haja choque entre elas (=uma contradiga a outra), o que perfaz o segundo pressuposto; c) que a decisão haja sido pela invali-

Em primeiro lugar, vale notar que decisão que vier a declarar a "constitucionalidade" não se enquadra nesse tipo legal. Em segundo lugar, quadra salientar que o dispositivo permite o cabimento do remédio jurídico em estudo contra qualquer decisão jurisdicional – desde que de única ou última instância – que tiver declarado a inconstitucionalidade de lei, em controle difuso, seja qual for o tipo de inconstitucionalidade motivadora do respectivo provimento jurisdicional, inclusive a superveniente.[39] Tratando-se de provimento oriundo de Tribunal, a decisão atacada não será o acórdão que houver declarado a inconstitucionalidade, proferido pelo Plenário ou Órgão Especial, e sim o do órgão fracionário, vinculado àquele.[40]

No que se refere à terceira hipótese de cabimento – decisão que julgar válida lei ou ato de governo local em face da Constituição Federal –, é necessário a existência de duas regras jurídicas, uma veiculada pela lei superior e a outra local; que exista contradição entre elas; e, por fim, que a decisão de última ou de única instância tenha aplicado a lei local, afastando a incidência da norma constitucional.[41] Trata-se, portanto, de hipótese de preterição na aplicação de norma constitucional, em favor de lei hierarquicamente inferior. Vale dizer, a decisão impugnada julgou válida lei local, deixando de acolher a alegação de que ela afrontava a Constituição. Aparece aí, então, uma questão de caráter federal, à medida que se privilegiou o regramento local em detrimento da Constituição.[42]

A expressão "lei ou ato de governo local" abrange leis oriundas dos Estados e Municípios, bem como atos normativos elaborados pelas esferas de Poder (Executivo, Legislativo e Judiciário) que integram os respectivos entes.

dade da regra jurídica, ínsita em lei, ou em tratado, ou noutra fonte de direito, por infringir a Constituição" (*Comentários à Constituição de 1967*, t. V, p. 85).

39. Na hipótese de inconstitucionalidade superveniente (sucessiva), entende-se que a lei incompatível com a nova norma constitucional foi por esta revogada. Sobre o tema, cf., supra, cap. I, item 4.

40. Sobre o assunto dispõe a Súmula 513 do STF: "a decisão que enseja a interposição de recurso ordinário ou extraordinário não é a do plenário, que resolve o incidente de inconstitucionalidade, mas a do órgão (câmaras, grupos ou turmas) que completa o julgamento do feito".

41. Comentando idêntico dispositivo, inserido na Carta de 1969, Pontes de Miranda concluía que, neste caso, "também se supõe o *princípio de hierarquia das regras jurídicas*" (*Comentários à CF* ..., t. V, p. 85).

42. Cf. Rodolfo de Camargo Mancuso, *Recurso Extraordinário e Recurso Especial*, p. 297.

Com a promulgação da EC 45/2004 ocorreu um desmembramento do recurso especial, admitindo-se o extraordinário de decisão que "julgar válida lei local contestada em face de lei federal" (CF, art. 102, III, "d"). Existe, portanto, uma semelhança com a hipótese anterior, a aplicação de "lei local" – no entanto, o direito preterido não é o veiculado pela Constituição, e sim por lei federal. A doutrina amplamente dominante[43] entende que nessa situação também existe um contencioso constitucional, pois as questões de validade de lei local em face de lei federal versam sobre distribuição de competência entre os entes federados, matéria expressamente regulada pela Constituição. Se a lei local está sendo impugnada diante do texto constitucional só pode ser por ter tratado de matéria reservada pela Constituição à lei federal.

Em qualquer caso, dever-se-á observar um pressuposto de admissibilidade comum, também inserido pela emenda referenciada (CF, art. 102, § 3º): a repercussão geral da questão constitucional objeto do recurso – já analisada nesse estudo[44] –, atualmente regulamentado pela Lei 11.418/2006, que merece uma análise mais detalhada.

A lei confirmou, inicialmente, tratar-se de um requisito de admissibilidade do recurso extraordinário, ao inserir o art. 543-A no CPC, prescrevendo que "o Supremo Tribunal Federal, em decisão irrecorrível, não conhecerá do recurso extraordinário, quando a questão constitucional nele versada não oferecer repercussão geral, nos termos deste artigo".

A demonstração desse requisito deve ser apresentada como preliminar do recurso, a fim de ser apreciada pelo Pretório Excelso, em caráter exclusivo. Não é possível, portanto, em princípio, ao Tribunal de origem, examinar tal requisito de admissibilidade.

Convém observar, no entanto, que não foi estabelecido um conceito objetivo acerca de "repercussão geral". O parágrafo primeiro do art. 543-A reza que "para efeito da repercussão geral, será considerada a existência, ou não, de questões relevantes do ponto de vista econômico, social ou jurídico, que ultrapassem os interesses subjetivos da causa". Nesse particular, portanto, o legislador preferiu seguir a orientação adotada pela EC 45/2004, criando um conceito indeterminado, cuja apreciação resultará no exercício de competência discricionária pela Corte Maior, deixando claro, todavia, que se trata de matéria que vai além do interesse objeto da causa.

---

43. Cf. Rodolfo de Camargo Mancuso, ob. cit., pp. 299-301.
44. Sobre o assunto, cf., supra, cap. I, item 1.8.2.2.

Tratando-se de impugnação de decisão contrária a súmula ou jurisprudência dominante do STF, a lei estabeleceu uma presunção absoluta de existência de "repercussão geral" a fim de preservar a autoridade das decisões desse tribunal e a uniformização da interpretação da Constituição.

Considerando que a Constituição exigiu um *quorum* de 2/3 de votos para não admitir a presença da repercussão geral (CF, art. 102, § 3º) e tendo em vista o número de Ministros que integram o Pretório Excelso, a lei dispensou a remessa dos autos ao Pleno quando pelo menos quatro Ministros da Turma se manifestarem pela existência da repercussão, pois, nesse caso, o *quorum* de não-admissão jamais poderá ser atingido.

Para racionalizar o procedimento de aferição do requisito em tela, evitando que seja repetido em caso semelhante àquele em que já existiu manifestação do STF sobre a matéria, a lei estabeleceu a extensão da eficácia da decisão denegatória do exame de tal pressuposto de admissibilidade, prescrevendo, no art. 543-A, § 5º, que "negada a existência da repercussão geral, a decisão valerá para todos os recursos sobre matéria idêntica, que serão indeferidos liminarmente, salvo revisão da tese, tudo nos termos do Regimento Interno do Supremo Tribunal Federal". Trate-se de medida que visa a preservar a celeridade processual, evitando a repetição do juízo de admissibilidade sobre idêntica matéria.

Seguindo a trilha aberta pela Lei 9.868/1999, a lei em tela previu a figura do *amicus curiae*, ou seja, do sujeito estranho ao feito, que comparece para prestar atividade de colaboração com o órgão jurisdicional. O art. 543-A, § 6º, admitiu, neste particular, a manifestação de terceiros, subscrita por procurador habilitado, nos termos do Regimento Interno da Corte. Não houve delimitação dos sujeitos[45] e dos órgãos que poderão funcionar em tal qualidade, o que ajuda a ampliar o debate acerca da matéria objeto do exame no juízo de admissibilidade recursal.

Outro aspecto procedimental regulado pela lei em pauta foi a necessidade de publicação da súmula da decisão sobre a repercussão geral no *Diário Oficial*, que constará de ata, valendo como acórdão. Evita-se, assim, que a demora na lavratura do acórdão da decisão possa prejudicar o andamento do procedimento, contentando-se a lei com a mera lavratura da ata da decisão.

45. Luiz Rodrigues Wambier, Teresa Arruda Alvim Wambier e José Miguel Garcia Medina defendem a possibilidade de o recorrente, que teve o seu recurso sobrestado, em face do recebimento de recurso extraordinário "com fundamento em idêntica controvérsia", figurar como *amicus curiae* (*Breves Comentários à Nova Sistemática Processual Civil 3*, p. 248).

A Lei 11.418/2006 regulou, também, a hipótese de existência de múltiplos recursos com fundamento em idêntica controvérsia, inserindo o art. 543-B no CPC, o qual atribuiu competência ao Regimento Interno do Supremo Tribunal Federal para regular o processamento da análise do exame do pressuposto em epígrafe.

Dentre os recursos com idêntico fundamento, caberá ao tribunal de origem selecionar um ou mais recursos versando sobre a controvérsia, remetendo-os ao STF para análise. O efeito dessa escolha é o sobrestamento dos demais recursos, cujo processamento ficará aguardando a manifestação da Corte Maior.

Caso a posição do Pretório Excelso seja no sentido de não admitir o recurso remetido pelo tribunal de origem, os demais recursos, que ficaram sobrestados, serão considerados não admitidos. Embora a lei afirme que a não-admissão será "automática", dependerá de manifestação nos autos de cada recurso extraordinário, pelo Presidente do tribunal de origem, pois necessitará ser formalizada a fim de facultar ao recorrente, se for o caso, a interposição de agravo para demonstrar, por exemplo, que a matéria discutida naquele recurso não guarda identidade com a do remédio apreciado e inadmitido pelo STF.

Se a posição do STF for pela admissibilidade do recurso selecionado, a decisão nele proferida no juízo de mérito também repercutirá nos recursos sobrestados. Se a decisão da Corte Maior for no sentido oposto à tese recursal, o tribunal *a quo* julgará prejudicados os recursos. Caso contrário, ou seja, se a pretensão deduzida no recurso extraordinário for acolhida, o tribunal *a quo* poderá reconsiderar a decisão impugnada. Previu-se, assim, um juízo de retratação.

Em caso de não adoção pelo tribunal de origem de nenhuma dessas alternativas, cabíveis diante do provimento do recurso extraordinário pelo STF, os recursos sobrestados serão remetidos ao STF. Nesse caso, o Tribunal, em decisão liminar, poderá cassar ou reformar a decisão impugnada, eis que contrária ao entendimento manifestado no julgamento do recurso extraordinário escolhido como paradigma (representativo da controvérsia). É possível, também, que o acórdão do tribunal de origem seja mantido, caso esteja em conformidade com a decisão do STF, que, nesse caso, poderá liminarmente não conhecer do recurso extraordinário sobrestado.

A fim de regulamentar o processamento da repercussão geral, exercendo a competência que lhe foi conferida pela Lei 11.418/2006, o STF editou a Emenda Regimental 21, de 30.4.2007, dispondo sobre a matéria.

Outorgou-se competência ao Presidente do STF, até eventual distribuição, para não conhecer do recurso extraordinário que não veicule a preliminar de demonstração da repercussão geral. Idêntica competência tem o Ministro Relator (RISTF, art. 327). Tal decisão é impugnável por meio de agravo interno.

Estabeleceu-se, também, que o juízo de admissibilidade do recurso extraordinário deve examinar, inicialmente, a presença dos pressupostos constitucionais. Em caso de juízo positivo, investigar-se-á a presença do requisito da repercussão geral (RISTF, art. 323).

Mais uma vez preocupado com a hipótese de multiplicidade de feitos versando sobre a mesma matéria, o Regimento possibilitou ao Relator ou ao Presidente (art. 328), de ofício ou a pedido de parte, ao receber recurso sobre matéria que apresente tendência de ser reproduzida em outros casos, comunicar aos demais tribunais ou turmas de juizado especial sobre a existência da possibilidade de repetição, a fim de que cumpram a regra do art. 543-B do CPC. É possível, também, em tal situação, que o STF requisite informações sobre a existência e a fase de andamento dos recursos sobre idêntica controvérsia, determinando, inclusive, o sobrestamento destes.

A grande novidade da Emenda Regimental em pauta foi a forma de deliberação sobre a existência de repercussão geral: meio eletrônico. Caberá ao relator, em primeiro lugar, examinar a presença dos pressupostos constitucionais de cabimento do recurso extraordinário (CF, art. 102, III). Caso o juízo de admissibilidade seja positivo, verificar-se-á se o recurso não guarda identidade com outro cuja repercussão já tenha sido apreciada pelo STF, bem como se a impugnação não é à decisão contrária à súmula ou jurisprudência dominante da Corte (hipótese de presunção absoluta da repercussão geral). Se nenhuma dessas duas hipóteses se fizer presente, o Relator apresentará sua manifestação por meio eletrônico para os demais ministros (RISTF, arts. 323, 324), que têm o prazo comum de vinte dias para se manifestar, também por via eletrônica. Se nesse lapso temporal o Relator não receber número suficiente para rejeitar a repercussão geral, considerar-se-á cumprido esse requisito (RISTF, art. 324, parágrafo único).[46]

46. Parte da doutrina questiona a forma eletrônica de processamento da aferição da repercussão geral. Contesta-se a legitimidade de uma decisão tácita, a viabilidade de imposição de prazo preclusivo aos Ministros e, por fim, a legitimidade da deliberação do STF sem a presença das partes e dos seus advogados. Sobre tais problemas, concordamos com Eduardo Talamini ("Repercussão geral em recurso extraordinário: nota sobre sua regulamentação", *RDDP* 54/64-66), não vislumbran-

As manifestações eletrônicas terão suas cópias juntadas aos autos dos recursos extraordinários, desde que não se trate de recurso informatizado. Uma vez admitida a presença da repercussão, caberá ao Relator julgar o recurso, se for o caso (CPC, art. 557), ou pedir pauta para julgamento, após vista do Procurador-Geral, se necessária (art. 325, RISTF). A decisão denegatória da admissão da repercussão também deverá ser firmada individualmente pelo Relator.

O teor da decisão acerca do conhecimento da repercussão geral integrará a decisão monocrática ou do Colegiado, devendo ser publicada no *Diário Oficial*, com menção expressa à matéria discutida no recurso (art. 325, parágrafo único, RISTF).

Tal provimento é irrecorrível, devendo ser comunicado pelo Ministro Relator à Presidência do Tribunal, para fins de rejeição liminar dos recursos que versem sobre idêntica matéria, cuja repercussão tiver sido inadmitida; bem como para que promova ampla divulgação da decisão, inclusive, com a formação de banco atualizado de dados a respeito da questão.

## 2.6 Efeitos da decisão de inconstitucionalidade no controle difuso

### 2.6.1 Efeitos no tempo

Com a edição da Lei 9.868/1999, que disciplina o processo de julgamento da Ação Direta de Inconstitucionalidade e da Ação Declaratória de Constitucionalidade, conferiu-se ao Pretório Excelso a possibilidade de modular os efeitos no tempo da decisão de inconstitucionalidade em controle abstrato, por meio de regra veiculada pelo art. 27 dessa fonte formal, cujo conteúdo é o seguinte: "Ao declarar a inconstitucionalidade de lei ou ato normativo, e tendo em vista razões de segurança jurídica ou de excepcional interesse social, poderá o Supremo Tribunal Federal, por maioria de dois terços de seus membros, restringir os efeitos daquela declaração ou decidir que ela só tenha eficácia a partir do seu trânsito em julgado ou de outro momento que venha a ser fixado".[47]

A questão que se põe é saber se tal faculdade também pode ser exercida em controle difuso.

do qualquer vício no procedimento previsto pela Emenda Regimental do Pretório Excelso.
   47. Idêntica regra é veiculada pelo art. 11 da Lei 9.882/1999, que regula o processo e julgamento da Argüição de Descumprimento de Preceito Fundamental.

A possibilidade de flexibilização dos efeitos temporais da decisão de inconstitucionalidade em sede de controle difuso tem despertado grandes controvérsias no direito comparado.

Em alguns países, que adotam o controle abstrato de constitucionalidade a cargo de um Tribunal Constitucional, discute-se a possibilidade de atribuição de efeitos retroativos à declaração de inconstitucionalidade, em relação ao caso concreto que gerou o incidente de inconstitucionalidade apreciado por esse órgão. Já nos Estados Unidos, que adota um sistema diverso de controle, tem-se admitido que a Suprema Corte limite no caso concreto os efeitos temporais da decisão de inconstitucionalidade, com base na doutrina da *prospective overruling*.[48]

Em nosso sistema, em que convivem simultaneamente o controle concentrado e o difuso, a deflagração da fiscalização abstrata não ocorre por meio de um incidente suscitado perante os órgãos inferiores de jurisdição. Os procedimentos de fiscalização podem ser suscitados diretamente perante o Supremo Tribunal Federal.

No entanto, as diferenças do controle difuso em relação ao abstrato, mormente no que se refere à eficácia subjetiva e material da decisão de inconstitucionalidade, não representam obstáculo ao reconhecimento da possibilidade da modulação da eficácia temporal de tal provimento jurisdicional.

Ademais, os motivos que justificam a possibilidade de modulação dos efeitos temporais no controle abstrato também se fazem presentes no tipo de fiscalização em pauta, posto que a pronúncia de inconstitucionalidade com eficácia retroativa pode conduzir a resultados graves, na medida em que os efeitos dos atos jurídicos praticados com base na norma inconstitucional muitas vezes são tutelados pela lei ou por princípios jurídicos. É necessário, portanto, causar o menor sacrifício possível aos bens e interesses em colisão.

No controle abstrato, tendo em vista a eficácia *erga omnes* da decisão de inconstitucionalidade, a modulação dos efeitos muitas vezes quer evitar os efeitos para uma classe de sujeitos de uma decisão com eficácia retroativa. Na fiscalização difusa, tal questão só terá importância no julgamento das ações coletivas, em algumas das quais a inconstitucionalidade poderá ser pronunciada (ex.: mandado de segurança coletivo), atingindo um leque de sujeitos. No entanto, mesmo para as ações individuais, em muitas situações, razões ligadas à segurança jurídica, ao

---

48. Cf. Rui Medeiros, *A Decisão de Inconstitucionalidade*, Lisboa, Universidade Católica Editora, 1999, pp. 742-743.

interesse público ou a outros princípios constitucionais poderão impor a aplicação da proporcionalidade para evitar que os problemas gerados pela declaração com efeitos retroativos sejam superiores às vantagens decorrentes da preservação dos efeitos dos atos jurídicos realizados com base nas regras inconstitucionais.[49]

Aqui não se defende, portanto, a aplicação do art. 27 da Lei 9.868/1999, eis que relacionado unicamente com a ação direta de inconstitucionalidade e a ação declaratória de constitucionalidade. Sustenta-se, sim, a aplicação do princípio da proporcionalidade como um critério para modular os efeitos da pronúncia de inconstitucionalidade da lei no controle difuso.

Preocupando-se com as graves conseqüências que uma declaração com efeitos retroativos poderia gerar no plano dos fatos, considerando, de outro lado, os princípios jurídicos que tutelavam os efeitos dos atos realizados com base na norma inconstitucional, o Supremo Tribunal Federal em diversas oportunidades modulou os efeitos da declaração de inconstitucionalidade no tempo em sede de controle difuso, relativizando o critério da eficácia *ex tunc*.

No primeiro deles, a Corte debruçou-se sobre os efeitos de uma lei do Estado de São Paulo, de 3.12.1971, que possibilitava a servidores públicos do Poder Executivo atuarem como oficiais de justiça. Esse diploma normativo teve a sua invalidade declarada em 21.3.1973, no julgamento da Representação de Inconstitucionalidade 832. Posteriormente, determinado cidadão, ao ter movida contra si ação de execução, argüiu a nulidade da penhora, alegando ter sido este ato processual, praticado antes do julgamento do STF, realizado por serventuário irregularmente investido no exercício da função de oficial de justiça, posto que a lei que possibilitava essa atuação fora invalidada. Essa discussão chegou ao Tribunal por meio do julgamento do RE 78.209, realizado em 4.6.1974, ocasião em que se aplicou a teoria do funcionário de fato para reconhecer a validade da penhora.[50]

Três dias após essa decisão, a Segunda Turma do Pretório Excelso enfrentou o mesmo tema, julgando caso semelhante, que também versava sobre a validade de penhora realizada por oficial de justiça do

---

49. Idêntica conclusão defende Gilmar Ferreira Mendes: "Não parece haver dúvida de que, tal como já exposto, a limitação de efeito é decorrência do controle judicial de constitucionalidade, podendo ser aplicado tanto no controle direto quanto no controle incidental" (*Curso de Direito Constitucional*, p. 1.099).
50. STF, 1ª T., RE 78.209, rel. Min. Aliomar Baleeiro, pub. em 9.10.1974.

Estado de São Paulo, investido na função por meio da lei supracitada. Nesse julgado, o tema dos efeitos temporais da declaração de inconstitucionalidade foi examinado com profundidade, pela primeira vez na história. O Ministro Relator, Bilac Pinto, sustentou que os efeitos da declaração de inconstitucionalidade não poderiam ser sintetizados numa regra única, aplicável para todos os casos. Ao seu sentir, seria necessário analisar, de um lado, a inconstitucionalidade declarada, e, de outro, a natureza da lei impugnada (de direito administrativo e de processo civil), para resolver a questão da nulidade ou validade dos atos praticados pelos aludidos oficiais de justiça. Assim, a definição dos efeitos no tempo da decisão deveria levar em consideração os princípios desses ramos do direito. Com base nessa premissa, sustentou-se, então, a aplicação da teoria do funcionário de fato, oriunda do direito administrativo, e a regra do art. 278 do CPC, diante da ausência de prejuízo para o administrado, capaz de ensejar a declaração de nulidade, considerando-se válidos, portanto, os atos processuais epigrafados. Com base nesses fundamentos, foi reconhecida a validade de atos jurídicos realizados sob a égide de lei posteriormente declarada inconstitucional, flexibilizando-se, destarte, a jurisprudência acerca da nulidade absoluta da lei inconstitucional.[51]

Idêntico posicionamento foi adotado, novamente, pela Primeira Turma do Tribunal, no julgamento do Recurso Extraordinário 79.628,[52] cujo objeto era a mencionada lei paulista.

O tema dos efeitos da decisão de inconstitucionalidade voltou a ser discutido pela Corte em 1977, no julgamento do RE 79.343, oportunidade em que o Ministro Relator, Leitão de Abreu, sustentou a natureza constitutiva da decisão de inconstitucionalidade e a possibilidade de flexibilização dos seus efeitos temporais. Esse posicionamento, todavia, não logrou acolhida no âmbito do órgão jurisdicional em que foi defendido.[53]

Na década de 1980 a Segunda Turma julgou, em sede de recurso extraordinário, o caso que envolvia magistrado do Estado de Minas Gerais, o qual havia averbado, com fundamento no art. 104 da Constituição Estadual, tempo de serviço prestado em sociedade de economia mista, que lhe assegurava a percepção de uma gratificação adicional. Esse dispositivo constitucional foi posteriormente declarado inconsti-

---

51. STF, 2ª T., RE 78.594, rel. Min. Bilac Pinto, pub. em 30.10.1974.
52. STF, 1ª T., RE 79.628, rel. Min. Aliomar Baleeiro, pub. em 11.12.1974.
53. STF, 2ª T., RE 79.343, rel. Min. Leitão de Abreu, pub. em 2.9.1977.

tucional pelo Pretório Excelso, em controle difuso, sendo então retirado do ordenamento pela Resolução 34, de 8.10.1973, editada pelo Senado Federal. A partir de então a aludida gratificação deixou de ser paga ao juiz estadual que, inconformado, recorreu ao STF. Na resolução da demanda, a Corte entendeu que a garantia constitucional da irredutibilidade dos vencimentos não poderia ser afetada pela modificação na forma de contagem do tempo de serviço, flexibilizando, destarte, a atribuição dos efeitos retroativos à declaração de inconstitucionalidade.[54]

Nova discussão envolvendo magistrados estaduais foi enfrentada pela Segunda Turma em 1994. O Estado de Minas Gerais interpôs recurso extraordinário para reformar acórdão que havia assegurado aos magistrados mineiros o direito de não restituírem vantagens pecuniárias percebidas em razão de norma viciada, bem como de continuarem auferindo esta retribuição pecuniária. O apelo foi provido em parte pela Corte, para reconhecer o direito à não-devolução, sob o fundamento de que violava a garantia constitucional da irredutibilidade, que seria intangível, em face da declaração de inconstitucionalidade da lei que determinava o pagamento dessa verba. Reconheceu-se, assim, o caráter prospectivo da decisão de inconstitucionalidade, negando-se, porém, o direito à manutenção do pagamento, eis que efetuado com base em norma eliminada do sistema.[55]

Em 2004, o Tribunal, de maneira expressa, e de maneira inédita, limitou os efeitos temporais da pronúncia de inconstitucionalidade no mesmo processo em que tal decisão foi proferida. Vale dizer, nos precedentes acima analisados, o tema dos efeitos no tempo da decisão de inconstitucionalidade foi examinado pela Corte Maior em processo distinto daquele em que foi declarada a inconstitucionalidade da lei, ao julgar a irresignação dos sujeitos atingidos pela atribuição de eficácia retroativa à pronúncia de inconstitucionalidade. Foi o que ocorreu com as partes do processo de execução (caso dos oficiais de justiça) e dos magistrados mineiros.

A inovação em tela ocorreu no julgamento do RE 197.917, realizado pelo Tribunal Pleno e publicado em 7.5.2004. Nesse julgado, impugnava-se decisão do Tribunal de Justiça do Estado de São Paulo, que havia reformado decisão de primeiro grau, a qual tinha julgado procedente o pedido formulado pelo Ministério Público Estadual para reconhecer a inconstitucionalidade da Lei Orgânica 226/1990, do Município de Mira

---

54. STF, 2ª T., RE 105.789, rel. Min. Carlos Madeira, *DJU* 9.5.1986.
55. STF, 2ª T., RE 122.202, rel. Min. Francisco Rezek, *DJU* 8.4.1994.

Estrela, que havia fixado o número de vereadores em desacordo com o critério previsto pelo art. 29, IV, da CF. A decisão monocrática reduziu de onze para nove o número de parlamentares do legislativo municipal, decretou a extinção do mandato do número excedente e condenou os vereadores excedentes a devolver ao erário os subsídios indevidamente percebidos. Essa decisão foi reformada pelo TJ-SP, que reconheceu a constitucionalidade da norma municipal impugnada. O caso, então, foi submetido à apreciação da Corte Maior, tendo o Ministro Relator reformado a decisão de 2º grau de jurisdição, com fundamento na existência de inconstitucionalidade na lei municipal epigrafada. No entanto, entendeu que o juiz não poderia alterar o conteúdo da norma impugnada, por se tratar de matéria sujeita à competência do Poder Legislativo Municipal. Posicionou-se, assim, pela declaração de inconstitucionalidade incidental, devendo a adequação do número de vereadores ser realizada, após o trânsito em julgado, pela Câmara de Vereadores. Nesse particular, o Ministro Gilmar Mendes divergiu, alegando que a hipótese era de adoção de eficácia prospectiva à declaração de inconstitucionalidade, em controle difuso, posição que foi encampada pela maioria dos votos dos julgadores. Proclamou-se, afinal, a inconstitucionalidade da lei local com eficácia para o futuro, tendo em vista a existência de uma "situação excepcional em que a declaração de nulidade, com seus normais efeitos *ex tunc*, resultaria grave ameaça a todo o sistema vigente". Afirmou-se, assim, a "prevalência do interesse público para assegurar, em caráter de exceção, efeitos *pro futuro* à declaração de inconstitucionalidade".[56] Inaugurou-se, desse modo, a atribuição de eficácia prospectiva à declaração de inconstitucionalidade no controle difuso, restringindo-se, finalmente, a jurisprudência da nulidade da pronúncia de inconstitucionalidade com eficácia retroativa.[57]

Avançando por essa trilha, posteriormente tal posicionamento foi abraçado em sede de controle abstrato, no julgamento da ADI 3.022, proposta pelo Procurador-Geral da República, impugnando o art. 45 da Constituição do Estado do Rio Grande do Sul e a Lei Complementar gaúcha 10.194/1994, por estenderem ao servidor público a assistência judiciária do Estado, quando processado civil ou criminalmente, em ra-

---

56. STF, RE 197.917, rel. Min. Maurício Corrêa, *DJU* 7.5.2004.

57. Em outros julgamentos, que versavam sobre idêntica matéria, a Corte adotou o mesmo posicionamento, atribuindo efeitos prospectivos à declaração de inconstitucionalidade (STF, RE 273.844, rel. Maurício Corrêa, *DJU* 21.5.2004; RE 199.522, rel. Maurício Corrêa, *DJU* 11.6.2004; RE 300.343, rel. Maurício Corrêa, *DJU* 11.6.2004).

zão de ato praticado no exercício regular de suas funções, violando, desse modo, os. arts. 134 e 5º, LXXIV, da Constituição Federal. O Ministro Relator, Joaquim Barbosa, julgou parcialmente procedente o pedido, reconhecendo a existência de inconstitucionalidade apenas na alínea "a" do Anexo II da lei complementar epigrafada, entendendo que importava em ampliação das atribuições da defensoria pública, desvirtuando-se a sua missão constitucional e impondo-se o risco de não concretização do direito à assistência jurídica. Considerando os eventuais prejuízos que decorreriam da pronúncia da nulidade da norma impugnada com efeitos *ex tunc*, entendeu o Relator limitar no tempo os efeitos da decisão de inconstitucionalidade, com base no art. 27 da Lei 9.868/1999, sugerindo que a decisão somente produzisse efeitos a partir de 31.12.2004. Por unanimidade, reconheceu-se a inconstitucionalidade e, com relação aos efeitos temporais da decisão, o voto foi acompanhado por maioria, com as divergências dos Ministros Marco Aurélio e Eros Roberto Grau. Dessa maneira, a Corte acolheu de modo pioneiro, no controle abstrato, a tese da atribuição de eficácia *pro futuro* à decisão de inconstitucionalidade, aplicando expressamente o art. 27 da Lei 9.868/1999.[58]

No ano de 2005, em dois julgamentos, o Pretório reafirmou novamente a possibilidade de manipulação dos efeitos temporais da decisão de inconstitucionalidade. No primeiro, em que se discutiu a inconstitucionalidade de lei que atribuía determinada gratificação aos servidores públicos do Estado do Amazonas, a Segunda Turma entendeu que "a lei inconstitucional nasce morta. Em certos casos, entretanto, os seus efeitos devem ser mantidos, em obséquio, sobretudo, ao princípio da boa fé".[59] Flexibilizaram-se, assim, os efeitos no tempo da declaração de inconstitucionalidade.

Outra decisão foi proferida por esse órgão no final do mesmo ano, reafirmando a possibilidade de manutenção dos efeitos dos atos praticados com base em normas inconstitucionais. O caso versava sobre desconstituição de ato administrativo que havia deferido, mediante concurso público, a progressão de servidores públicos. A Corte entendeu que "os princípios da boa-fé e da segurança jurídica autorizam a adoção do efeito *ex nunc* para a decisão que decreta a inconstitucionalidade. Ademais, os prejuízos que adviriam para a Administração seriam maiores que eventuais vantagens do desfazimento dos atos administrativos".[60]

---

58. STF, ADI 3.022, rel. Min. Joaquim Barbosa, *DJU* 4.3.2005.
59. STF, 2ª T., AgR no RE 328.232, rel. Min. Carlos Velloso, *DJU* 14.6.2005.
60. STF, 2ª T., RE 442.683, rel. Min. Carlos Velloso, *DJU* 24.3.2006.

Vale dizer, aplicou-se a ponderação concreta de bens e interesses nesse julgado.[61]

Posteriormente, ao apreciar ADI que impugnava lei estadual que havia criado município no Estado da Bahia, a Corte pronunciou a inconstitucionalidade desse ato normativo, sem a declaração de nulidade, mantendo a sua vigência no ordenamento jurídico pelo período de 24 (vinte e quatro) meses até que o legislador estabeleça novo regramento.[62]

Noutro julgado, o Tribunal declarou a inconstitucionalidade do art. 2º, § 1º, da Lei 8.072/1990, por conflitar com a garantia da individualização da pena (art.5, XLVI, CF), a imposição, mediante norma, do cumprimento da pena em regime integralmente fechado. Por unanimidade de votos, decidiu-se, também, que a declaração incidental de inconstitucionalidade não alcançava as penas já extintas, ou seja, não teria efeito retroativo, sem prejuízo da apreciação, no caso concreto, pelo juiz competente, dos demais requisitos pertinentes ao reconhecimento da possibilidade de progressão.[63]

Finalmente, a Corte proclamou a inconstitucionalidade dos arts. 45 e 46 da Lei 8.212/1991, em controle difuso, mais uma vez, atribuindo-se eficácia *ex nunc* à decisão.

## 2.6.2 Eficácia material

No controle difuso a decisão de inconstitucionalidade apresenta como eficácia predominante a declaratória, posto que certifica a invalidade da norma impugnada em face da Constituição. Cabe observar, a propósito, que a teoria da nulidade da lei inconstitucional surgiu no direito norte-americano, que adota o controle difuso, e não o abstrato.

Não se pode negar, entretanto, que também existirá uma carga de constitutividade na decisão, ainda que em grau mínimo. Isso porque, a não aplicação da lei inconstitucional, no caso concreto, equivale a uma retirada de sua eficácia na situação objeto do processo. Portanto, existirá uma constituição negativa da eficácia, a qual valerá, em princípio,

---

61. No HC 82.959, rel. Min. Marco Aurélio (*DJU* 1.9.2006), em que se discutia a inconstitucionalidade do art. 2º, § 1º, da Lei 8.072/1990, o Tribunal voltou a debater o tema dos efeitos no tempo da decisão de inconstitucionalidade, suscitado pelo Ministro Gilmar Mendes. Decidiu-se, afinal, pela declaração de inconstitucionalidade, em controle difuso, sem alcançar as penas já extintas na data do julgamento, ou seja, com efeitos prospectivos.
62. STF, ADI 2.240, rel. Min. Eros Grau, j. 9.5.2007, *DJU* 3.8.2007.
63. STF, HC 82.959, rel. Min. Marco Aurélio, *DJU* 1.9.2006.

apenas para as partes litigantes. A impossibilidade de aplicar a norma declarada inconstitucional atinge o plano da eficácia, e não da validade.

Pode-se concluir, portanto, que a decisão de inconstitucionalidade em controle difuso é declaratória da invalidade e constitutivo-negativa da eficácia.[64]

### 2.6.3 Eficácia reflexa

A decisão de inconstitucionalidade, proferida em controle difuso de constitucionalidade das leis, apresenta eficácia *inter partes*. No entanto, embora o conteúdo do pronunciamento do STF alcance diretamente apenas as partes litigantes, ele ultrapassa os limites da lide, repercutindo fora do caso decidido, podendo, inclusive, interferir em situações subjetivas de sujeitos que não figuraram na relação processual.[65]

A primeira eficácia reflexa dessa decisão é possibilitar a suspensão da execução da lei pelo Senado Federal, por meio de Resolução (CF, art. 52, X), consoante será adiante examinado.

Além disso, a decisão vincula o pronunciamento dos demais Tribunais sobre idêntica matéria. A jurisprudência iterativa do STF sempre entendeu que a existência de decisão de inconstitucionalidade proferida pela Corte em controle difuso dispensava o processamento do incidente de inconstitucionalidade pelos demais órgãos jurisdicionais colegiados, previsto nos arts. 480 a 482 do CPC. A Lei 9.756/1998 corroborou tal entendimento, inserindo novo dispositivo na legislação processual civil (art.481, parágrafo único) que determina aos órgãos fracionários dos tribunais a não submissão da argüição de inconstitucionalidade ao Tribunal Pleno, como acima estudado.[66]

Outrossim, na hipótese de existência de múltiplos recursos extraordinários com fundamento em idêntica controvérsia, com fundamento no

---

64. Para um exame mais cuidadoso da matéria, ver nosso estudo *Efeitos da Decisão de Inconstitucionalidade em Direito Tributário*, pp. 90-93.

65. Sobre o assunto, defende Teori Albino Zavascki a existência de eficácia reflexa ou anexa nas decisões do controle difuso, explicando o sentido da expressão: "*Reflexa*, porque transmite ("reflete") efeitos para além do caso julgado, com conseqüências, ainda que indiretas, em outras situações jurídicas e em relação a outras pessoas, que não as vinculadas à relação processual originária. E *anexa*, porque se trata de eficácia automática da decisão do STF, que se opera independentemente de provocação ou de manifestação da Corte a respeito dela" (*Eficácia das Sentenças na Jurisdição Constitucional*, pp. 30-31).

66. Cf., supra, item 2.3.2.

art. 543-B do CPC, inserido pela Lei 11.418/2006, a decisão proferida pela Corte Maior no julgamento de um desses recursos repercutirá no julgamento dos demais, condicionando o conteúdo da decisão final, consoante analisado anteriormente.[67]

Por fim, a pronúncia de inconstitucionalidade na fiscalização difusa poderá possibilitar o oferecimento de embargos à execução ou de ação rescisória para desconstituir decisão baseada em norma declarada inconstitucional pelo Pretório Excelso, tema que será adiante aprofundado.[68]

## 2.7 O papel da Resolução do Senado Federal

A suspensão da execução da lei declarada inconstitucional pelo Supremo Tribunal Federal, por meio de Resolução do Senado Federal, surgiu em nosso ordenamento com a Carta de 1934, sendo aperfeiçoada com a Constituição de 1946. Trata-se de fórmula original, que foi concebida para superar a inexistência da eficácia vinculante das decisões da Corte Suprema, como acontece no modelo norte-americano, no qual existe o *stare decisis*. A origem do instituto explica a sua função primordial: atribuir eficácia *erga omnes* às decisões definitivas de inconstitucionalidade do Pretório Excelso, prolatadas em controle difuso, eis que as proferidas em controle abstrato já apresentam este atributo.

Esse ato de "suspensão" atinge a eficácia legal da norma, na medida em que importa em sua expulsão do ordenamento jurídico. Em outras palavras, a expedição da aludida Resolução, devidamente publicada no *Diário Oficial*, implica a perda de eficácia da norma inconstitucional, donde se evidencia a eficácia constitutivo-negativa desse ato. No julgamento do MS 16.512 esse entendimento foi defendido no Pretório Excelso pelo saudoso Ministro Víctor Nunes Leal, segundo o qual o ato em exame "não deixa de ser normativo. Se a lei é normativa e o Senado, ao suspendê-la, retira eficácia da lei, ele acrescenta alguma coisa à decisão, e esse acréscimo tem força tão normativa como a da lei que é posta fora de circulação".[69]

A Resolução tem natureza de ato político, que não se confunde com a revogação da lei. Como bem demonstrou o Senador Accioly Filho, em

---

67. Cf. supra, item 2.5.2.3.
68. Cf., infra, cap. 3.
69. STF, MS 16.512, rel. Min. Oswaldo Trigueiro, *DJU* 3.8.1966, voto do Min. Victor Nunes Leal.

parecer elucidativo sobre a matéria, a suspensão difere da revogação por dois motivos: primeiro, por não necessitar de concordância de outro Poder; segundo, porque tem eficácia *ex tunc*, desconstituindo as situações jurídicas constituídas sob a vigência da norma inconstitucional.[70] Segundo as palavras do mencionado autor, a suspensão da execução "vale por fulminar, desde o instante do nascimento, a lei ou decreto inconstitucional, importa em manifestar que essa lei ou decreto não existiu, não produziu efeitos válidos".[71]

Entende-se que o Senado tem discricionariedade na expedição do mencionado ato, inexistindo, portanto, obrigação de praticá-lo. Como ensinava Oswaldo Aranha Bandeira de Mello, "a suspensão da execução da lei ou decreto pelo Senado federal corresponde ao exercício de poder que lhe incumbe, de caráter discricionário. A ele cabe examinar a conveniência e oportunidade de considerar, em tese, suspensos os seus efeitos, de retirar dispositivo legal ou regulamentar do ordenamento jurídico".[72]

Em precioso estudo sobre o tema, elaborado sob a égide da Carta de 1946, Josaphat Marinho também concluiu pela existência de liberdade do Senado na apreciação da conveniência e da oportunidade na adoção do ato de suspensão, em face das circunstâncias políticas e sociais da decisão, posto que esta alcança toda a coletividade.[73] Atualmente essa posição é amplamente majoritária na doutrina e na jurisprudência do STF.[74]

A constituição da ineficácia por meio do aludido ato está ligado a uma finalidade: a economia processual. Esclareçamos: com a extensão dos efeitos da decisão do Pretório Excelso para toda a coletividade, evita-se uma avalanche de processos individuais com o mesmo objeto da decisão de inconstitucionalidade.

Hodiernamente, com o surgimento da súmula com efeito vinculante (CF, art. 103-A) e da possibilidade da extensão para outros processos da decisão proferida em sede de Recurso Extraordinário, regulada pela Lei 11.418/2006, a Resolução teve a sua importância reduzida, pois em

70. Senado Federal, Parecer 154, pp. 267-268.
71. Idem, p. 268.
72. *A Teoria das Constituições Rígidas*, p. 207.
73. "O art. 64 da Constituição e o Papel do Senado", *Revista de Informação Legislativa* 2, 1964, p. 12.
74. STF, Rp 1.016, rel. Min. Moreira Alves, *DJU* 26.10.1979; MS 16.512, rel. Min. Oswaldo Trigueiro, *DJU* 3.8.1966.

tais situações poderá ocorrer a ampliação dos efeitos da decisão proferida em controle difuso, sendo desnecessário, nesse caso, a atuação do Senado.

## 2.8 Representação interventiva

### 2.8.1 Evolução histórica em nosso ordenamento

No Estado Federal, o descumprimento pelos estados-membros de determinados deveres impostos pela Constituição pode ensejar a adoção de um procedimento destinado a compelir o inadimplente à prática da conduta devida. Nesse sentido, manifestava-se Hans Kelsen, em notável estudo sobre o tema: "Quando um estado-membro não cumpre os deveres que a Constituição federal lhe impõe – de modo direto ou indiretamente, através de leis federais – torna-se necessário, na medida em que o dever violado esteja estabelecido como dever *jurídico*, um ato coercitivo com o qual o ordenamento violado reage ao fato ilícito".[75]

Com base em tal concepção teórica, foi inserida em nosso ordenamento, por meio do art. 12, § 2º, da Constituição Federal de 1934,[76] a representação interventiva como um pressuposto do procedimento de intervenção federal, admissível diante da violação dos princípios constitucionais sensíveis, que se destinava à declaração pelo Supremo Tribunal Federal da "constitucionalidade" da lei estadual, supostamente descumpridora dos deveres do Estado-membro.

Embora tivesse consagrado alguns dos princípios sensíveis em seu art. 9º, "e", a Carta de 1937 não adotou o mecanismo em epígrafe, deixando de condicionar a intervenção federal à manifestação da Corte Suprema sobre esse assunto.

Com o advento da Constituição de 1946, o mecanismo voltou a ser incorporado ao nosso ordenamento, sendo, inclusive, aperfeiçoado, à medida que a intervenção federal foi condicionada à declaração pelo STF da "inconstitucionalidade" da lei violadora dos princípios referen-

---

75. *Jurisdição Constitucional*, p. 50.
76. O § 2º do art. 12 da Carta de 1934 estabelecia o seguinte: "Ocorrendo o primeiro caso do n. V, a intervenção só se efetuará depois que a Corte Suprema, mediante provocação do Procurador-Geral da República, tomar conhecimento da lei que a tenha decretado e lhe declarar a constitucionalidade". O inc. V, do art. 12, dispunha: "Art. 12. A União não intervirá em negócios peculiares aos Estados, salvo: (...) V – para assegurar a observância dos princípios constitucionais especificados nas letras "a" a "h", do art. 7º, n. I, e a execução das leis federais; (...)".

ciados. Nesse sentido, o parágrafo único do art. 7º estabelecia expressamente que "no caso do n. VII, o ato argüido de inconstitucionalidade será submetido pelo Procurador-Geral da República ao exame do Supremo Tribunal Federal, e, se este a declarar, será decretada a intervenção". Esse modelo foi mantido pelas Cartas de 1967 (art. 11, "c") e de 1969 (art. 11, "c"), as quais alteraram a redação do dispositivo, sem mudarem, todavia, o seu conteúdo.[77]

Idêntica fórmula foi encampada pela Constituição de 1988, em seu art. 36, III, cuja redação original condicionou a intervenção federal ao "provimento, pelo Supremo Tribunal Federal, de representação do Procurador-Geral da República, na hipótese do art. 34, VII". A EC 45/2004 modificou esse dispositivo, admitindo a representação também em "caso de recusa à execução de lei federal".

Da análise do direito posto, infere-se que se trata de um procedimento que não tem por objetivo a defesa da ordem constitucional, em caráter genérico, e sim do Estado Federal, atingido pelo inadimplemento de determinado dever jurídico por algum Estado-membro. Por tal razão, a estrutura do procedimento apresenta algumas peculiaridades, consoante será adiante examinado.

### 2.8.2 Procedimento

No caso da deflagração da representação interventiva, o controle de constitucionalidade pressupõe a existência de uma controvérsia constitucional entre União e determinado ente federativo, relacionada à observância dos princípios sensíveis.[78] Portanto, não é qualquer questão constitucional, como ocorre com os demais procedimento do controle difuso, que justifica a utilização do procedimento. Apenas a existência de um conflito federativo entre União e Estado-membro pode ser objeto do processo, como questão principal, e não prejudicial.

Em tais situações o Procurador-Geral da República é o único sujeito legitimado a deflagrar o procedimento. A doutrina diverge sobre a natureza da sua atuação. Parte defende que esse órgão age como substituto processual, defendendo os interesses da coletividade, na manutenção da

---

77. O art. 11, "c", das Cartas de 1967 e 1969 prescreviam que a decretação da intervenção dependeria "do provimento, pelo Supremo Tribunal Federal, de representação do Procurador-Geral da República, nos casos do item VII, assim como no do item VI, ambos do art. 10, quando se tratar de execução de lei federal".
78. Cf. Gilmar Ferreira Mendes, Controle..., p. 230.

estrutura do Estado Federal.[79] Outra corrente sustenta que tal entidade atua como representante da União, representando os interesses desta, relativos à observância dos princípios sensíveis.[80] O nosso ver, em face da criação da Advocacia-Geral da União pela Constituição de 1988, não se pode admitir mais que o representante do Ministério Público atue em defesa da União Federal, condição outrora existente no regime da Carta de 1988, que desapareceu – em boa hora – pela separação entre as funções do *parquet* e da representação do mencionado ente público, realizada pela Carta Magna em vigor. Ademais, os princípios sensíveis não corporificam valores pertinentes ao ente federal apenas, mas, sim, a toda coletividade, que, dessa forma, tem inequívoco interesse na sua observância. Por tais motivos, entendemos que a hipótese é, sim, de substituição processual, e não de representação da União.

A lei que disciplina o procedimento da representação interventiva, Lei 4.337/1964, faculta ao Procurador-Geral da República atuar de ofício ou por representação do interessado, hipótese em que terá o prazo de 30 dias, a contar do recebimento da representação, para formular a argüição de inconstitucionalidade perante a Corte Maior.

A legitimidade passiva é do(s) órgão(s) estadual(is) que tiver(em) editado o ato acoimado de inconstitucional, instaurando-se, assim, uma relação processual contraditória entre a União e o Estado-membro, cujo objeto será o inadimplemento de um dever constitucional.

O descumprimento da Constituição pelo Estado-membro pode envolver uma conduta comissiva ou omissiva, podendo consistir, portanto, na edição de um ato normativo ou numa omissão inconstitucional. No período anterior ao advento da Carta de 1988, a doutrina amplamente predominante entendia que o objeto da ação constitucional em tela deveria ser tão-somente um ato normativo.[81] Como a ordem constitucio-

---

79. Luís Roberto Barroso defende esse entendimento (*O Controle de Constitucionalidade no Direito Brasileiro*, p. 253).

80. Nesse sentido, posiciona-se Gilmar Ferreira Mendes: "A despeito das peculiaridades processuais que envolvem essa modalidade de controle de constitucionalidade no Direito brasileiro, parece inequívoco que o Procurador-Geral da República não veicula, na representação interventiva, um interesse da coletividade, na preservação da ordem constitucional, mas o interesse substancial da União, como guardiã dos postulados federativos, na observância dos princípios constitucionais sensíveis" (*Controle* ..., p. 224).

81. Analisando a matéria, com base na Carta de 1967/1969, conclui Gilmar Ferreira Mendes que a violação aos princípios sensíveis "há de provir, basicamente, de atos normativos dos poderes estaduais, não se afigurando suficiente, em princípio, a alegação de ofensa em concreto" (*Controle* ..., p. 234).

nal em vigor inaugurou o controle de constitucionalidade das omissões inconstitucionais, entendemos que uma omissão violadora de algum princípio constitucional por parte de um Estado-membro também poderá ensejar a utilização do remédio jurídico em estudo.[82] No âmbito do Pretório Excelso, inclusive, tal posicionamento já foi abraçado.[83] Há que se observar, ademais, que os dispositivos constitucionais em vigor, que regulam a matéria, não limitam o cabimento à existência de um ato normativo. A inobservância dos princípios sensíveis, a qual se refere o art. 34, VII, da Constituição de 1988, pode consistir em condutas passivas ou ativas, sendo ambas sujeitas à correção pela representação interventiva. Vale dizer, inexiste no texto atual qualquer limitação à forma pela qual se manifesta o inadimplemento do dever constitucional.

Ajuizada a representação perante o órgão competente, será sorteado um Ministro Relator, que requisitará informações ao órgão que tiver praticado a conduta inconstitucional (comissiva ou omissiva), o qual deverá se manifestar no prazo de 30 dias.

Após a oitiva do requerido, o Relator deverá apresentar cópia do relatório aos demais Ministros e solicitar a inclusão do processo em pauta para julgamento pelo Tribunal Pleno.

Evidencia-se, desse modo, que o procedimento previsto em lei para processamento e julgamento da ação em pauta é simples e abreviado, não comportando, inclusive, dilação probatória.

De igual modo, é incabível a concessão de medida cautelar-liminar, eis que incompatível com o objeto do processo, na medida em que um provimento provisório de urgência não poderia possibilitar a decretação da intervenção federal, tendo em vista as conseqüências sérias que daí poderiam advir para a coletividade atingida com o ato interventor.

Importa observar, no entanto, que em caso de existência de urgência, a lei contempla a possibilidade de julgamento antecipado da lide, sem a oitiva do órgão requerido, suprimindo-se, portanto, o contraditório.

Julgado procedente o pedido,[84] os órgãos estaduais serão comunicados para, querendo, desfazer o ato violador dos princípios sensíveis, sob pena de decretação da intervenção federal.

---

82. Nesse sentido posiciona-se Clèmerson Merlin Clève, *A Fiscalização Abstrata de Constitucionalidade no Direito Brasileiro*, p. 108.
83. STF, IF 114, rel. Min. Néri da Silveira, *DJU* 27.9.1996.
84. A decisão final poderá ser impugnada apenas pelo recurso de embargos infringentes (art. 6º, Lei 4.337/1964).

## 2.8.3 Eficácia da decisão final

A decisão final da representação interventiva não busca aferir em tese a inconstitucionalidade de determinado ato normativo, como no controle abstrato. O objeto da decisão é tão-somente a violação dos princípios constitucionais sensíveis, a qual pode demandar a deflagração do procedimento de intervenção federal, consoante afirmado anteriormente.

O julgamento de procedência do pedido não invalida norma alguma, ou seja, não apresenta eficácia constitutiva. Inexiste pronúncia de nulidade do ato impugnado. Trata-se apenas de uma certificação de invalidade de determinado ato ou omissão do Estado-Membro.[85] Sendo assim, apresenta como eficácia predominante[86] a declaratória.[87]

O escopo do procedimento não é a aferição da violação da ordem constitucional, globalmente considerada. O que se busca é verificar o inadimplemento de um dever constitucional para fins de intervenção federal, em caso de certificação da burla aos princípios sensíveis. Por conseguinte, a decisão não elimina o ato viciado do sistema jurídico, como ocorre no controle abstrato de constitucionalidade. A suspensão do ato impugnado só ocorrerá se o Presidente da República decretar a intervenção federal, o que poderá ser evitado com o desfazimento do ato pelo próprio Estado-membro que o tiver editado.

## 2.8.4 Natureza do procedimento

O objeto, a finalidade do procedimento e a eficácia da decisão final de procedência do pedido demonstram que a representação interventiva não tem natureza de procedimento situado no âmbito do controle abstrato de constitucionalidade das leis.[88] Com efeito, não se busca a tutela da Constituição. Além disso, convém reafirmar, a decisão final não elimina o ato inconstitucional do sistema. Tem-se aqui, apenas, a existência de

---

85. A propósito, estabelece o art. 354 do RISTF que julgado procedente o pedido de representação interventiva, o Presidente do STF comunicará a decisão aos órgãos do Poder Público interessados e requisitará intervenção ao Presidente.

86. Afirma-se que a eficácia predominante é a declaratória em face da existência de outros tipos de eficácia na decisão, como, por exemplo, a mandamental, decorrente da imposição ao Estado-membro de uma ordem para o desfazimento do ato inconstitucional.

87. Nesse sentido, Gilmar Ferreira Mendes (*Controle* ..., pp. 236-237).

88. Em sentido contrário, cf. Luís Roberto Barroso, *Controle de constitucionalidade no Direito Brasileiro*, p. 250.

uma lide entre a União e o Estado-membro acerca do inadimplemento por este de um dever constitucional.[89]

Sendo assim, parece que a representação se insere na órbita do controle difuso de constitucionalidade das leis, em face da certificação de invalidade de um ato normativo diante do caso concreto. Há que se observar, todavia, que apresenta algumas peculiaridades que a diferenciam dos demais procedimentos da fiscalização difusa de constitucionalidade: a) a legitimidade ativa e passiva é restrita; b) a inconstitucionalidade tem natureza de questão principal, e não incidental; c) a competência para processamento e julgamento é exclusiva do Supremo Tribunal Federal; d) não se tutela diretamente direito subjetivo do administrado; e) o julgamento de procedência pelo STF não possibilita a expedição da Resolução pelo Senado Federal (CF, art. 52, X); f) as conseqüências decorrentes da declaração de inconstitucionalidade são diversas.

Considerando a existência desses traços específicos, evidencia-se que se trata, em verdade, de uma modalidade *sui generis* de controle difuso de constitucionalidade.

## 2.9 Mandado de Injunção

A Constituição Federal de 1988 preocupou-se com a efetividade dos direitos e garantias fundamentais, criando dois mecanismos voltados para as omissões inconstitucionais: a ação direta de inconstitucionalidade por omissão e o mandado de injunção.

O primeiro remédio, a ação direta de inconstitucionalidade por omissão, visa a impedir que a inércia do órgão com competência normativa impossibilite o exercício dos direitos outorgados pela Carta Magna, vale dizer, o objetivo é a colmatação de lacunas para assegurar a plena eficácia das normas constitucionais. Sendo assim, em caso de julgamento de procedência do pedido, o Poder Público deverá ser cientificado para a adoção das medidas necessárias à eliminação da omissão inconstitucional, assegurando-se a eficácia da norma constitucional. Entretanto, como existe a possibilidade de estabelecimento de prazo para adoção das providências cabíveis apenas na hipótese de inadimplemento do dever de

---

89. Como observa, acertadamente, Gilmar Ferreira Mendes, "não se tem aqui, pois, um processo objetivo (*objektives Verfahren*), mas a *judicialização* de conflito federativo atinente à observância de deveres jurídicos especiais, impostos pelo ordenamento ao Estado-membro" (*Controle* ..., p. 222). Na mesma direção posiciona-se Clèmerson Merlin Clève, *A Fiscalização Abstrata de Constitucionalidade*..., cit., p. 102).

legislar por órgão administrativo (CF, art. 103, § 2º), tal deficiência no modo de regulamentação constitucional do instituto acaba por transformá-lo em instrumento inócuo.

O segundo meio constitucional, cujo escopo é o de assegurar a efetividade dos direitos e garantias fundamentais, é o mandado de injunção. Trata-se de uma ação constitucional destinada a proporcionar o exercício do direito conferido por norma constitucional, que se encontrar obstaculizado por ausência de norma regulamentadora.

Duas observações iniciais devem ser apresentadas sobre o instituto. Deverá existir um nexo de causalidade, ou seja, a falta de determinada norma deve ser condição necessária e suficiente de um efeito: a inviabilidade do exercício de direitos e liberdades constitucionais e das prerrogativas inerentes à soberania e à cidadania. Quanto ao conceito de "norma regulamentadora", abrange qualquer norma infraconstitucional destinada a efetivar norma constitucional, independentemente da fonte da qual emane.

O surgimento desse instituto com a promulgação da Carta de 1988 gerou uma série de controvérsias na teoria jurídica. A primeira diz respeito ao objeto desse remédio jurídico, sobre a qual existem pelo menos três correntes: a) restringe o âmbito da ação aos "direitos e liberdades constitucionais"; b) o objeto são os "direitos e garantias fundamentais"; c) o instituto pode tutelar qualquer direito, liberdade e prerrogativa prevista em norma constitucional.

O segundo grande debate doutrinário gira em torno dos efeitos da decisão de procedência do pedido. Sobre tal problemática, há uma linha de entendimento de que o Poder Judiciário deveria elaborar a norma então inexistente, suprimindo a omissão inconstitucional, no plano abstrato. Considerando que o mandado de injunção tem por objeto a proteção de direito subjetivo, não poderia servir de instrumento de tutela do direito objetivo. Ademais, se fosse atribuída ao Poder Judiciário a tarefa de elaboração de norma geral e abstrata, afrontar-se-ia o princípio da separação dos Poderes. Em sentido contrário posiciona-se outra corrente da doutrina ao asseverar que o julgamento de procedência do pedido importaria tão-somente na cientificação ao órgão competente, a fim de que este suprimisse a lacuna inconstitucional. Ora, atribuir-se ao mandado de injunção o mesmo objetivo da ação direta de inconstitucionalidade por omissão equivale a equiparar dois instrumentos diferentes, regulados pela Constituição de forma diversa justamente por apresentarem distintos propósitos. Finalmente, uma terceira linha de posicionamento defende que ao conceder a injunção o Poder Judiciário tornaria viável o exercício de direito, liberdade ou prerrogativa constitucional, que se encontraria obstaculizado pela lacuna inconstitucional. Destarte, o remédio emprestaria eficácia à norma ineficaz por ausência de regulamentação, vale dizer, o juiz editaria a norma individual e concreta, colmatando, em determinada situação fática, a lacuna inconstitucional.

Comungamos com essa última linha de entendimento. De fato, o mandado de injunção tem por escopo a tutela de direito público subjetivo, devendo por isso proporcionar o desfrute deste, inexistindo outro meio para o cumprimento de tal finalidade que não seja a criação de normas individuais e concretas. As demais correntes, com a devida vênia, pecam por excessos: a primeira, por violar o princípio da separação dos Poderes, vale reafirmar, enquanto a segunda realiza uma equiparação sem sentido à ação direta de inconstitucionalidade por omissão, transformando o instituto em remédio inócuo.

A jurisprudência do Pretório Excelso posicionou-se, inicialmente, no sentido de afirmar que o mandado de injunção teria a mesma função da ação direta de inconstitucionalidade por omissão. Logo, a decisão de procedência limitar-se-ia a cientificar o Poder Legislativo para cumprir o dever de legislar. No *leading case* sobre a matéria, Mandado de Injunção 107, tal posicionamento prevaleceu no âmbito da Corte.[90]

Tal orientação foi flexibilizada, em parte, no julgamento do Mandado de Injunção 232-1, que tinha por objeto o pedido de entidade beneficente sobre a efetivação do disposto no art. 195, § 7º, da CF, que estabelece imunidade de contribuição para a seguridade social para tais entidades, segundo as exigências fixadas em lei. A Corte fixou um prazo de seis meses para a elaboração da norma regulamentadora desse direito, sob pena de que, ultrapassado o prazo, pudesse o impetrante gozar da imunidade requerida.[91]

Durante muitos anos a jurisprudência do Pretório Excelso manteve-se inalterada acerca do objetivo do mandado de injunção, realizando uma equiparação com a ação direta de inconstitucionalidade por omissão. Mais recentemente, porém, a Corte afastou-se de tal orientação, admitindo a possibilidade de regulação provisória pelo Poder Judiciário, colmatando, no caso concreto, a lacuna inconstitucional.[92]

90. STF, MI 107, rel. Min. Moreira Alves, *DJU* 2.8.1991.
91. STF, MI 232-1, rel. Min. Moreira Alves, *DJU* 27.3.1992.
92. STF, MI 670, rel. p/ o ac. Min. Gilmar Mendes, j. 25.10.2007, *DJe*-206, publicado em 31.10.2008, *Ementário* v. 2339-01, p. 1.

## 2.10 Argüição de Descumprimento de Preceito Fundamental e sua relação com o controle difuso

A análise da Argüição de Descumprimento de Preceito Fundamental extrapola os limites do objeto do presente estudo, ao qual interessa apenas a modalidade diretamente relacionada com o controle difuso de constitucionalidade das leis.

O mencionado instituto foi inserido em nosso ordenamento por meio do dispositivo previsto no parágrafo único do art. 102 da CF, posteriormente renumerado para § 1º pelo advento da EC 3/1993.

A ADPF foi regulamentada com a edição da Lei 9.882/1999, que estabelece as modalidades, pressupostos de cabimento e o procedimento para a utilização desse remédio jurídico.

Em sede doutrinária prevalece o entendimento de que tal diploma normativo previu a existência de duas modalidades de ADPF (autônoma e incidental), com pressupostos de cabimento e objeto diferenciados, embora representem instrumentos localizados no âmbito do controle abstrato de constitucionalidade das leis.

A Argüição de Descumprimento de Preceito Fundamental incidental encontra previsão legal no art. 1º, parágrafo único, I, da Lei 9.882/1999, que dispõe o seguinte:

"Art. 1º. A argüição prevista no § 1º do art.102 da Constituição Federal será proposta perante o Supremo Tribunal Federal, e terá por objeto evitar ou reparar lesão a preceito fundamental, resultante de ato do Poder Público.

"Parágrafo único. Caberá também argüição de descumprimento de preceito fundamental:

"I – quando for relevante o fundamento da controvérsia constitucional sobre lei ou ato normativo federal, estadual ou municipal, incluídos os anteriores à Constituição; (...)"

Da exegese desse dispositivo infere-se a presença de um pressuposto indispensável ao cabimento do remédio em pauta: a existência de determinada "controvérsia constitucional", que significa a presença de uma demanda, no âmbito do controle difuso de constitucionalidade, na qual se discuta validade de comportamento público perante a Carta Magna. O instrumento, portanto, está diretamente ligado à fiscalização difusa, posto que sem a presença de uma ação em que a constitucionalidade constitua questão incidental, esse tipo de ADPF não poderá ser manuseado.

A finalidade da utilização de tal modalidade de argüição é provocar uma decisão antecipada do Supremo Tribunal Federal sobre questão constitucional cujo deslinde interessa à coletividade, sob o ponto de vista econômico, político ou social. Assim, ao invés de se aguardar a repetição de uma infinidade de ações individuais no controle difuso sobre uma determinada matéria constitucional, possibilita-se uma decisão do Pretório Excelso sobre o tema, uniformizando-se, destarte, a jurisprudência sobre a matéria ao tempo em que se evita a incerteza que, porventura, poderia ser gerada por uma série de decisões judiciais, produzidas em controle difuso.

Sendo assim, evidencia-se que esse instrumento não guarda nenhuma identidade com o incidente de inconstitucionalidade, existente nos ordenamentos de países da Europa Ocidental que adotam o controle concentrado de constitucionalidade das leis, pois este remédio é utilizado para submeter a questão constitucional argüida em casos concretos à apreciação da Corte Constitucional, único órgão com competência para declarar a inconstitucionalidade das leis.[93] O juiz de primeiro grau, portanto, suspende o processo para que o Tribunal se manifeste sobre a questão, sem emitir qualquer juízo sobre a constitucionalidade do ato normativo impugnado.

No caso da argüição em estudo, exige-se a discussão em processo em curso perante qualquer grau de jurisdição, inclusive naqueles compreendidos no âmbito da competência originária do STF. Uma vez utilizado o instrumento, a decisão da causa em andamento no controle difuso dependerá diretamente do pronunciamento da Corte Maior sobre a questão constitucional. Haverá, assim, uma cisão vertical no julgamento das questões objeto da ação do controle difuso: o Supremo apreciará a questão constitucional e o juiz competente originariamente para o feito, as demais questões, processuais e materiais.

A "controvérsia" a qual alude a lei é a ausência de consenso sobre a constitucionalidade da lei, que só poderá se formar após a resposta do

---

93. Para Gilmar Ferreira Mendes, a ADPF representa fórmula superior ao incidente de inconstitucionalidade das Cortes européias, eis que permite a ampliação do âmbito do controle abstrato de constitucionalidade das leis, sem reduzir o controle difuso (*Argüição de Descumprimento de Preceito Fundamental*, pp. 14-19). Embora reconhecendo as semelhanças entre os institutos, Daniel Sarmento defende que na argüição incidental "o aspecto subjetivo sobreleva, sobretudo porque o incidente não pode ser provocado pelas partes do processo judicial, mas apenas pelos legitimados para o ajuizamento da Adin" ("Apontamentos sobre a Argüição de Descumprimento de Preceito Fundamental", p. 89).

réu, pois antes disso o que poderá existir é um ponto constitucional, não uma questão.[94] Isso não significa, todavia, que, a exemplo do que ocorre na ADC, deva existir mais de uma demanda sobre a questão constitucional. A lei previu tão-somente a presença de uma controvérsia, e não de "controvérsia decorrente da existência de diversas ações judiciais" sobre o tema. Existe um limite temporal à configuração desse pressuposto, que é o trânsito em julgado da sentença proferida na ação do controle difuso. Após a formação da coisa julgada, a ADPF só poderá ser manejada se a *res judicata* vier a ser impugnada em ação rescisória, hipótese em que a questão constitucional deverá figurar necessariamente nesta ação de impugnação.

Não basta, porém, a existência desse pressuposto. É imprescindível que a controvérsia seja qualificada como relevante. A relevância aqui exigida não leva em consideração os interesses das partes litigantes no processo em que a questão constitucional representa questão prejudicial. Se assim fosse, toda demanda seria relevante, pois se a questão é prejudicial é porque tem significado decisivo para o deslinde do feito, e, por conseguinte, para os interesses do acionante e do acionado. A relevância deve ser examinada sob o ponto de vista da coletividade, ou seja, da repercussão que o exame de determinada matéria poderá ter para todos os administrados.

A lei exige, também, a presença de outro pressuposto, relativo ao objeto do processo: lei ou ato normativo federal, estadual ou municipal, incluídos os anteriores à Constituição em vigor. Com isso, ampliou-se o cabimento da argüição, possibilitando o controle abstrato de constitucionalidade das leis municipais perante o STF, bem como a discussão sobre a inconstitucionalidade superveniente. A fiscalização abstrata de constitucionalidade da lei municipal em sede de ADI encontra vedação no art. 102, I, "a", da CF,[95] sendo agora alcançada pela utilização de outro remédio jurídico. Já a inconstitucionalidade de lei anterior à nova norma constitucional, sempre foi afastada do objeto da ADI pela iterativa jurisprudência do STF, que entende tratar-se de hipótese de revogação, deslocando o debate para o direito intertemporal. Com a inovação em pauta, a Corte poderá se pronunciar sobre esse tipo de inconstitucionalidade em ADPF incidental.

94. Questão, tecnicamente, é um ponto sobre o qual as partes divergem no processo.
95. Por esse motivo, parcela da doutrina defende a inconstitucionalidade, neste particular, da Lei 9.882/1999, por ter ampliado a competência do STF contra a previsão constitucional.

Do exposto, evidencia-se que a utilização da argüição em epígrafe fará nascer uma nova relação processual, angularizada perante o STF. Logo, trata-se de uma nova ação, de natureza incidental, e não de mero incidente. É uma ação ajuizada por um dos sujeitos com legitimidade para a sua propositura, não tendo necessariamente as mesmas partes da ação do controle difuso, tendo por questão principal a incidental da ação a que se refere. É uma ação incidental atípica, com um perfil diverso da prevista no art. 5º do CPC. A legislação processual civil prevê a hipótese de ação incidental de existência ou de inexistência de relação jurídica, em que se pede um provimento jurisdicional, com eficácia de coisa julgada, acerca de questão prejudicial.[96] Assim, ocorre, como observa Pontes de Miranda, "a cisão do pedido e, pois, da futura sentença, uma das quais pode afastar ou não o resto que se deixara à sentença final".[97] Na argüição incidental, a controvérsia versará sobre questão constitucional, reafirme-se, sendo processada por um juízo (STF) diverso do competente para a demanda do controle difuso, que tiver originado a controvérsia constitucional.

Não se trata, entretanto, a ADPF incidental, de ação acessória, razão pela qual seu desfecho não se relaciona à resolução da ação em curso em sede de controle difuso. A hipótese será de existência de duas ações, ligadas pela presença de uma questão prejudicial. Na ação do controle difuso figurará uma questão prejudicial, cuja resolução dependerá do desfecho da ADPF incidental. Sendo assim, o deferimento da petição inicial da argüição incidental deverá ser comunicado ao juiz da causa originária, para que suspenda o processo até o julgamento da questão constitucional pelo STF, consoante prevê o art. 265, IV, "a", do CPC.

Por conseguinte, a decisão final da argüição em epígrafe, consoante assinala acertadamente Juliano Taveira Bernardes,[98] apresentará um efeito *intraprocessual*, pois repercutirá na decisão do processo do controle difuso, cuja questão principal tem como antecedente lógico a prejudicial objeto da ADPF; e outro efeito *extraprocessual*, eficácia *erga omnes*, típica das ações localizadas no âmbito do controle abstrato de constitucionalidade das leis.

96. Como leciona Pontes de Miranda, "para que haja demanda incidental declarativa, é preciso: a) que corra processo; b) que a decisão em tal processo assente, no todo ou em parte, em relação jurídica, que se discute no processo, porém a respeito da qual não se pediu declaração de existência ou de inexistência (portanto, a relação jurídica, de que se trata, não é idêntica à relação jurídica a respeito da qual existirá, com a sentença, coisa julgada)" (*Comentários ao CPC*, t. V, p. 183).
97. Idem, p. 174.
98. *Controle Abstrato de Constitucionalidade: elementos materiais e princípios processuais*, pp. 115-116.

CAPÍTULO 3
# O CONTROLE DIFUSO DE CONSTITUCIONALIDADE DAS LEIS: ASPECTOS PROCESSUAIS

## 3.1 Aspectos processuais gerais

### 3.1.1 Delimitação do estudo

O tema do controle difuso de constitucionalidade das normas jurídicas tem sido muito bem analisado pela doutrina pátria, sob a ótica da teoria do direito constitucional.

O presente capítulo preocupa-se em investigar alguns aspectos procedimentais relacionados à fiscalização difusa, tentando-se oferecer uma pequena contribuição para o aprofundamento da discussão da matéria, num momento em que se agiganta em nosso ordenamento o controle abstrato em detrimento de uma diminuição da amplitude do controle incidental.

Quais as distinções entre os controles abstrato e difuso, sob o ponto de vista procedimental? Há necessariamente uma questão constitucional no controle difuso? A Administração tem competência para pronunciar a inconstitucionalidade de norma jurídica? As técnicas de decisão de constitucionalidade utilizadas no controle abstrato são aplicáveis ao difuso? Quais as ações admissíveis na fiscalização difusa? Pode o juiz pronunciar a inconstitucionalidade em sede de medida liminar? Quais são os parâmetros do controle difuso de constitucionalidade?

Eis as principais questões que pretendemos enfrentar neste item, buscando-se, com isso, iniciar o debate do tema na perspectiva da teoria do direito processual.

### 3.1.2 Processo subjetivo "versus" processo objetivo

No Brasil, adota-se o controle jurisdicional da constitucionalidade de leis, admitindo-se a fiscalização difusa e concentrada (abstrata).

Vejamos quais são as principais distinções entre tais mecanismos de controle.

Em sede de controle *abstrato*, a cargo do Supremo Tribunal Federal, não se discute direito subjetivo, relação jurídica. O objetivo é a preservação da Constituição, por meio da expulsão da norma inconstitucional do sistema jurídico, e não a proteção de pretensão de caráter individual, ou coletivo, razão por que se afirma que se trata de um processo objetivo, ou seja, processo sem partes.[1] Neste tipo de processo inexiste lide, em face da inocorrência de pretensão resistida. Quanto à causa de pedir, as partes legitimadas para a propositura das ações adequadas (Ação Direta de Inconstitucionalidade, Ação Declaratória de Constitucionalidade, Argüição de Descumprimento de Preceito Fundamental) deverão apresentá-la na petição inicial; contudo, os fundamentos da causa de pedir não limitam a atuação do Pretório Excelso. Por conseguinte, não há que se falar em julgamento *ultra petita*, nem *extra petita*.

Os procedimentos relacionados com o controle abstrato submetem-se a um regime jurídico específico, que é o prescrito na Constituição Federal, nas Leis 9.868/1999, 9.882/1999 e no Regimento Interno do Supremo Tribunal Federal. Sendo assim, as normas do Código de Processo Civil lhes são aplicáveis tão-somente em caráter subsidiário.

Já no controle *difuso*, objetiva-se afastar a aplicação de norma inconstitucional, da qual decorre conseqüências jurídicas desfavoráveis para a parte autora. Ou seja, neste tipo de situação alguém bate às portas do Poder Judiciário postulando que a norma inconstitucional deixe de atuar na situação descrita na petição inicial, evitando-se a incidência dos efeitos jurídicos oriundos da regra inválida ou reparando-se os danos oriundos da aplicação desta. Ex.: a) contribuinte postula a declaração de inconstitucionalidade de determinada norma impositiva tributária para que não seja obrigado a efetuar o recolhimento do tributo segundo os critérios nela previstos; b) sujeito postula indenização pelos danos decorrentes da aplicação de uma sanção administrativa cominada com base em lei inconstitucional.

O que é importante observar é que na fiscalização difusa o pedido formulado pela parte não é o de produção da decisão de inconstitucionalidade. Esta, em verdade, funciona como pressuposto para a certificação

---

[1]. Cf. STF, Rp 700, *RTJ* 45/690, Rp 1.016, *RTJ* 95/999, ADI/MC 197, rel. Min. Octávio Gallotti, *DJU* 25.5.1990, ADI/MC 1.254, rel. Min. Celso de Mello, *DJU* 18.8.1995.

do direito da parte. O pedido imediato é outro (declaração de existência de relação jurídica, condenação no cumprimento de obrigação de dar, fazer ou de não-fazer, extinção, modificação de situação, ou relação jurídica), contudo, o desfrute do objeto do pedido mediato (bem jurídico que se deseja subordinar ao seu interesse) depende da declaração de inconstitucionalidade de determinada lei. Por essa razão, tem-se afirmado que neste tipo de controle existe uma questão constitucional, posição com a qual não concordamos, como será adiante examinado.

Sendo assim, tais procedimentos têm por objeto relação jurídica de direito material, da qual se extrai a legitimidade das partes.[2] Ao contrário do que ocorre no controle abstrato, no difuso a legitimidade dos órgãos jurisdicionais não sofre limites, não havendo restrição à apreciação do ponto constitucional. Em outras palavras, o controle difuso é mais amplo, inclusive sob o ponto de vista do sujeito controlador e daqueles que detêm a possibilidade de deflagrar o mecanismo de fiscalização.

Embora o controle epigrafado tenha por objeto a realização de uma pretensão de direito material, não se pode afirmar que inexiste preocupação com a tutela do ordenamento constitucional. Quando se postula a declaração incidental da inconstitucionalidade de uma determinada norma jurídica também se busca preservar a Constituição – contudo, esse escopo aparece por via reflexa. Logo, tanto no controle abstrato quanto no difuso objetiva-se a salvaguarda do Texto Magno. No primeiro, em caráter imediato, no segundo, de maneira indireta.

Sistematizando, pode-se fazer o seguinte quadro comparativo para gizar as principais dessemelhanças entre os tipos de fiscalização da constitucionalidade em nosso ordenamento:

| Tipo de controle | Objeto imediato | Legitimidade | Tutela da CF | Relação jurídica |
|---|---|---|---|---|
| Abstrato | Expulsar a norma inconstitucional do sistema jurídico | Decorre de outorga constitucional. É limitada | Objetivo imediato | Inexiste como objeto do processo. Trata-se de processo objetivo |
| Difuso | Tutelar pretensão de direito material | Não sofre limites. Decorre da relação jurídica material | Objetivo mediato | Figura como objeto do processo. Processo subjetivo |

2. No controle abstrato a legitimidade das partes decorre de outorga constitucional.

### 3.1.3 A questão constitucional

A maioria esmagadora da teoria jurídica do direito constitucional tem afirmado que no controle difuso a inconstitucionalidade da norma jurídica é uma questão incidental. Haveria, então, uma "questão constitucional", prejudicial, a ser dirimida na decisão final, razão por que se afirma tratar-se de um controle incidental.

Questão é todo ponto controvertido sobre o qual as partes divergem no processo.[3] Em outras palavras, trata-se de uma discordância das partes quanto a determinada matéria de fato ou de direito debatida no processo.

Ora, controvérsia só aparece na relação processual com a apresentação da resposta do réu. Antes desse momento, não há que se falar, ainda, em discordância da parte demandada, eis que ainda não teve a oportunidade de se manifestar nos autos. Assim sendo, uma questão só adquire esta qualidade após o decurso do prazo para a defesa.

No caso da fiscalização difusa da constitucionalidade das leis, alguém vai a Juízo alegando na petição inicial a invalidade de determinada norma jurídica, cuja aplicação se postula que seja afastada pelo órgão jurisdicional. Nesse instante não se pode afirmar que existe uma questão constitucional, porque ao réu não terá sido dada ainda a oportunidade de se pronunciar no processo. Logo, com a peça vestibular, o que existe é um ponto que versa sobre a inconstitucionalidade. Questão constitucional só aparecerá com a resposta do réu, se este divergir da invalidade da norma jurídica.

Deste modo, o que sempre existirá em sede de controle difuso é um ponto prejudicial, de cuja solução dependerá o desate da lide. Questão só aparecerá se o réu não concordar com a alegação da inconstitucionalidade da norma impugnada ou se argüir a inconstitucionalidade na contestação, na hipótese desta matéria não ter sido ventilada na exordial. Caso o acionado, por exemplo, reconheça a procedência do pedido, o processo será solucionado sem que a festejada "questão constitucional" tenha aparecido no processo.

O controle difuso, portanto, também deve ser pensado sob a ótica do processo, e não apenas a do direito constitucional, para que determinadas expressões atécnicas não sejam utilizadas. O rigor terminológico deve ser cultivado na "ciência do direito".

---

3. O ponto é o fundamento de uma afirmação relativa ao mérito, ao processo ou ao direito de ação (cf. Antonio Scarance Fernandes, *Prejudicialidade*, pp. 56-57).

## 3.1.4 Possibilidade de aplicação das técnicas de decisão de inconstitucionalidade do controle abstrato no controle difuso

Na fiscalização abstrata de constitucionalidade das leis há três tipos de técnicas de decisão. A primeira é a *declaração de inconstitucionalidade seguida da pronúncia de nulidade total, ou parcial, da norma jurídica*, ou da fonte de cognição.[4] Outra técnica é a *declaração de inconstitucionalidade sem redução de texto*, hipótese em que se restringe a aplicação da lei inconstitucional, não se permitindo que esta incida em determinadas situações. Por fim, tem-se a *interpretação conforme à Constituição*, a qual importa na adoção pelo Supremo Tribunal Federal de um sentido para o texto normativo, declarando que as demais hipóteses de interpretação são inconstitucionais.[5]

No controle difuso de constitucionalidade, tais técnicas podem ser aplicadas?

Com relação à decisão acompanhada da declaração de invalidade, inquestionavelmente a resposta é afirmativa. No entanto, a eficácia subjetiva da decisão é diferente, vale reafirmar, eis que alcança apenas o caso concreto.[6]

No que se refere à declaração de inconstitucionalidade sem redução de texto, nada obsta que o juiz reconheça a invalidade da norma preservando o documento normativo. Em tal situação, o juiz reconhece a procedência da pretensão, declarando que naquele caso concreto a norma não pode ser aplicada.

Já a interpretação conforme à Constituição exige um exame mais detalhado, em face do que estabelece o art. 128 do CPC. Este dispositivo limita a tutela jurisdicional ao pedido da parte. Assim sendo, se a parte comparecer a juízo pedindo a declaração de inconstitucionalidade de determinada norma jurídica, poderá o juiz dar ao texto uma interpretação conforme à Constituição, reconhecendo que algumas hipóteses de interpretação são inconstitucionais para deferir o pedido da parte? Neste caso, o art. 128 do CPC não seria violado? Exemplifiquemos para facilitar a compreensão: determinado contribuinte impetra mandado de

---

4. Fontes de cognição são os documentos normativos, os veículos que introduzem as normas jurídicas no sistema (ex.: lei, atos administrativos, sentença, contrato etc.).

5. Sobre o tema, ver nosso estudo *Efeitos da Decisão de Inconstitucionalidade em Direito Tributário*, pp. 37-40.

6. Para que a eficácia seja estendida para terceiros é indispensável a edição da Resolução do Senado Federal.

segurança alegando que o Fisco lhe está exigindo certo tributo utilizando uma base de cálculo "x", que o autor entende ser inconstitucional. Ao examinar a pretensão, o juiz entende que a base de cálculo é constitucional, desde que seja interpretada em determinado sentido, sendo as demais hipóteses, inclusive aquela exigida pelo Fisco, inconstitucionais. Nesse caso, o juiz poderia deferir o pedido da parte?

Parece-nos ser possível a utilização dessa técnica nos processos subjetivos. Inexiste na fiscalização difusa qualquer obstáculo que impeça a aplicação desta modalidade decisória. A norma do art. 128 do CPC não obstaculiza a utilização da interpretação conforme à Constituição, por dois motivos. Primeiro, porque limita a tutela ao pedido, e não ao seu fundamento. Cabe recordar que no controle em exame a inconstitucionalidade comparece como questão incidental, e não como questão principal. Em segundo lugar, a "questão inconstitucional" é de ordem pública, sendo desnecessária a provocação da parte.

Entendemos, por tais razões, que as três técnicas de decisão poderão ser utilizadas na fiscalização difusa da constitucionalidade das leis.

## 3.1.5 Ações admissíveis, prazos prescricionais e decadenciais

Em sede de controle difuso, a inconstitucionalidade pode ser argüida em qualquer tipo de procedimento de jurisdição contenciosa, tais como a ação ordinária, mandado de segurança, embargos à execução etc.

Nada impede, também, que se afaste a aplicação da norma inconstitucional em sede de ação cautelar. A cognição provisória, que caracteriza este procedimento, não obsta que o juiz forme um juízo de probabilidade quanto à invalidade da norma jurídica frente à Constituição, como adiante se analisará.

Naqueles procedimentos em que a lei limitou a matéria alegável, ou seja, restringiu os fundamentos jurídicos do pedido e/ou da resposta do réu, como, por exemplo, nos embargos à execução contra a Fazenda Pública (CPC, art. 741), na impugnação do executado (CPC, art. 475-L) e na ação de consignação em pagamento (CPC, art. 896), a inconstitucionalidade pode ser invocada por qualquer das partes, posto que a fiscalização difusa tem fundamento constitucional.[7] Logo, qualquer limitação traçada pelo legislador infraconstitucional não alcança o ponto constitucional. Ainda que existam restrições, a parte poderá invocar a inconstitucionalidade da norma jurídica.

7. Cf., supra, cap. 2, item 2.4.

Com relação ao prazo para argüir a inconstitucionalidade, seguirá o regime previsto para a ação em que a inconstitucionalidade for invocada pela parte interessada, tanto no que se refere à sua natureza (prescricional ou decadencial), quando à sua contagem e duração. Assim, por exemplo, tratando-se de mandado de segurança, deverá ser observado o prazo decadencial de 120 dias, previsto no art. 23 da Lei 12.016, de 7.8.2009.[8]

### 3.1.6 A pronúncia de inconstitucionalidade em sede de medida liminar

No âmbito do controle difuso, o juiz dispõe do poder de conceder a medida liminar para suspender a vigência e a eficácia da norma jurídica no caso concreto?

Abalizada corrente jurisprudencial tem negado essa possibilidade,[9] alegando que a presunção de constitucionalidade das leis não pode ser afastada pelo juiz de primeiro grau, mormente porque a liminar é concedida em sede de cognição sumária. No âmbito do Supremo Tribunal Federal há, inclusive, precedente sobre o assunto, no qual o Ministro Carlos Velloso manifestou-se no sentido de que "reconhecer, em sede de liminar a inconstitucionalidade de lei ou ato normativo, para o fim de deferir a medida, representa, de regra, precipitação, dado que a inconstitucionalidade de lei ou ato normativo, nos Tribunais, somente pode ser declarada pelo voto da maioria absoluta dos membros da Corte. Essa declaração, para o fim de ser concedida a liminar, não deve ocorrer, em decisão monocrática, até por medida de prudência".[10]

Respeitamos esse posicionamento, mas com ele não podemos concordar, por vários argumentos.

Com efeito, o provimento liminar não importa na declaração de inconstitucionalidade da norma impugnada. A decisão do juiz de primeiro grau limita-se a *suspender* a eficácia da norma no caso submetido à sua apreciação. Portanto, o plano jurídico atingido é o da eficácia, e não o

---

8. Eis mais traço que diferencia o controle difuso do abstrato, posto que neste a ADI não se sujeita a prazo decadencial ou prescricional, pois os atos inconstitucionais não se convalidam com o decurso do tempo, segundo entendimento consolidado no âmbito do STF (ADI/MC 1.247, rel. Min. Celso de Mello, *DJU* 8.9.1995).
9. TRF 1ª R., Ag. Inst. 2002.01.00.000348-0, rel. Juiz Daniel Paes Ribeiro, *DJU* 24.1.2003; Ag. Inst. 2002.01.00.028281-0, rel. Juiz Luciano Tolentino Amaral, *DJU* 3.10.2002.
10. STF, SS 1.853-DF, rel. Min. Carlos Velloso, *DJU* 4.10.2000.

da validade. A exemplo do que ocorre no controle abstrato, a medida liminar em processo subjetivo atinge, destarte, a eficácia legal. A única diferença que se pode identificar, em relação ao processo objetivo, é a eficácia subjetiva da decisão. Neste é *erga omnes*, no controle difuso é *intra partes*.

Retirar do juiz esta faculdade significa comprometer a cautelaridade da medida em epígrafe, e, por conseguinte, o resultado prático do processo.

E nem se diga que a cognição sumária representa um empecilho ao deferimento desse provimento. A prevalecer esse entendimento, seria inadmissível a concessão de liminar em processo de Ação Direta de Inconstitucionalidade e de Ação Declaratória de Constitucionalidade, posto que nestes a cognição do Supremo também é superficial. A profundidade da cognição não impede o órgão jurisdicional de formar um juízo de probabilidade acerca da invalidade (inconstitucionalidade) da norma jurídica questionada.

Acresça-se, ainda, que o poder geral de cautela (CPC, art. 798) é imanente ao exercício da função jurisdicional – como já decidiu o Supremo Tribunal Federal no julgamento da ADC 4 – não sofrendo restrições em função dos fundamentos jurídicos do pedido.

### 3.1.7 Parâmetros da fiscalização e conduta controlada

O parâmetro utilizado para aferir a constitucionalidade das normas jurídicas, via de regra, é o texto da Constituição Federal em vigor no momento que se realiza a fiscalização. O Supremo Tribunal Federal também admite que lei complementar que estabeleça normas gerais – lei interposta –, prevista na CF (ex.: art. 146, III), funcione como parâmetro de investigação da adequação formal e material das normas jurídicas perante a Carta Magna.[11]

No controle abstrato não se admite a propositura de Ação Direta de Inconstitucionalidade para impugnar norma jurídica em face de Constituição anterior.[12] A eventual incompatibilidade entre norma infraconstitucional anterior ao texto constitucional é solucionada por critérios de direito intertemporal, consoante jurisprudência pacificada há bastante tempo pelo Supremo Tribunal Federal. Ou seja, tem-se entendido em tais situações que a norma infraconstitucional foi revogada pela nova

---

11. Cf., supra, cap. 1, item 1.10.
12. STF, Rp 1.566, rel. Min. Octavio Gallotti, *DJU* 18.11.1988.

Constituição, aplicando-se o critério da revogação da norma anterior pela posterior.[13]

No controle difuso pode-se aferir a adequação de norma jurídica em face de Constituição já revogada.[14] Ex.: contribuinte postula repetição de indébito, alegando que a norma que vigia na época em que realizou o pagamento do tributo (1980) era incompatível com a Carta de 1969. Desse modo, há uma amplitude dos parâmetros do controle incidental em relação ao controle abstrato.

Quanto à conduta controlada, quadra observar que a inconstitucionalidade alcança apenas comportamentos públicos. Tratando-se de controle abstrato, a conduta, omissiva ou comissiva, objeto da fiscalização, é a do órgão com competência legislativa.

Já nos procedimentos do controle difuso, qualquer comportamento, público ou privado, pode integrar o processo, desde que consista na aplicação de norma inconstitucional. Ex.: a parte autora postula a declaração incidental da inconstitucionalidade de lei que prescreve os critérios de correção de um contrato de mútuo celebrado pelos litigantes.

Destarte, na fiscalização difusa, os comportamentos privados também são fatos jurídicos do processo, contudo, o ponto, ou a questão constitucional, diz respeito a uma conduta pública.

### 3.2 Controle difuso, mandado de segurança e antecipação dos efeitos da tutela

#### 3.2.1 Generalidade e abstração da norma jurídica

A norma jurídica, visualizada como uma proposição, juízo hipotético condicional, apresenta quatro âmbitos de validade, também chamados de domínios de validade, ou de vigência: material, pessoal, temporal e espacial.[15] O âmbito material é a conduta regulada pela regra jurídica. O pessoal diz respeito aos sujeitos por ela atingidos, enquanto o espacial especifica o local, ou território onde a norma atua. Por fim, o temporal delimita o momento da incidência normativa.

Quando o âmbito pessoal dirige-se a uma classe de pessoas, diz-se que a norma é *geral*. Caso contrário, ter-se-á uma norma *individual*. Se

---

13. O nosso ver, a hipótese não é de revogação, e sim de inconstitucionalidade superveniente.
14. STF, 1ª T., AI 232386, rel. Min. Moreira Alves, *DJU* 8.10.1999; RE 290.079, rel. Min. Ilmar Galvão, *DJU* 4.4.2003.
15. Cf. Hans Kelsen, *Teoria Pura do Direito*, pp. 11-16.

o âmbito material regular uma ação-tipo (ou uma classe de ações), a norma será *abstrata*.[16] Caso a regra de direito regule uma ação singular, ou seja, um comportamento que, uma vez cumprido, vai exaurir a eficácia da norma, a hipótese será de uma norma *concreta*.[17] Em outras palavras, a norma abstrata prescreve um tipo de ação que não se esgota com apenas uma atuação (incidência) da norma, o que não acontece com a norma concreta. Nessa segunda hipótese, a norma prescreve uma ação "X", suscetível de ser praticada em uma única oportunidade. Com a realização deste comportamento, a norma perde a aptidão para incidir, ou seja, deixa de ter eficácia.

As quatro modalidades podem ser combinadas entre si, gerando normas gerais e abstratas (ex.: grande número das normas veiculadas pelas leis emanadas do Poder Legislativo), gerais e concretas (ex.: norma que prescreve um dever jurídico para uma classe de pessoas), norma individual e abstrata (ex.: norma que outorga competência a um órgão singular, como a Presidência da República) e norma individual e concreta (ex.: normas veiculadas por sentenças proferidas em processos individuais).

Traçadas essas noções fundamentais de Teoria Geral do Direito – aqui vista como uma teoria formal, na qual prevalece, pois, o enfoque dogmático do fenômeno jurídico –, vejamos como se relaciona com os pressupostos constitucionais do mandado de segurança.

### 3.2.2 Pressupostos constitucionais do mandado de segurança relacionados ao tema

#### 3.2.2.1 Ato de autoridade

Um dos pressupostos da ação de mandado de segurança, erigido pelo art. 5º, LXIX, da CF, é a existência de um ato praticado por autoridade pública, ou agente de pessoa jurídica no exercício de funções públicas, que viole ou ameace de lesão direito subjetivo, pessoal ou real, público ou privado, comprovado documentalmente.

Isso significa que o *writ* em exame tem como pressuposto a existência ou a possibilidade da prática de um ato administrativo, que ao

---

16. Cf. Norberto Bobbio, *Teoria da Norma Jurídica*, p. 181.
17. No âmbito da Teoria Geral do Direito, quem examinou esse tema com profundidade foi Norberto Bobbio. Na lição do jusfilósofo italiano, a prescrição abstrata realiza o valor certeza, enquanto a generalidade tem a ver com a igualdade (cf. *Teoria das Normas ...*, pp. 182-183).

nosso sentir, em sentido estrito, é uma norma individual e concreta, produzida pelo Estado, ou quem lhe faça as vezes, no exercício de função administrativa, visando a explicitar os comandos da lei, para alcançar as finalidades previstas explícita ou implicitamente pelo sistema jurídico. Em sentido amplo, o conceito pode ser estendido para alcançar também as normas gerais, tais como, por exemplo, os regulamentos.

Destarte, a impetração do mandado de segurança exige a concretude do ato, isto é, que este produza efeitos na órbita jurídica do impetrante ou exista a possibilidade dos futuros efeitos do ato alcançarem o demandante. Vale dizer, sem a presença de uma norma concreta ou a possibilidade de sua produção, esse remédio jurídico não poderá ser utilizado. Desse modo, a produção da norma geral e abstrata por si só é insuficiente para a impetração desse remédio. É preciso que esta ganhe concreção – que seja ou possa ser executada por meio de outro ato.

Por conseguinte, os fatos administrativos – providências materiais a cargo da Administração Pública (ex.: realização de obra pública) – também poderão ser atingidos pelo mandado de segurança, antes de serem materializados em ato, desde que possam causar lesão a direito subjetivo do administrado e preencham os demais pressupostos constitucionais. Vale dizer, qualquer comportamento constritor, mesmo que ainda não esteja materializado numa norma concreta, poderá ensejar a impetração do remédio epigrafado.[18]

### 3.2.2.2 Ilegalidade

A ilegalidade é uma qualidade que se agrega ao objeto (ato administrativo), possibilitando a impetração do mandado de segurança. A ilegalidade é a invalidade, a desconformidade do ato com o ordenamento. Exige-se, portanto, que haja uma incompatibilidade do ato de autoridade com as normas e/ou os princípios jurídicos.

Como a inconstitucionalidade por ação consiste numa invalidade de determinada regra em face da Constituição Federal, também ingressa no conceito de ilegalidade exigido pelo Texto Maior. Logo, ato ilegal é a norma concreta que viola uma norma geral veiculada por lei infraconstitucional ou por lei constitucional. Em qualquer situação, discute-se o fundamento (motivo) do ato.

Ao analisar essa questão na vigência da Carta de 1967, o insuperável Pontes de Miranda adotava esse posicionamento, afirmando que

---

18. Cf. Lúcia Valle Figueiredo, *Mandado de Segurança*, p. 88.

"não importa se a ilegalidade foi por violação da Constituição de 1967, ou de alguma lei federal, ou de constituição estadual, ou de lei estadual ou municipal, nem importa se foi infringida qualquer outra regra jurídica federal, estadual ou municipal".[19]

Sendo assim, é possível concluir que a Carta Magna exige como pressuposto do remédio em tela a presença de um objeto (ato administrativo) e uma qualidade deste (desconformidade com o ordenamento jurídico).[20]

### 3.2.3 Cabimento do mandado de segurança na fiscalização difusa de constitucionalidade

O controle difuso de constitucionalidade tem por objeto uma norma individual e concreta, ao passo que a fiscalização concentrada visa invalidar norma geral e abstrata. Como no mandado de segurança o ato coator é a norma concreta, dúvidas inexistem de que também poderá ser utilizado no controle incidental.

Acresça-se, ainda, que a ilegalidade exigida como pressuposto para o ajuizamento da ação em pauta alcança a inconstitucionalidade, quadra reafirmar, donde se infere que esta matéria poderá figurar como objeto do *writ*.

Destarte, nessa ação mandamental a inconstitucionalidade é a causa remota do pedido, e a próxima é a prática, ou iminência de produção de uma norma individual e concreta. Logo, a norma geral e abstrata é apenas o fundamento do ato coator, ingressando a sua inconstitucionalidade como uma questão prejudicial. Nesta hipótese, a norma geral poderá ser invalidada apenas no caso concreto (eficácia *inter partes*). Tal decisão tem eficácia declaratória da invalidade e constitutiva negativa da eficácia, como se analisará adiante. Ex.: i) contribuinte que se insurge contra o pagamento de determinado tributo, porque exigido com base em norma inconstitucional; ii) administrado que impugna determinada sanção administrativa, porque aplicada com fundamento em lei inconstitucional.

19. *Comentários à Constituição de 1967, com a Emenda 1 de 1969*, t. V, p. 338.

20. Ao analisar o significado da expressão "ato coator", o grande Celso Agrícola Barbi afirmava que "o caso mais simples é aquele em que a autoridade executora da lei – usada esta última palavra no sentido estrito de regra geral elaborada pelo Poder legislativo – age em desacordo com ela, ou também quando, tendo cumprido estritamente a lei ordinária, esta violou o texto constitucional" (*Mandado de Segurança*, p. 99).

O exame do cabimento do mandado de segurança na fiscalização difusa conduz-nos necessariamente a uma interpretação de posicionamento jurisprudencial do Supremo Tribunal Federal sobre o cabimento dessa ação contra a chamada "lei em tese".

### 3.2.4 Interpretação da Súmula 266 do STF

A Súmula 266 do Pretório Excelso dispõe que "não cabe mandado de segurança contra a lei em tese".

Em primeiro lugar, nenhuma norma pode causar lesão a direito subjetivo se não incidir, ou seja, o dano só poderá decorrer da eficácia legal da regra jurídica. Logo, antes da incidência não pode ser admitida a impetração do *writ* em estudo.

A expressão "lei em tese" significa, em primeiro lugar, a norma que ainda não incidiu no caso concreto, sendo, por tal razão, insuscetível de causar danos. Além disso, parece-nos que o entendimento em epígrafe refere-se às normas gerais e abstratas, e não às individuais e concretas.[21] Lei não é sinônimo de norma. A lei é apenas o documento normativo, ou como sugere acertadamente Paulo de Barros Carvalho, o "veículo introdutor de normas" no ordenamento.[22] Todavia, a Súmula utilizou o termo como norma jurídica geral e abstrata, ainda não aplicada, nem suscetível de aplicação. Contra tais regras o *writ* não poderá ser utilizado porque estas não terão aptidão para gerar situações subjetivas, e, por conseguinte, produzir lesões em seus destinatários.

Essa interpretação não impede, entretanto, que a norma individual que vier a dar aplicação à norma geral possa ser objeto da impetração, a qual, inclusive, poderá invocar matéria constitucional. Calha aqui a preciosa lição de Pontes de Miranda: "no tocante a mandado de segurança, é contra os princípios e contra o texto constitucional dizer-se que não pode ser apreciada a inconstitucionalidade de lei ou ato do poder público. Toda questão de inconstitucionalidade é questão de direito; e as questões só de direito não fazem incerto ou duvidoso o direito que se examina".[23]

---

21. A doutrina tem afastado a aplicação da Súmula nas hipóteses em que o mandado de segurança tem por fundamento a ilegalidade de norma individual e concreta. No entanto, a expressão utilizada pela teoria do direito é "lei de efeitos concretos", como se lei equivalesse à norma (cf. Hely Lopes Meirelles, *Mandado de Segurança e Ações Constitucionais*, pp. 36-38; Sérgio Ferraz, *Mandado de Segurança*, pp. 167 e ss.).

22. *Curso de Direito Tributário*, p. 43.

23. Cf. *Comentários* ..., p. 367.

Eis a interpretação da Súmula que se coaduna com os pressupostos constitucionais da ação mandamental em comento, intelecção que corrobora o cabimento desse remédio na fiscalização difusa de constitucionalidade.[24]

### 3.2.5 Eficácia da sentença concessiva

Todas as sentenças apresentam as cinco cargas eficaciais: declaratória, constitutiva, condenatória, mandamental e executiva.[25]

A sentença concessiva da segurança, em sede de controle difuso de constitucionalidade, não escapa desta premissa. Isso porque, embora nela predomine a mandamentalidade, à medida que o juiz ordena que o ato coator seja desfeito ou não seja praticado, o provimento judicial também declara a inconstitucionalidade da norma jurídica objeto de impugnação. Não é possível o juiz mandar sem declarar. A declaração é pressuposto da mandamentalidade.[26]

Cabe observar, no entanto, que essa certificação da invalidade da regra jurídica só atua no caso concreto. Para que a eficácia subjetiva seja estendida para terceiros será necessária a expedição da Resolução do Senado Federal, na forma prevista no art. 52, X, da CF.

Além dessas cargas eficaciais, o provimento em tela atua sobre o plano da eficácia, afastando os efeitos da norma inconstitucional. Logo, também tal decisão apresenta eficácia constitutiva negativa.

Com relação à eficácia no tempo, via de regra a sentença concessiva retroagirá, para apagar do mundo jurídico os efeitos do ato praticado com base na norma inconstitucional. Contudo, a eficácia *ex tunc* poderá ser limitada, ou não atribuída pelo juiz no caso concreto, quando, por

---

24. O magistério de Hely Lopes Meirelles corrobora o nosso posicionamento. Ao analisar a Súmula 266 da Corte Maior o saudoso publicista afirmava o seguinte: "A *lei em tese*, como norma abstrata de conduta, não é atacável por mandado de segurança (STF, Súmula n. 266), pela óbvia razão de que não lesa, por si só, qualquer direito individual. Necessária se torna a conversão da norma abstrata em ato concreto para expor-se à impetração, mas nada impede que, na sua execução, venha a ser declarada inconstitucional pela via do *mandamus*" (cf. *Mandado de Segurança e Ações Constitucionais*, p. 36).

25. Cf. Pontes de Miranda, *Tratado das Ações*, t. I, p. 137.

26. Como leciona Pontes de Miranda, "toda sentença mandamental declara, porque não seria legítimo mandar sem afirmar que há razão para isso: o mandamento sem declaração prévia seria a arbitrariedade, ou , pelo menos, o imperativo sem premissas, a possibilidade de arbítrio, pela pré-eliminação de qualquer processo de raciocínio" (*Tratado das Ações*, t. I, p. 156).

meio da aplicação do princípio da proporcionalidade, for necessário sacrificar o princípio da nulidade da norma inconstitucional para que outro princípio jurídico seja preservado (ex.: segurança jurídica, moralidade etc.), como analisado no presente estudo.

### 3.2.6 A antecipação dos efeitos da tutela e o controle difuso de constitucionalidade

A antecipação da tutela é um provimento jurisdicional que antecipa, total ou parcialmente, a eficácia executiva da sentença de procedência do pedido. Antecipam-se os efeitos que esta produz no plano dos fatos, daí porque se pode afirmar que se trata de uma medida satisfativa.

O art. 273 do CPC, com as alterações prescritas pela Lei 10.444/2002, estabelece três hipóteses de antecipação: i) antecipação-segurança (art. 273, I); ii) antecipação- punição;[27] iii) antecipação-incontrovérsia. Na primeira hipótese, busca-se evitar que no curso do processo ocorra algum fato que possa frustrar a realização do direito material do autor. Na segunda situação, a medida antecipatória tem por escopo aplicar uma sanção ao réu que viola o dever de lealdade processual. Por fim, na terceira modalidade antecipa-se para realizar um pedido que não foi objeto de impugnação pelo demandado.

Os pressupostos comuns às duas primeiras modalidades são os seguintes: a) certeza quanto à matéria fática; b) juízo de verossimilhança do direito material postulado pelo autor. Na antecipação-segurança exige-se, também, o *periculum in mora*, ou seja, perigo de que a demora na entrega da prestação jurisdicional possa comprometê-la, tornando-a inócua quando outorgada na sentença definitiva. Já na antecipação-punição, o CPC prescreve como requisito específico a prática pelo réu de atos processuais ou de atos fora do processo,[28] que violem a lealdade processual.

Por fim, o terceiro tipo de antecipação, introduzido em nosso ordenamento pela Lei 10.444/2002, alcança as seguintes situações: i) reconhecimento parcial da procedência do pedido; ii) incontrovérsia sobre parte dos fatos jurídicos elencados como causas de pedir na inicial; iii) quando parte do pedido for incontroverso, sendo este decomponível; iv) quando o pedido estiver fundamentado em norma invalidada pelo Supremo Tribunal Federal em sede de controle abstrato (ou em controle

---

27. A terminologia por nós adotada assemelha-se àquela sustentada por Teori Albino Zavascki (*Antecipação da Tutela*, pp. 74-75).
28. Cf. Teori Albino Zavascki, *Antecipação da Tutela*, p. 77.

difuso, acompanhado da expedição da Resolução do Senado Federal), ou em Súmula dos Tribunais Superiores; v) quando o fundamento do pedido for entendimento jurisprudencial reiterado pelos Tribunais Superiores. Nas três modalidades a lei exige um requisito negativo: ausência da possibilidade de irreversibilidade dos efeitos fáticos do provimento antecipatório.

Traçadas essas breves considerações em torno da categoria do direito processual em comento, importa examinarmos o seu cabimento no controle difuso de constitucionalidade das leis.

Para nós, indubitavelmente, a medida antecipatória poderá ser concedida para afastar a aplicação de norma inconstitucional nos processos subjetivos, nas três hipóteses acima examinadas. A inconstitucionalidade aparece aí, como nas demais situações da fiscalização difusa, como uma questão incidental. Ex.: administrado propõe ação ordinária e postula a antecipação de tutela para ficar desobrigado a cumprir determinado dever jurídico imposto por norma inconstitucional.

O provimento antecipatório apresentará a eficácia mandamental. Como esta tem por pressuposto a eficácia declaratória, em grau mínimo, esta também se fará presente. E nem se diga que os efeitos declaratórios não poderão ser antecipados. Consoante o abalizado escólio de Pontes de Miranda, a declaração tem eficácia de preceito,[29] ou seja, a declaração importa na produção de uma norma concreta a cujo cumprimento o réu fica adstrito.

Acresça-se, ainda, que o juízo de verossimilhança da inconstitucionalidade, exigido como pressuposto das modalidades dos incisos I e II do art. 273, não é incompatível com o princípio da presunção da constitucionalidade das leis.[30]

Destarte, a antecipação da tutela é mais um provimento idôneo a obstaculizar a aplicação de norma inconstitucional no controle difuso.

### 3.2.7 Medida liminar em mandado de segurança: cabimento em controle difuso

#### 3.2.7.1 Natureza da medida

A liminar é uma medida provisória que antecipa parcialmente os efeitos processuais e/ou materiais da sentença. Há três tipos de medidas

---

29. Cf. *Tratado das Ações*, t. II, pp. 76-77.
30. De igual modo, o juízo de probabilidade, presente nas medidas liminares, também se coaduna com a presunção da constitucionalidade das leis.

liminares: a) liminar cautelar; b) liminar satisfativa; c) liminar cautelar-satisfativa.

A liminar cautelar é aquela que visa a assegurar a eficácia da futura sentença de procedência, ou seja, o resultado útil do processo. A liminar satisfativa é aquela que realiza, no plano fático, o direito material objeto do processo. Já a liminar cautelar-satisfativa é a que, simultaneamente, cumpre ambas as finalidades em determinado procedimento.

No procedimento do mandado de segurança a medida liminar é prevista pelo art. 7º, III, da Lei 12.016/2009, *verbis*: "Art. 7º. Ao despachar a inicial, o juiz ordenará: (...) III – que se suspenda o ato que deu motivo ao pedido, quando houver fundamento relevante e do ato impugnado puder resultar a ineficácia da medida, caso seja finalmente deferida, sendo facultado exigir do impetrante caução, fiança ou depósito, com o objetivo de assegurar o ressarcimento à pessoa jurídica".

O dispositivo versa sobre a liminar em mandado de segurança repressivo, entretanto, a providência também é admissível no *writ* omissivo. Malgrado a lei se refira à suspensão do ato, na verdade o provimento em tela importa na suspensão da eficácia do ato administrativo. O plano da existência só deverá ser atingido com a decisão final, e não com a liminar.

Discute-se na doutrina acerca da natureza jurídica da medida em epígrafe. Ao nosso sentir, não há uma resposta *a priori* para o problema. Tudo vai depender do caso concreto. Como o enunciado prescritivo supracitado se refere à "ineficácia da medida" como um dos pressupostos da liminar, parece-me que esta sempre apresentará a natureza acautelatória, isto é, buscará preservar a utilidade da sentença concessiva da segurança. Todavia, em muitas situações a liminar também importará na realização do direito do impetrante, indo além de uma mera função acautelatória (ex.: a parte postula medida liminar para participar de procedimento licitatório). Logo, a liminar poderá apresentar a natureza de cautelar ou de cautelar-satisfativa.

3.2.7.2  Pressupostos

O primeiro pressuposto erigido pela lei para a concessão de medida liminar é a relevância do fundamento. Destarte, o legislador qualificou os fundamentos jurídicos do pedido, exigindo certo grau de relevância para que o juiz conceda a medida liminar. Que significa essa "relevância"? Seria esta equivalente ao *fumus boni juris* exigido para a concessão da medida liminar em procedimento cautelar (CPC, art. 798)?

O exame do problema passa necessariamente pela necessidade da existência de direito líquido e certo no mandado de segurança (CF, art. 5º, LXIX). Em verdade, não há direito "líquido e certo". O direito decorre da incidência da norma sobre determinado suporte fático. A certeza atinge o plano fático, não o normativo. Trata-se, portanto, de uma expressão atécnica, que tem sido interpretada pela doutrina e pela jurisprudência no sentido de que o impetrante deve provar documentalmente os fatos jurídicos que funcionam como causa de pedir, isto é, os fundamentos jurídicos.

Por tal razão, no momento em que vai apreciar a medida liminar, o juiz dispõe de um bom material probatório, o que o leva a ter uma cognição mais profunda do que a exigida para a liminar em procedimento cautelar. Em outros termos, o direito, caso existente, será mais do que aparente. Portanto, exige-se, em verdade, um alto grau de probabilidade da pretensão deduzida em juízo, por força da necessidade da comprovação documental do fundamento do pedido.

A relevância do fundamento, portanto, é o alto grau de probabilidade da procedência do pedido do impetrante.

Quanto ao segundo pressuposto (a ineficácia da medida), confunde-se com o *periculum in mora*. Assim, o autor deve demonstrar que há possibilidade da inocuidade da sentença de procedência, no plano fático, caso a liminar não seja concedida.

3.2.7.3 Possibilidade de revogação

*3.2.7.3.1 Hipóteses de cabimento* – A medida liminar, uma vez concedida, poderá ser revogada pelo juiz prolator da decisão em diversas situações, independentemente da interposição do recurso de agravo.

A primeira delas é quando o juiz perceber que incorreu em erro,[31] quanto aos fatos articulados na inicial ou quanto à aplicação de determinada norma jurídica. Geralmente essa constatação ocorre após o oferecimento das informações pela autoridade coatora. Ex.: contribuinte impetra mandado de segurança postulando a concessão de medida liminar que lhe assegure a expedição de certidão positiva de débitos fiscais com efeito negativo (CTN, art. 206). Com base nas informações constantes em documentos adunados com a inicial, o juiz defere a limi-

---

31. Se o erro tiver sido provocado pelo impetrante, deverá este ser condenado por litigância de má-fé (CPC, art. 17), por descumprimento do dever de lealdade processual.

nar, todavia, com a manifestação do impetrado comprova que há outros débitos inscritos na dívida ativa em nome do autor, não mencionados na exordial.

No curso do procedimento também poderá surgir uma modificação na situação fática narrada na inicial, capaz de atingir um dos pressupostos da liminar, impondo a sua revogação. Ex.: determinado sujeito impetra mandado de segurança alegando que foi aprovado em concurso público, sendo inobservada no momento da nomeação a ordem de classificação do certame. O juiz concede a medida liminar para que essa ordem seja obedecida, entretanto, posteriormente é noticiado nos autos que o concurso foi invalidado ou que a lista dos classificados foi alterada, sendo o autor dela excluído.

Assim como os fatos novos devem ser considerados no momento da prolação da sentença (CPC, art. 462), também deverão ser examinados antes deste provimento, mormente quando atingem os pressupostos autorizadores da concessão da medida liminar.

Nada obsta, também, que o juiz opte por reconsiderar a decisão concessiva, ao invés de revogá-la. Na prática o efeito é o mesmo. Embora o nosso ordenamento não preveja pedido de reconsideração, a práxis judiciária vem admitindo este comportamento, por medida de economia e de celeridade processual. Com a reconsideração uma série de atos processuais é evitada (ex.: interposição de recurso pela parte prejudicada pela decisão), racionalizando-se o procedimento.

m qualquer situação, a revogação independe da oitiva da parte contrária, eis que incompatível com o rito célere do mandado de segurança.

Quanto à forma da revogação, poderá se manifestar no processo por meio de decisão interlocutória ou de sentença (extintiva ou terminativa).

*3.2.7.3.2 O dever de revogar* – Como o juiz tem o dever de conceder a medida liminar diante da presença, no caso concreto, dos pressupostos do art. 7º, III, da Lei 12.016/2009, também deverá revogar o provimento nas situações epigrafadas. Trata-se de verdadeiro dever jurídico, e não de mera faculdade.

Não se deve esquecer que a concessão da medida liminar impõe a restrição de um direito da parte contrária sobre pessoas ou coisas. Uma vez cessada a causa motivadora do impedimento ao desfrute desse direito, é imprescindível a sua remoção por meio da revogação do provimento de urgência.

### 3.2.7.4 Liminar e sentença denegatória

A sentença denegatória da segurança importa necessariamente na revogação da medida liminar,[32] ainda que o juiz não disponha nesse sentido. Isso porque o julgamento de mérito desfavorável ao impetrante significa que os fundamentos jurídicos da impetração não eram relevantes, não podendo subsistir, por conseguinte, a liminar, em face do desaparecimento de um dos seus pressupostos. Idêntico entendimento se aplica à hipótese de extinção do processo sem exame do mérito.

Outro não é posicionamento consolidado pelo Pretório Excelso na Súmula 405, cujo conteúdo é o seguinte: "Denegado o mandado de segurança pela sentença ou no julgamento do agravo dela interposto, fica sem efeito a liminar concedida, retroagindo os efeitos da decisão contrária".

Admitida a revogação em exame, resta analisar a eficácia temporal desta decisão.

### 3.2.7.5 Eficácia temporal da revogação:
o problema da retroatividade da decisão revogadora

Segundo o entendimento do STF, veiculado na Súmula 405, a revogação produz eficácia *ex tunc*, o que, na prática, significa que a conduta obstaculizada pela medida liminar adquire o status de permitida pelo ordenamento, com todas as conseqüências daí oriundas.

Parece-nos, contudo, que o problema não é tão simples como pode parecer, à primeira vista, como sugere o entendimento sumulado.

De fato, os efeitos dos atos jurídicos praticados com base em medida liminar muitas vezes são protegidos por princípios ou por normas jurídicas.[33] Ex.: sujeito é investido em cargo público com base em medida liminar, que, posteriormente, é revogada. Os atos praticados pelo impetrante são tutelados pelo princípio da segurança jurídica, que colide

---

32. O tema é polêmico em sede doutrinária. Há quem defenda que a medida liminar subsiste até o trânsito em julgado da sentença. Outra corrente defende que a revogação só ocorrerá se o juiz assim se manifestar expressamente na sentença. Por fim, outra linha de posicionamento sustenta que a revogação ocorre independentemente de manifestação do juiz na decisão final (cf. Betina Rizzato Lara, *Liminares no processo civil*, pp. 136-137).

33. Em matéria tributária, por exemplo, a Lei 9.430/1996 disciplina a situação do contribuinte que deixa de recolher determinado tributo com base em medida liminar e posteriormente é derrotado no julgamento do mérito, limitando a eficácia retroativa da decisão.

frontalmente com a regra da retroatividade da decisão revogadora da liminar. Em tais situações, o magistrado, mediante um juízo de ponderação dos valores que estão em jogo, deverá privilegiar determinados princípios jurídicos, sacrificando outros. O critério a ser utilizado nesse procedimento é o princípio da proporcionalidade, em seus três aspectos (necessidade, adequação e proporcionalidade em sentido estrito).

Portanto, a revogação da medida liminar poderá gerar uma situação de tensão entre princípios jurídicos, não podendo ser definida *a priori* uma solução para os problemas gerados pela eficácia dos atos jurídicos praticados com base no provimento provisório.[34-35]

Não se pode afirmar, por conseguinte, que a decisão revogadora necessariamente apresentará eficácia retroativa. A solução do problema vai depender do caso concreto.

3.2.7.6 A liminar em sede de controle difuso de constitucionalidade

*3.2.7.6.1 O problema* – Como examinado anteriormente, um dos pressupostos da medida liminar em mandado de segurança é a relevância dos fundamentos jurídicos da impetração, que implica na exigência de formação de um juízo de alta probabilidade quanto à procedência da pretensão.

Tratando-se de mandado de segurança impetrado com fundamento na inconstitucionalidade da lei, o problema se agrava, tendo em vista que o princípio da presunção da constitucionalidade das leis impede o reconhecimento da invalidade da norma jurídica diante da Constituição Federal em caso de dúvida. Haveria, então, impedimento à concessão de medida liminar nesta situação, ou seja, este provimento estaria impossibilitado em sede de fiscalização difusa de constitucionalidade por meio do *writ* em estudo?

---

34. Cf. Cássio Scarpinella Bueno, *Mandado de Segurança*, pp. 84-86.

35. Em favor da eficácia retroativa da revogação da liminar, posicionam-se, entre outros, Arnold Wald e Gilmar Mendes (*Mandado de Segurança e Ações Constitucionais*, de Hely Lopes Meirelles, 32ª ed., atualizada por Arnoldo Wald e Gilmar Ferreira Mendes, p. 168): "Uma vez cassada a liminar ou cessada sua eficácia, voltam as coisas ao *status quo ante*. Assim sendo, o direito do Poder Público fica restabelecido *in totum* para a execução do ato e de seus consectários, desde a data da liminar. Mas, se no período da suspensão liminar (ou da sentença concessiva da segurança, posteriormente reformada) forem praticados atos geradores de direito subjetivo para o impetrante ou para terceiros, ou consumadas situações definitivas, tais atos e situações deverão ser considerados válidos e subsistentes, pois se constituíram ao amparo de uma ordem judicial eficaz durante sua vigência".

3.2.7.6.2 *Premissa necessária à compreensão do problema: o princípio da presunção da constitucionalidade das leis* – Tem-se admitido em nosso ordenamento a existência do princípio da presunção da constitucionalidade das leis, que decorre de construção doutrinária e jurisprudencial. Sustenta-se que sempre milita em favor dos atos do Poder Legislativo uma presunção relativa de adequação formal e material à Constituição, posto que o exame da constitucionalidade da futura fonte do direito é realizado previamente pelas Casas Legislativas na Comissão de Constituição e Justiça, de maneira que no momento da promulgação da lei a questão da constitucionalidade já teria sido previamente examinada pelo Legislativo.[36] Com base nas lições da doutrina norte-americana, Carlos Lúcio Bittencourt assevera que os legisladores, "do mesmo modo que os juízes, estão obrigados a obedecer e cumprir a Constituição, e deve-se entender que eles medem e pesam, convenientemente, a validade constitucional dos atos que elaboram".[37]

Duas regras de hermenêutica constitucional têm sido extraídas desse princípio: a) em caso de dúvida, a inconstitucionalidade não deve ser declarada, o que só deverá ocorrer quando for inequívoca e manifesta; b) a lei deve ser interpretada de maneira que se torne compatível com a Constituição Federal.[38]

Na precisa observação de Marcelo Neves, o princípio da presunção da constitucionalidade das leis exerce uma função pragmática para o sistema normativo, sendo indispensável para a sua manutenção, posto que evita o caos decorrente da possibilidade de os administrados descumprirem as leis todas as vezes que entenderem que estas são inconstitucionais.[39]

Esse princípio apresenta, portanto, uma função importante para o sistema normativo, porque assegura a sua estabilidade, e, por conseguin-

---

36. Cf. Carlos A. Lúcio Bittencourt, *O Controle Jurisdicional da Constitucionalidade das Leis*, p. 91. O mencionado autor critica o fundamento invocado pela doutrina norte-americana para o princípio da presunção da constitucionalidade da lei, afirmando o seguinte: "a lei é sempre tida como válida não porque a sua constitucionalidade tenha sido objeto de exame pelas comissões técnicas do Parlamento, nem porque se deva presumir que este procure sempre agir com pleno respeito à órbita constitucional de seus poderes. Não. Ela, desde que se apresente formalmente perfeita, há de ser considerada boa, firme e válida, como qualquer outro ato do poder público, ou qualquer ato jurídico, na órbita privada, até que a sua ineficácia ou nulidade seja reconhecida ou declarada pelos tribunais" (ob. cit., p. 95).
37. Idem, ibidem, p. 92.
38. Cf. Marcelo Neves, *Teoria da Inconstitucionalidade das Leis*, pp. 145-146.
39. Idem, ibidem, p. 146.

te, a segurança das relações jurídicas, porque são travadas com base em normas presumidamente constitucionais.

### 3.2.7.7 A pronúncia de inconstitucionalidade em sede de medida liminar

Como compatibilizar o pressuposto da relevância do fundamento com o princípio da presunção da constitucionalidade?

Para nós, o mencionado pressuposto diz respeito à causa de pedir próxima e à remota. Esclareçamos. No mandado de segurança em que se discute a inconstitucionalidade de determinada norma jurídica, esta matéria tem a natureza de questão (ou de mero ponto) prejudicial, sendo resolvido incidentalmente. O objeto principal da demanda não é a inconstitucionalidade, e, sim, a existência ou a possível prática de ato coator com base em lei inconstitucional.

No entanto, no que se refere à questão constitucional, não se pode exigir a formação de um juízo de alta probabilidade, posto que é realmente incompatível com a presunção de constitucionalidade das normas jurídicas. O impetrante deve demonstrar a *plausibilidade* da inconstitucionalidade, para justificar a suspensão ou o impedimento da prática do ato coator. Certeza quanto à inconstitucionalidade só poderá ser atestada em sede de cognição exauriente, ou seja, na sentença, reafirme-se.

Sendo assim, o pressuposto para a concessão da medida liminar no caso em epígrafe deve ser relativizado, em relação à questão constitucional, em face do princípio da presunção da constitucionalidade das leis. A relevância dos fundamentos, em outros termos, manifesta-se diferentemente em relação aos fundamentos jurídicos do pedido. Para a causa de pedir remota, basta a *plausibilidade*; para a causa de pedir próxima exige-se um *alto grau de probabilidade*.

### 3.2.7.8 Revogação da liminar e declaração de constitucionalidade

A suspensão da eficácia de determinada norma jurídica em sede de medida liminar em mandado de segurança também pode ser objeto de revogação em todas as situações indicadas no item 3.2.7.3.1, acima.

Com relação à existência de fato novo, cabe observar que essa situação poderá ocorrer diante da pronúncia de constitucionalidade pelo Supremo Tribunal Federal da norma impugnada pelo *writ* no caso concreto.

Se a decisão do Pretório Excelso for proferida em julgamento de Ação Direta de Inconstitucionalidade ou de Ação Declaratória de Constitucionalidade, é indiscutível a necessidade de revogação da liminar, porque o provimento da Corte Maior tem efeito vinculante (art. 28, Lei 9.868/1999).

Tratando-se de decisão em controle difuso, embora não apresente a aludida eficácia, confirma a presunção de constitucionalidade, mas não impõe a necessidade de revogação da medida liminar.

De igual modo, a denegação da medida liminar em ADI ou ADC não importa na revogação da liminar, eis que tal decisão não certifica a validade da norma, limitando-se em assegurar a manutenção da sua vigência e da sua eficácia.

De qualquer sorte, nas hipóteses de revogação, esta se apresentará como um dever do magistrado.

### 3.3 Processo de execução e controle de constitucionalidade

#### 3.3.1 Delimitação do tema

O controle difuso de constitucionalidade das leis representa um mecanismo eficaz posto à disposição do jurisdicionado para de insurgir contra os atos do Poder Público praticados com base em normas inconstitucionais.

Vários remédios jurídicos podem ser utilizados para deflagrar o procedimento de fiscalização. No presente item busca-se investigar a possibilidade de discussão da inconstitucionalidade de lei ou de ato normativo no processo de execução. Há diversas questões polêmicas que gravitam ao redor desse tema, tais como: a inconstitucionalidade pode ser argüida na impugnação do executado? Os limites à cognição na impugnação impedem a discussão do tema da inconstitucionalidade? O problema da inconstitucionalidade pode ser objeto da exceção de pré-executividade? E a existência de decisão de inconstitucionalidade? Aplica-se à mencionada exceção a inovação veiculada pela regra do art. 741, parágrafo único, do CPC?

#### 3.3.2 Cumprimento da sentença
e fiscalização difusa de constitucionalidade

3.3.2.1 Finalidade do processo executivo

O processo de execução é aquele que se destina à realização coativa do direito do credor, reconhecido em título judicial ou extrajudicial. Trata-se, portanto, de processo de natureza satisfativa.

ASPECTOS PROCESSUAIS 141

Tratando-se de processo de execução por título judicial, era precedido necessariamente de um processo de cognição com eficácia predominantemente condenatória, no qual se impunha a uma das partes o cumprimento de uma obrigação de dar, fazer ou não-fazer. A execução servia para aplicar a sanção ao devedor inadimplente. Existia uma cisão entre cognição e execução, que ocorriam em procedimentos autônomos e distintos.

Sendo assim, no procedimento em tela não se admitia a apresentação de defesa (resposta do réu), posto que a matéria relativa ao mérito da causa já teria sido objeto de análise dentro do processo de cognição.

Todavia, atendendo-se ao princípio do contraditório, a lei admitia que o devedor se insurgisse contra o procedimento em análise por meio de uma ação autônoma de impugnação: os embargos do executado.

Com a promulgação da Lei 11.232/2005, esse quadro foi alterado, admitindo-se a execução nos mesmos autos do procedimento de cognição. Assim, a execução perdeu a sua autonomia como novo processo, passando a representar mera fase do procedimento ordinário, denominada de "cumprimento da sentença".

Nesse contexto, o devedor poderá se insurgir contra a realização coativa do direito do credor, por meio de um incidente processual, denominado de impugnação do executado, regulado pelos arts. 475-J a 475-M.

Considerando o objetivo perseguido na fase processual epigrafada, a cognição de tal incidente é limitada a determinadas matérias, previstas no art. 475-L do Código de Processo Civil.

Dentre tais matérias, a lei permitiu expressamente a desconstituição do título em face da presença de decisão de inconstitucionalidade do Supremo Tribunal Federal sobre a lei que embasou aquele provimento (CPC, art. 475-L, § 1º), seguindo-se a postura encampada pelo art. 741, parágrafo único.

Logo, é indiscutível a possibilidade de alegação da inconstitucionalidade na situação prevista no aludido enunciado prescritivo, *ex vi legis*. Resta, contudo, uma indagação: se a Corte Maior não tiver se manifestado sobre a matéria, ainda assim a parte poderá discutir, em sede de embargos, a inconstitucionalidade da lei?

3.3.2.2 A cognição na impugnação do executado

Malgrado o legislador tenha elencado o rol das questões que poderão ser aventadas na impugnação do executado (CPC, art. 475-L), como salientado anteriormente, tem-se admitido em sede doutrinária que esse dispositivo veicula hipótese de enumeração meramente exemplificativa. Analisando o problema, leciona Araken de Assis: "Sem nenhuma ofensa ao seu caráter sumário a impugnação do art. 475-L compreenderá quaisquer questões passíveis de conhecimento *ex officio* pelo juiz".[40] E conclui: "O emprego do pronome "qualquer", no início do inciso VI do art. 475-L, e do advérbio "como" antes da explicitação das exceções admissíveis, salvo engano, denota o cunho exemplificativo do rol".[41] Por conseguinte, outras matérias, além daquelas indicadas no art. 475-L do CPC, poderão ser alegadas pelo devedor. Eis o primeiro argumento para se defender a possibilidade de alegação da questão constitucional.

Outrossim, tratando-se de fiscalização difusa, a Constituição não impôs restrições ao seu exercício pelos órgãos do primeiro grau de jurisdição, não podendo o legislador infraconstitucional fazê-lo. Vale dizer, o controle difuso de constitucionalidade é amplo, não comportando limitações por meio de normas infraconstitucionais, posto que o Poder controlado não pode restringir a ação do órgão controlador (Poder Judiciário).

Por tais razões, parece-nos que a discussão da existência de inconstitucionalidade na lei que fundamentou o título exeqüendo, ainda não resolvida em caráter definitivo pelo Pretório Excelso, embora não integre o conjunto do art. 475-L do CPC, pode ser tranquilamente invocada na impugnação do executado porque é meio de provocação do exercício do controle difuso de constitucionalidade – insuscetível de restrições, reafirme-se.

Cabe observar, no entanto, que a impugnação não constitui o único meio de defesa do devedor. A doutrina e a jurisprudência também reconhecem a possibilidade de utilização de outro instrumento, o que nos remete à analise da possibilidade de sua utilização em sede de controle difuso.

### 3.3.3 Exceção de pré-executividade

#### 3.3.3.1 Perfil do instituto

A exceção de pré-executividade é um instituto criado pela doutrina do inesgotável Pontes de Miranda na década de 1960 – em famoso parecer elaborado a pedido da Companhia Siderúrgica Mannesmann – por

---
40. *Cumprimento da Sentença*, pp. 317-318.
41. Idem, ibidem, p. 318.

meio do qual o executado pode se insurgir contra processo de execução viciado, sem a necessidade de oferecimento de garantia do Juízo.[42]

Evita-se, destarte, a oposição de embargos do devedor, remédio jurídico em que se exercita o direito de defesa no processo de execução, vale reafirmar.

Como se trata de instrumento sem previsão no ordenamento jurídico, a doutrina tem entendido que inexiste prazo para o seu oferecimento. No entanto, só poderá ser apresentada a mencionada exceção após o deferimento da petição inicial do processo executivo, antes da realização da penhora.

A exceção em pauta deverá ser apresentada por meio de simples petição, sobre a qual o exeqüente deverá ser intimado para se manifestar em prazo assinalado pelo juiz. É possível, contudo, que seja liminarmente rejeitada nas hipóteses em que seu cabimento é inadmissível, como, por exemplo, quando se pretende discutir matéria alegável por meio dos embargos do devedor, que requeira instrução probatória.

Sendo assim, o simples oferecimento da exceção não importa na suspensão do processo executivo. Faz-se mister, portanto, ato do juiz reconhecendo este efeito.

Admitida a exceção, após a apresentação da manifestação do exeqüente, será examinada a insurgência do devedor, sendo descabida a fase instrutória.

A questão que tem gerado maior controvérsia no plano doutrinário e jurisprudencial é acerca do objeto da exceção em epígrafe, ou seja, quais são as matérias que poderão ser invocadas por meio deste remédio jurídico, o que será analisado em seguida.

### 3.3.3.2 Objeto

A exceção de pré-executividade deve ser admitida excepcionalmente, vale dizer, só tem cabimento nas hipóteses em que a invalidade do processo de execução se apresenta de maneira clara e induvidosa.

---

42. Hodiernamente a maioria esmagadora da doutrina posiciona-se a favor do cabimento da exceção de pré-executividade. Nesse sentido, por exemplo, inclina-se o magistério de Cândido Dinamarco: "é preciso debelar o *mito dos embargos*, que leva os juízes a uma atitude de espera, postergando o conhecimento de questões que poderiam e deveriam ter sido levantadas e conhecidas liminarmente, ou talvez condicionando o seu conhecimento à oposição destes" (*Execução Civil*, p. 451, *grifos do autor*).

Isso significa, em outros termos, que não representa um sucedâneo da impugnação do executado ou dos embargos do devedor (na execução contra a Fazenda Pública). Estes são remédios específicos para o ataque ao mérito na fase de cumprimento da sentença ou na execução. Aquela só poderá ser agitada quando o devedor desejar invocar matéria de ordem pública, suscetível de ser conhecida de ofício pelo Juiz, cujo exame não demandar dilação probatória.[43]

No entanto, há determinadas questões que poderão ser veiculadas pelos três instrumentos, como será a seguir examinado.

Em primeiro lugar, a ausência de pressupostos processuais de constituição e de desenvolvimento válido da relação processual e das condições da ação poderá ser alegada na exceção em tela (CPC, art. 267, § 3º).[44]

Em segundo lugar, outras matérias de ordem pública, não elencadas pelo art. 267,§ 3º, do CPC, também poderão ser apreciadas na exceção de pré-executividade, como por exemplo, a existência de decadência e de prescrição.[45]

Quando a questão puder ser discutida tanto na impugnação quanto na exceção em pauta, esta será admitida tão-somente se a matéria não necessitar de instrução probatória para ser dirimida.

### 3.3.3.3 Possibilidade de alegação de questão constitucional

Pode o devedor alegar, em sede de exceção de pré-executividade, a inconstitucionalidade da lei em que se baseou o título exeqüendo?

Cabe reafirmar que a invalidade de lei ou ato normativo em face da Constituição Federal é matéria de ordem pública, o que, por si só, já autoriza a sua alegação por meio do instrumento em tela. Ademais, o controle difuso de constitucionalidade das leis é amplo, não sofrendo qualquer restrição no que diz respeito àqueles remédios jurídicos em que a cognição é previamente limitada pelo legislador (ex.: ação de consignação em pagamento, embargos à execução). Tais limites não atingem a fiscalização difusa, que tem fundamento constitucional.

---

43. STJ, 4ª T., REsp 207.357, rel. Min. Sálvio de Figueiredo Teixeira, *DJU* 23.6.2003.
44. STJ, 3ª T., REsp 6.138, rel. Min. Carlos Alberto Menezes Direito, *DJU* 23.6.2003.
45. STJ, 3ª T., AgRg no Ag 482.503, rel. Min Carlos Alberto Menezes Direito, *DJU* 30.6.2003

Por fim, cabe observar que a inconstitucionalidade é questão de direito, não demandando instrução probatória, portanto.

Nada obsta, desse modo, que o devedor alegue, por meio da aludida exceção, que o título executivo se fundamenta em decisão que aplicou lei inválida. No entanto, a conduta do executado no processo de cognição formador do título pode impedir a apresentação deste fundamento. Isto ocorre quando o réu invoca na ação de conhecimento a inconstitucionalidade, não obtendo êxito em sua insurgência, rejeitando o juiz esta alegação.

Em outras palavras, nesta situação terá ocorrido a preclusão consumativa, não podendo a questão constitucional ser novamente ventilada na exceção epigrafada.

E se existir decisão de inconstitucionalidade do Supremo Tribunal Federal sobre a matéria, poderá esta ser objeto de exceção?

### 3.3.3.4 Existência de decisão de inconstitucionalidade

O legislador pátrio tentou criar uma solução para o problema da coisa julgada fundada em norma declarada inconstitucional, procurando, destarte, preservar o princípio da legalidade constitucional. Para alcançar esse desiderato, foi inserido, inicialmente, o parágrafo único no art. 741 do CPC,[46] possibilitando a desconstituição de títulos judiciais fundamentados em aplicação de norma reconhecida como inconstitucional pelo Pretório Excelso.

Esse dispositivo refere-se ao "título judicial fundado em lei ou ato normativo declarados inconstitucionais pelo Supremo Tribunal Federal ou em aplicação ou interpretação tidas por incompatíveis com a Constituição Federal".

Podem-se identificar os seguintes atributos da decisão de inconstitucionalidade a que se refere o parágrafo único do art. 741 e o art. 475-L, § 1º, ambos do CPC: i) pode ter por objeto lei ou ato normativo; ii) pode ter sido proferida em processo de controle difuso, ou abstrato; iii) em caso de controle difuso, é dispensável a expedição da Resolução do Senado Federal; iv) a decisão pode ter utilizado qualquer técnica de pronúncia da inconstitucionalidade; v) se a decisão tiver efeitos *ex tunc,* será irrelevante a data da formação do título impugnado; vi) caso o STF tenha atribuído eficácia *ex nunc* à decisão de inconstitucionalidade, o

---

46. Posteriormente, a Lei 11.232/2005 incluiu idêntico dispositivo no âmbito da impugnação do executado (CPC, art. 475-L, § 1º).

título necessariamente deverá ter sido constituído após a pronúncia de invalidade da norma infraconstitucional.

Não há como se negar a possibilidade de alegação da existência desse tipo de decisão ao âmbito da exceção de pré-executividade, porque também versa sobre matéria de ordem pública, que não necessita de alegação da parte para ser conhecida pelo juiz. Ademais, o fato de o legislador ter inserido essa matéria no âmbito do objeto dos embargos do devedor, na execução contra a Fazenda Pública, e na impugnação do executado, não exclui a possibilidade de ser invocada por meio do instrumento jurídico em exame. Como dito anteriormente, algumas condições da ação também podem ser alegadas em sede de embargos, como, por exemplo, a ilegitimidade das partes (CPC, art. 741, III), e nem por isso existe óbice à sua discussão na exceção de pré-executividade.[47]

Ressalte-se, contudo, que se tal matéria (existência de decisão de inconstitucionalidade do STF) já tiver sido discutida e rejeitada no processo de cognição, em face da preclusão consumativa, não poderá ser renovada na presente exceção.

Destarte, conclui-se que a inconstitucionalidade da lei pode ser discutida por meio da exceção em tela em duas situações: a) inexistência de decisão de inconstitucionalidade do STF; b) existência de pronúncia de inconstitucionalidade do Pretório Excelso a respeito da matéria. Em qualquer situação, deve-se observar o requisito negativo da ausência de preclusão.

### 3.4 Tutela cautelar e controle de constitucionalidade

#### 3.4.1 Tutela cautelar

A tutela jurisdicional é a outorga pelo Estado-Juiz de um bem da vida postulado por meio do exercício do direito de ação.

Há três tipos de tutela jurisdicional: *reparatória*, *preventiva* e *integrativa*.[48] Todas se manifestam por meio de providências jurisdicionais adequadas à pretensão deduzida em juízo. Com a primeira, atribui-se a alguém um bem da vida que lhe foi negado por quem tinha o dever jurídico de cumprir determinada prestação, mas não o fez. Por meio da segunda, evita-se a consumação de uma violação a direito subjetivo. Já

---

47. Desde que o seu exame não requeira dilação probatória, obviamente.
48. Cf. J. J. Calmon de Passos, *Comentários ao Código de Processo Civil*, vol. X, t. I, pp. 41-43.

na tutela integrativa, o ordenamento jurídico impede a satisfação de interesse individual por meio de simples manifestação de vontade, exigindo que esta seja acompanhada de um provimento jurisdicional (ex.: ações constitutivas necessárias).

A tutela preventiva relaciona-se com uma pretensão de direito material à segurança. Vale dizer, a base da postulação é uma pretensão à segurança de um bem da vida, objeto de um direito jurisdicionalmente certificado, ou em vias de sê-lo.[49] A pretensão de direito material é o poder de exigir.[50] É conteúdo de um direito subjetivo. Esta não se confunde com a pretensão à tutela jurídica, a qual é atribuída a quem afirme a existência de uma situação de direito material, invocando a sua tutela por meio da jurisdição.[51]

A pretensão à segurança de direito material é a pretensão à realização fática do ordenamento jurídico, na síntese precisa de Ovídio Baptista da Silva.[52] Ou seja, trata-se de um mecanismo inerente aos sistemas jurídicos para assegurar a realização dos direitos subjetivos outorgados pelas normas jurídicas. Em outros termos, é a pretensão à eficácia social (efetividade) das regras do direito. Em nosso ordenamento, tem fundamento constitucional, no princípio da inafastabilidade do controle jurisdicional (CF, art. 5º, XXXV).

A tutela preventiva diversifica-se conforme a natureza do bem jurídico a ser protegido pelo exercício da jurisdição. Isso porque o Estado previne lesões a bens jurídicos e direito material e também a possibilidade de estes sequer poderem ser tutelados por meio do processo, caso persista determinada situação de perigo. Tutela-se, pois, o processo. No primeiro caso, a tutela preventiva tem fundamento no direito material. Já, no segundo caso, o fundamento é o direito processual. Como observava o saudoso e insuperável Calmon de Passos, "o que se previne e resguarda, aqui, não é o bem da vida a ser atribuído a alguém, segundo o direito material, mas a própria tutela jurisdicional, posta sob o risco ou perigo de se frustrar em sua efetividade ou em seu alcance".[53]

A pretensão à segurança de direito substancial é veiculada por meio das ações de cognição e de execução, enquanto a pretensão à efetivida-

49. Cf. J. J. Calmon de Passos, *Comentários* ..., p. 44.
50. Cf. Pontes de Miranda, *Tratado de Direito Privado*, t. 5, p. 503.
51. Cf. Ovídio A. Baptista da Silva, *A Ação Cautelar Inominada no Direito Brasileiro*, p. 139.
52. Idem, ibidem, p. 153.
53. Idem, ibidem, p. 45.

de do processo (resultado útil do processo) é manifestada por meio das ações cautelares.[54]

Dessa forma, por meio da tutela cautelar o Estado-Juiz protege o processo, de maneira imediata, e não o direito material. Este é protegido por via reflexa, caso seja plausível, como será adiante examinado.

O escopo da tutela cautelar produz como conseqüência a existência de um tipo específico de cognição nos processos cautelares, aspecto que demanda um exame mais aprofundado.

### 3.4.2 A cognição

A cognição (conhecimento), em termos filosóficos, é uma técnica para avaliação de um objeto ou a disponibilidade de uma técnica semelhante.[55] Esta técnica consiste num procedimento idôneo à descrição do objeto.[56] Em outros termos, a cognição é um procedimento de verificação.

Na teoria do direito processual civil a cognição aparece como um procedimento direcionado à análise e valoração dos fatos, das provas e do fundamento jurídico do pedido. Isto é, consiste numa técnica para avaliação das questões de fato e de direito deduzidas pelas partes em suas postulações iniciais e no curso do desenvolvimento do processo.[57] A cognição, portanto, é uma seqüência de atos que iniciam a decisão, fornecendo informações para a construção da motivação.

Objeto da cognição são os pressuposto processuais, as condições da ação e o mérito da demanda. No entanto, em alguns procedimentos, considerando o direito material a que buscam dar atuação, o legislador restringiu a cognição, motivo pelo qual é possível elaborar uma classificação dos tipos de cognição.

Sobre esse mister, adotamos a linha doutrinária defendida por Kazuo Watanabe, em clássico estudo sobre o tema.[58] A seu sentir, a cogni-

---

54. Cf. Calmon de Passos, *Comentários* ..., p. 45. O eminente doutrinador estabelece de maneira precisa o objeto da tutela cautelar: "A ação cautelar tutela o processo não o direito material. O processo cautelar é processo a serviço do processo, não processo a serviço do direito material" (p. 46).
55. Cf. Nicola Abbagnano, *Dicionário de Filosofia*, p. 174.
56. O tema do conhecimento sempre foi caro à filosofia. Atualmente há duas grandes orientações sobre o assunto: o racionalismo e o empirismo. Para a primeira, a fonte do conhecimento é a razão, enquanto para segunda é a experiência sensível.
57. Cf. Kazuo Watanabe, *Da Cognição no Processo Civil*, p. 41.
58. Ob. cit., pp. 83-91.

ção pode ser visualizada em dois planos: horizontal (amplitude) e vertical (profundidade).[59] No aspecto horizontal, a cognição tem a ver com os pressupostos processuais, condições de ação e mérito, podendo ser classificada em *plena* ou *limitada*. Já no vertical, a cognição é classificada com base na profundidade do exame do juiz quanto ao objeto cognoscível, em *exauriente* (completa) e *sumária* (incompleta).[60]

Os quatro tipos podem ser combinados entre si, dando origem, em nosso entendimento,[61] às seguintes modalidades: a) procedimento de cognição plena e exauriente (ex.: procedimento ordinário e sumário etc.); b) cognição limitada e exaurinte (ex.: conversão de separação em divórcio, embargos de terceiro etc.), no qual inexiste limite no sentido vertical, mas há restrição quanto à amplitude do debate das partes, ou seja, a lei restringe a matéria alegável; c) cognição eventual, plena ou limitada e exauriente (ex.: ação de prestação de contas, ação monitória), em que a cognição depende da iniciativa do réu; d) cognição plena ou limitada e sumária (ex.: procedimento cautelar), no qual existe ou não amplitude, no sentido horizontal, mas a profundidade de cognição não atinge o mérito da causa, o qual compreende o exame do direito material.

No presente momento interessa-nos a cognição própria das ações cautelares.

### 3.4.3 A cognição no processo cautelar

Como salientado anteriormente, no processo cautelar a parte autora deduz em juízo uma pretensão à segurança de direito processual. O escopo do processo é assegurar a futura tutela do processo de cognição ou de execução. Procura-se, desse modo, realizar o direito à efetividade do processo, que parte da doutrina denomina de direito à ordem jurídica justa.

Por esse motivo, nos procedimento cautelares busca-se a formação de um juízo de probabilidade ou de verossimilhança do direito material, e não um juízo de certeza, este objeto de uma tutela repressiva, ou preventiva de caráter material. Conseguintemente, a tutela cautelar não produz coisa julgada material,[62] posto que não examina em toda a sua

---

59. Idem, ibidem, p. 83.
60. Idem, ibidem.
61. Neste particular, divergimos de Kazuo Watanabe, que apresenta classificação um pouco diversa daquela por nós sustentada neste estudo (cf. *Da Cognição* ..., pp. 84-91).
62. Salvo se a sentença declarar a prescrição ou a decadência.

profundidade a pretensão de direito material. Quadra reafirmar aqui que a pretensão deste procedimento é de natureza processual, sendo o direito material protegido apenas de maneira mediata, na medida em que o resultado útil do processo em que figura como objeto é assegurado.

Destarte, nos procedimentos em exame a cognição é *sumária*, em sentido vertical, podendo ser plena ou limitada, no aspecto horizontal, a depender do procedimento.

A limitação vertical da cognição representa um obstáculo à alegação pelo administrado e, por conseguinte, a apreciação do tema da inconstitucionalidade da lei? A análise do problema passa necessariamente pelo exame do mérito da ação cautelar.

### 3.4.4 O "fumus boni juris" e o "periculum in mora"

O *fumus boni juris* e o *periculum in mora*, conceitos de criação medieval,[63] compõem o mérito da ação cautelar, que nada tem a ver com o mérito da ação em que se concederá a tutela definitiva (reparatória ou preventiva, de caráter material).

A doutrina e a jurisprudência têm sustentado que o *fumus boni juris* é a plausibilidade do direito material a ser reconhecido na tutela definitiva.[64] Diz respeito a uma cognição superficial do mérito da ação principal.[65] Vale dizer, com base nos fundamentos jurídicos do pedido da cautelar, que se relacionam diretamente com o pedido da ação principal, o juiz deverá formar, diante das provas produzidas no processo cautelar, um juízo de probabilidade quanto à existência do direito material da parte, objeto de tutela na ação principal. Há, desse modo, indiscutivelmente, uma relação entre o mérito da cautelar e o da ação principal.

Já o *periculum in mora* relaciona-se com uma situação de perigo para o direito material da parte, objeto do processo principal. Este requi-

---

63. A propósito, observa Ovídio Baptista da Silva que "a locução 'fumus boni juris' a que recorreu a doutrina medieval para significar a índole da cognição judicial, nos juízos sumários, dentre os quais as cautelares, tem parentesco próximo com o conceito de 'causæ cognitio' a que se referem as fontes romanas, quando querem explicar a natureza da cognição pretoriana no juízo interdital e em outros momentos também" (*A Ação Cautelar Inominada ...*, p. 215).

64. Corrente minoritária da doutrina tem sustentado uma "visão moderna" do *fumus boni juris*, afirmando que este é a probabilidade do direito da parte ao processo, e não do direito material (cf. Humberto Theodoro Júnior, *Processo Cautelar*, pp. 76-77), posição com a qual não concordamos.

65. Cf. J. J. Calmon de Passos, *Comentários*, vol. X, t. I, p. 101.

sito configurar-se-á com os seguintes pressupostos: a) prática de ato de uma das partes do processo; b) possibilidade de que esta conduta cause uma lesão grave e de difícil reparação; c) que isso proporcione um risco à satisfação do direito material, postulada na ação principal. Em outras palavras, deve existir receio de que a conduta do autor ou réu, incluindo-se os litisconsortes, venha proporcionar uma lesão (de natureza econômica, ou não) grave a quem ajuíza a ação cautelar, comprometendo a realização fática do seu direito por meio da tutela definitiva.

Vejamos, então, se o juízo de probabilidade impede o reconhecimento da inconstitucionalidade em sede de tutela cautelar. Para desvendar a questão, recordemos uma premissa: o controle de constitucionalidade tem fundamento constitucional.

### 3.4.5 Possibilidade de apreciação da inconstitucionalidade em processos cautelares

A conclusão acima extraída atinge em cheio o processo cautelar, no qual há restrição à cognição, no aspecto vertical, em face da natureza da pretensão deduzida em juízo e do escopo da tutela cautelar. Isso significa que nesse tipo de procedimento a inconstitucionalidade pode ser argüida.

Todavia, como se busca a formação de um juízo de probabilidade, e não de certeza, quadra relembrar, o juiz não deve declarar a inconstitucionalidade. A decisão cautelar, caso estejam presentes os requisitos do *fumus boni juris* e do *periculum in mora*, deve ser no sentido de suspensão da aplicação, no caso concreto, dos efeitos do ato jurídico praticado com base em norma supostamente inconstitucional. Reafirme-se: norma "supostamente" inconstitucional, porque o juízo definitivo sobre a inconstitucionalidade será formado na ação principal. No processo cautelar basta um juízo de "probabilidade" da violação à Constituição, e nada mais.

No caso, o juiz vai proferir uma decisão com eficácia predominantemente mandamental,[66] isto é, vai ordenar a suspensão dos efeitos ou impedir a prática de ato fundamentado em norma inconstitucional. A presença deste tipo de eficácia na tutela cautelar foi esclarecida na doutrina pátria por Ovídio Baptista da Silva, ao afirmar que "o juiz, ao conceder o arresto, ou outra medida cautelar, mais ordena como poder

---

66. Esta decisão obviamente vai apresentar um pequeno grau de declaratividade, posto que a eficácia mandamental vai se apoiar nesta certificação.

estatal do que julga".[67] E arremata: "tendo em vista a peculiar natureza da cognição judicial própria da ação cautelar, inclinamo-nos no sentido de admitir que toda decisão cautelar seja de natureza mandamental".[68] Em outros termos, no processo cautelar, de cognição sumária, portanto, o juiz pode determinar a prática ou a abstenção de ato, mesmo sem decidir definitivamente a controvérsia. Ex.: contribuinte postula em sede de tutela cautelar a suspensão do procedimento de inscrição do débito na dívida ativa, por ser inconstitucional a lei instituidora do tributo.

E nem se diga que o princípio da presunção da constitucionalidade das leis impede a prolação deste tipo de decisão. Este não tem qualquer relação com a possibilidade de concessão da cautela para afastar a aplicação de norma inconstitucional. Esse princípio, como examinado anteriormente, significa, em breve síntese, que: a) na dúvida, a presunção é de constitucionalidade da lei; b) ninguém pode se escusar de aplicar a lei sob a alegação de inconstitucionalidade. No processo cautelar forma-se um juízo de probabilidade, e não de dúvida. A inconstitucionalidade exige certificação, mas isso não impede a formação de um juízo de plausibilidade quanto à sua existência.

A prevalecer entendimento contrário àquele ora defendido, os atos jurídicos inválidos não poderão ser questionados em sede de tutela cautelar. Ex.: cautelar para que determinado indivíduo fique desobrigado de cumprir certo contrato, por ter sido praticado sob coação.

Tanto a presunção de constitucionalidade como a de validade servem para assegurar a coesão do sistema jurídico, mas não afastam a possibilidade de aplicação do princípio da inafastabilidade do controle jurisdicional, fundamento constitucional da tutela jurisdicional, em todas as suas modalidades.

Dúvidas inexistem, em face dos argumentos expostos, que o procedimento cautelar é adequado à alegação da inconstitucionalidade de lei ou de norma jurídica.

### 3.4.6 *Procedimentos em que se admite a alegação da inconstitucionalidade*

Nem todos os procedimentos disciplinados no Livro III do CPC veiculam pretensões à segurança processual, ou seja, pretensões cautelares. Segundo uma tendência já existente no Código de 1939, o legislador achou por bem outorgar a determinadas pretensões de direito material,

---

67. *A Ação Cautelar Inominada no Direito Brasileiro*, p. 200.
68. Idem, p. 219.

que nada têm de cautelar, o procedimento típico das medidas cautelares. Assim, é possível identificar, nessa parte do CPC, medidas cautelares e medidas substanciais, estas apenas procedimentalmente cautelares.

Nos procedimentos que têm por objeto uma pretensão cautelar, as partes podem argüir a inconstitucionalidade de lei, como salientado anteriormente. Todavia, naqueles que buscam o deferimento de medidas substanciais, essa possibilidade é incompatível com a respectiva estrutura procedimental e com a pretensão de direito material. Assim, por exemplo, não se pode alegar a inconstitucionalidade no procedimento de posse em nome do nascituro, pois esta matéria não se coaduna com a pretensão e a estrutura gizada pelos arts. 877 e 878 do CPC. De igual modo, não se figura possível fazer tal alegação no procedimento de justificação, de protesto, de homologação do penhor legal etc.

A impossibilidade defendida não resulta da limitação horizontal da cognição, traçada pelo legislador. O que veda a discussão da questão constitucional é a pretensão de direito material, com base na qual o procedimento foi estruturado pelo legislador.

Portanto, nem todos os procedimentos cautelares previstos pelo Livro III do CPC comportam a alegação da inconstitucionalidade das leis.

### 3.4.7 Cabimento de medida liminar

A medida liminar *inaudita altera parte*, prevista pelo art. 804 do CPC, também pode ser concedida para suspender a aplicação de determinado ato jurídico praticado com base em norma supostamente inconstitucional, desde que estejam presentes o *fumus boni juris,* o *periculum in mora* e um requisito específico: possibilidade de que a ciência do réu possa tornar ineficaz a medida.

Inexiste qualquer peculiaridade que obste a concessão da medida na hipótese em estudo, o que nos leva a concluir que a tutela cautelar, neste caso, pode ser concedida na medida liminar ou na sentença.

### 3.5 Temas relacionados aos aspectos processuais do controle difuso

### 3.5.1 Súmula vinculante

3.5.1.1 Demarcação do objeto de estudo

O presente tópico destina-se ao exame, sob o prisma constitucional, da súmula com efeito vinculante, introduzida em nosso ordenamento pela Emenda Constitucional 45/2004.

Serão abordadas várias questões polêmicas que gravitam ao redor do tema, a exemplo dos pressupostos constitucionais do novo instituto, possibilidade de cancelamento, revisão, natureza da súmula e conseqüências jurídicas do seu descumprimento.

Tentar-se-á, desta forma, apresentar uma pequena contribuição para análise e discussão sobre tema recente em nosso sistema, de contornos ainda imprecisos.

### 3.5.1.2 Os grandes sistemas de direito

No mundo ocidental há basicamente dois grandes tipos de sistemas jurídicos: o romano-germânico (continental europeu) e o da *common law*. O primeiro se formou na Europa Continental, a partir do século XIII, sobre a base do direito romano. Foi graças aos esforços das universidades européias que este sistema foi elaborado e desenvolvido, com fundamento em compilações do Imperador Justiniano. Influenciado por cinco séculos pela doutrina, passou, posteriormente, ao domínio da legislação.[69] Este sistema foi concebido para regular as relações entre os cidadãos, motivo pelo qual predominava, inicialmente, os princípios do direito civil.

O da *common law* desenvolveu-se de maneira autônoma na Inglaterra, a partir de 1066, com a conquista normanda, que trouxe para esse país um poder real forte e centralizado.[70] Quando a paz do reino estava ameaçada, ou quando algum acontecimento importante justificasse a intervenção real, os Tribunais Reais atuavam, surgindo daí um direito nitidamente de caráter público.

Ambos os sistemas se expandiram por força da colonização e recepção nos países dominados pelos europeus.

Há grandes traços de distinção entre tais tipos de sistemas de direito, dentre os quais pode-se mencionar as diferentes origens, fontes do direito e desenvolvimento histórico, bem como a metodologia utilizada: enquanto na *common law* predomina o casuísmo, o precedente, o sistema romano-germânico fundamenta-se na legislação.

### 3.5.1.3 O precedente na *common law*

A nota típica do direito inglês é a criação jurisprudencial, daí por que se afirma que o seu método é o da "jurisprudência do caso" (*case*

---

69. Cf. René David, *Os Grandes Sistemas do Direito Contemporâneo*, pp. 17-32.
70. Cf. René David, ob. cit., pp. 284-288.

*law*) e o do valor futuro do precedente, que necessariamente deve ser reiterado em julgamentos futuros (doutrina do *stare decisis*).[71] O costume popular nenhuma importância tem neste sistema jurídico. O que interessa é a prática dos tribunais, a jurisprudência.

O precedente pode ser definido como a decisão jurisdicional que veicula um princípio jurídico, com grau de abstração suficiente para ser aplicado a casos futuros e análogos.

Nos países que adotam o sistema da *common law*, impera o princípio da obrigatoriedade do precedente, segundo o qual todos os tribunais estão vinculados às decisões das cortes superiores e estas também se vinculam às decisões da Corte Suprema, as quais, por sua vez, não podem se divorciar dos seus próprios precedentes.

O precedente inglês se vincula, originariamente, à *teoria declarativa do direito*, concepção que sustentava que o juiz certificava o direito já existente. Posteriormente, a *teoria da criação do direito* passou a fundamentá-lo (*judge made law*).

De qualquer sorte, a sua utilização em tal sistema sempre objetivou a realização da segurança jurídica, da certeza e da uniformidade das decisões.

Convém observar, todavia, que há determinadas decisões que não vinculam, como as *obter dicta*, que são as afirmações ou argumentos incidentais, colaterais, que integram as decisões, sem fundamentá-las.

Precedentes vinculantes, no direito inglês, são as decisões da Casa dos Lordes, quando atua como Tribunal de Justiça, dos demais Tribunais Superiores e da *Court of Appeal*.[72] Exige-se uma perfeita identidade entre o caso a decidir e o precedente, para que a vinculação se configure. É possível, também, falar numa vinculação relativa, que se faz presente quando os Tribunais têm o mesmo grau.[73]

Nos Estados Unidos da América, o precedente jamais apresentou a mesma força vinculante do direito inglês, devido aos seguintes fatores: a existência de um Estado Federal, estruturado com base numa Constituição, e a proliferação de leis escritas.

---

71. Cf. José Luis Vásquez Sotelo, "A jurisprudência vinculante na 'common law' e na 'civil law'", *XVI Jornadas Ibero-Americanas de Direito Processual*, p. 344.

72. Atualmente a Casa dos Lordes não funciona mais como a mais alta corte inglesa, posição ora ocupada pela Suprema Corte do Reino Unido.

73. Cf. José Luis Vásquez Sotelo, ob. cit., p. 360.

A presença de uma Constituição escrita demandou o surgimento do *judicial review* para assegurar a supremacia constitucional, fator que grande influência exerceu na força vinculante do precedente.

### 3.5.1.4 O *stare decisis*

*Stare decisis* significa "a força vinculante que nos países de *common law* corresponde a um precedente cuja *ratio decidendi* se ajusta exatamente ao caso a resolver".[74] Em outras palavras, significa estar vinculado ao que foi decidido.

A vinculação do *stare decisis* pode manifestar-se em sentido horizontal ou vertical. No primeiro, obriga os tribunais a respeitar seus próprios precedentes. Já o segundo, refere-se à obrigação dos tribunais (do sistema da *common law*) de adotarem os precedentes das Cortes hierarquicamente superiores.

Fundamentado na segurança jurídica, o *stare decisis* não impede, todavia, o desenvolvimento do direito. Há técnicas de desvinculação que possibilitam a evolução da jurisprudência: *overstatement* e *overrruling*.

*Overstatement* é a faculdade que detém a Corte Suprema para reformular o precedente a fim de atribuir-lhe um sentido necessário para aplicação futura. Já o *overruling* equivale ao poder que tem a Corte de suprimir ou de revogar o precedente, por ser errôneo ou injusto.[75]

### 3.5.1.5 A jurisprudência dominante no sistema romano-germânico

No sistema romano-germânico (continental europeu), geralmente há um órgão supremo na organização do Poder Judiciário, ao qual se confere a atribuição de uniformizar a jurisprudência. Os Tribunais inferiores também têm o poder de consolidar a sua jurisprudência, que, todavia, não tem o mesmo valor daquela fixada pelo órgão superior.

A repetição de decisões forma a jurisprudência consolidada, ou constante, critérios de interpretação e de aplicação do direito, reiterados pelos tribunais, que servem como orientação para julgamentos futuros, buscando-se, assim, alcançar a segurança jurídica.

No entanto, a exemplo do que ocorre nos países de *common law*, permitem-se mudanças na jurisprudência, possibilitando com isso a adaptação da aplicação do direito à alteração da realidade fática.

---

74. Cf. José Luis Vásquez Sotelo, ob. cit., p. 367.
75. Cf. José Luis Vásquez Sotelo, ob. cit., p. 372.

## 3.5.1.6 As súmulas no ordenamento brasileiro

No ordenamento brasileiro, filiado ao sistema continental europeu, predomina a lei como fonte formal principal do direito. A jurisprudência sempre funcionou como critério de orientação nos julgamentos do Poder Judiciário, sem apresentar, no entanto, eficácia normativa.[76]

A partir de 1963, com a criação da "Súmula da Jurisprudência Predominante" do Supremo Tribunal Federal, normas regimentais concederam efeitos relevantes ao posicionamento jurisprudencial consolidado numa Súmula.[77] Posteriormente, criou-se, com a edição do Código de Processo Civil de 1973, o incidente de uniformização de jurisprudência. Normas inseridas por leis processuais em período recente também concederam à súmula um papel de maior importância, mormente no que se refere à admissibilidade de recursos nos Tribunais Superiores. Nesse sentido, a Lei 8.038/1990 facultou ao Supremo Tribunal Federal e ao Superior Tribunal de Justiça negar seguimento a recurso que contrariasse a súmula do respectivo Tribunal. Com a edição da Lei 9.139/1995, alterou-se o art. 557 do CPC, concedendo-se, então, a todos os tribunais, competência ao relator do recurso para negar-lhe seguimento, se este for contrário à súmula do respectivo tribunal ou do Tribunal Superior. Tal competência foi ampliada pela Lei 9.756/1998, a qual, ao modificar os arts. 544 e 557 do CPC, possibilitou ao relator, em decisão monocrática, negar provimento ao recurso quando em "manifesto confronto com súmula ou jurisprudência dominante do Supremo Tribunal Federal, ou de Tribunal Superior".[78]

Veio a lume, então, a Emenda Constitucional 45/2004, que inseriu o art. 103-A na Constituição Federal, prescrevendo o seguinte: "O Supremo Tribunal Federal poderá, de ofício ou por provocação, mediante decisão de dois terços dos seus membros, após reiteradas decisões sobre matéria constitucional, aprovar súmula que, a partir de sua publicação na imprensa oficial, terá efeito vinculante em relação aos demais órgãos dos Poder Judiciário e à administração pública direta e indireta, nas esferas federal, estadual e municipal, bem como proceder à sua revisão ou cancelamento, na forma estabelecida em lei".

---

76. Além disso, muitas mudanças legislativas têm sido inspiradas pela jurisprudência dos Tribunais Superiores.
77. Cf. José Carlos Barbosa Moreira, "Súmula, Jurisprudência, Precedente: uma escalada e seus riscos", *Revista Dialética de Direito Processual* 27, junho/2005, p. 50.
78. Mais recentemente, foi promulgada a Lei 11.276, de 7.2.2006, criando a súmula impeditiva de recurso.

Confrontando-se tal dispositivo com a regra do art. 102, § 2º, da CF, introduzida originariamente pela EC 3/1993 e modificada pela EC 45/2004, evidencia-se que o efeito vinculante das decisões proferidas em ADC e ADI guarda semelhança e distinções em relação àquele agora previsto para as súmulas do STF. Tais decisões, proferidas em controle abstrato de constitucionalidade das leis, apresentam eficácia *erga omnes*, sendo o efeito vinculante um reforço a esta eficácia subjetiva, como salientado anteriormente. Já as súmulas da Corte Maior, ao receberem esta qualificação, deixarão de representar critério de orientação de julgamento para apresentar natureza de norma jurídica. Logo, aqui não se trata de reforçar a eficácia subjetiva da jurisprudência do órgão judiciário, e sim em modificar-lhe a natureza.

3.5.1.7 Pressupostos constitucionais
para a edição da súmula com efeito vinculante

Os pressupostos constitucionais para a edição da súmula com efeito vinculante pelo STF foram gizados pelo art. 103-A, inserido pela EC referenciada. Desse modo, o exercício da competência do Pretório Excelso restou limitada.

A súmula versará sobre "matéria constitucional". Esta expressão alcança uma série de questões ligadas à aplicação, descumprimento, ou constitucionalidade de norma; todavia, limita bastante a edição da súmula, pois impossibilita a sua utilização quando as decisões da Corte versarem sobre outros temas, por mais importantes que sejam sob o ponto de vista social.

O objeto da súmula deverá ser a "validade, a interpretação e a eficácia de determinadas normas", segundo prescreve o dispositivo em comento. A alusão à validade alcança os problemas ligados à constitucionalidade das normas jurídicas. Logo, após o reconhecimento da inconstitucionalidade, poderá o posicionamento do órgão controlador ser veiculado por meio da súmula epigrafada. Por óbvio, que se tratará de decisão proferida em controle difuso, eis que no abstrato a decisão de inconstitucionalidade já dispõe de efeito vinculante. Tal possibilidade retira, na prática, a importância da Resolução a que alude o art. 52, X, da CF, que tem o condão de eliminar a norma declarada inconstitucional do sistema. Se a súmula reconhecer a invalidade de norma perante o texto constitucional, não a eliminará do ordenamento, no entanto, não poderá aquela ser objeto de aplicação.

No que se refere às questões ligadas à interpretação, o legislador cometeu um pequeno deslize técnico na redação do dispositivo em exame, pois objeto da interpretação é o texto normativo, e não as normas jurídicas. Grande parte das questões a serem veiculadas pela súmula em pauta irão se referir à interpretação, fixando-se um sentido único para determinado enunciado prescritivo. Não importa a natureza do texto objeto de interpretação, se de direito constitucional ou infraconstitucional. Todos poderão ser objeto da súmula vinculante.

Já o tema da eficácia também demandará a elaboração da súmula em pauta. Aqui cabe observar que todos os tipos de eficácia (material, subjetiva, temporal e espacial) poderão ingressar como objeto da súmula. Será possível ao STF, por exemplo, editar súmula com efeito vinculante, estabelecendo que determinada norma só tem eficácia para certo grupo de pessoas, delimitando, assim, a eficácia subjetiva.

Exige-se que a norma objeto da súmula seja objeto de "controvérsia atual entre órgãos judiciários ou entre esses e a administração pública que acarrete grave insegurança jurídica e relevante multiplicação de processos sobre questão idêntica". A controvérsia significa divergência acerca da validade, interpretação ou eficácia da norma. Para que se configure, *mais de um posicionamento* de órgão jurisdicional, seja de que instância for, *deverá ter sido adotado* – eis que a emenda utilizou a expressão no plural. Ex.: dois Tribunais decidem diferentemente acerca da validade de determinada norma em face da Constituição; a Administração conferiu a determinado dispositivo um sentido diverso daquele que houver sido atribuído por mais de um órgão jurisdicional.

Quanto à expressão "insegurança jurídica", é plurissignificativa. Parece-nos, no entanto, que a inovação se refere, neste caso, à insegurança na aplicação da norma pelo Judiciário e pela Administração, ou seja, à existência de uma série de decisões judiciais ou de provimentos administrativos divergentes que proporcionam para o administrado insegurança no modo como deve orientar a sua conduta. Ex.: decisões judiciais que se posicionam de modo diverso acerca da constitucionalidade de determinado tributo, gerando para os contribuintes insegurança se a exação é ou não devida.

A "relevante multiplicação de processos sobre questão idêntica" significa o acúmulo de processos sobre a questão de direito relacionada a determinada norma jurídica. Mesmo que haja controvérsia, será indispensável que este pressuposto também se faça presente, pois o dispositivo constitucional em pauta utilizou o disjuntor includente, obrigando a observância, portanto, de ambos os requisitos.

A Constituição previu, também, os pressupostos formais à elaboração da súmula: existência de reiteradas decisões do próprio Supremo, adoção por dois terços dos membros do Tribunal, observância do procedimento previsto em lei. A prévia existência de um leque de decisões anteriores retira a possibilidade de utilização da súmula para resolução de questão nova, como, por exemplo, a constitucionalidade de norma recém editada. O *quorum* qualificado justifica-se diante da competência excepcional que foi outorgada à Corte para exercício de uma função atípica de um órgão jurisdicional. A regulação do procedimento por meio de lei é aplicação da legalidade e do devido processo legal. De qualquer sorte, o Pretório poderá agir de ofício, ou por provocação dos sujeitos previstos no art. 103 da CF.

Exige-se, por fim, a publicidade da súmula para que apresente a eficácia vinculante, requisito plenamente aceitável diante do efeito atribuído a tal ato normativo. O dispositivo fala em publicação na "imprensa oficial". Como se trata de ato normativo, é recomendável que a súmula seja veiculada no *Diário Oficial de Justiça* e no *Diário Oficial da União*, a exemplo do que ocorre atualmente com as decisões de mérito da ADI e da ADC, por força de previsão na Lei 9.868/1999.

### 3.5.1.8 Descumprimento da súmula com efeito vinculante

A Emenda Constitucional 45/2004 criou um mecanismo destinado a assegurar o cumprimento da súmula com efeito vinculante, prescrevendo o seguinte: "do ato administrativo ou decisão judicial que contrariar a súmula aplicável ou que indevidamente a aplicar, caberá reclamação ao Supremo Tribunal Federal que, julgando-a procedente, anulará o ato administrativo ou cassará a decisão judicial reclamada, e determinará que outra seja proferida com ou sem a aplicação da súmula, conforme o caso".

A análise deste enunciado demonstra, inicialmente, que o descumprimento da súmula com efeito vinculante possibilita a utilização da reclamação constitucional perante o Supremo Tribunal Federal. Alargou-se, destarte, o cabimento deste remédio jurídico.

Duas são as hipóteses de cabimento da reclamação epigrafada em face de produção de ato administrativo, ou de decisão jurisdicional: i) contrariedade à súmula; ii) aplicação indevida da súmula.

A primeira refere-se à existência de súmula regulando a situação fática objeto da decisão jurisdicional ou do ato administrativo, a qual, no entanto, deixa de ser aplicada pela autoridade administrativa ou pelo juiz. Ex.: juiz julga improcedente pedido formulado em ação ordinária proposta por servidor público postulando reajuste de vencimento já reconhecido como devido por súmula com efeito vinculante.

Já a aplicação "indevida" da súmula é hipótese mais controvertida, indeterminada de cabimento. A aplicação indevida de uma norma jurídica comporta um amplo leque de possibilidades. Pode significar, por exemplo, a incidência da norma em hipótese por ela não regulada, a extensão da eficácia subjetiva da norma, a restrição de um dos âmbitos de validade da norma etc. A fluidez desta hipótese de admissibilidade poderá ensejar o amplo uso da reclamação, levando a um congestionamento destes processos no âmbito do Pretório Excelso.

Os efeitos do julgamento de procedência do pedido formulado nesse tipo de reclamação também foram indicados no dispositivo constitucional sob comento: invalidação do ato administrativo ou da decisão judicial, ou seja, edição de provimento com carga eficacial predominantemente constitutiva; determinação para que o órgão jurisdicional ou administrativo edite novo ato ou decisão, aplicando a súmula, se for o caso, vale dizer, provimento de caráter mandamental.[79]

### 3.5.1.9 Revisão ou cancelamento da súmula

A Emenda não erigiu pressupostos materiais para a revisão ou o cancelamento de súmula, limitando-se a prescrever a legitimação para deflagrar o procedimento. Nada impede, também, que o próprio STF, de ofício, pratique este ato, por estar tal atribuição implícita na competência para edição da súmula.

Em qualquer caso, dever-se-á observar o procedimento fixado em lei ordinária.

### 3.5.1.10 Súmula vinculante e controle difuso

A súmula vinculante relaciona-se com o controle difuso de constitucionalidade das leis, posto que no controle concentrado a decisão final já apresenta eficácia *erga omnes* e efeito vinculante, sendo desnecessário, obviamente, a elaboração de um ato normativo com idênticos efeitos.

Sendo assim, a decisão que vier a ser produzida pelo Supremo Tribunal Federal no julgamento de recurso extraordinário poderá ensejar

---

79. Os dois tipos de eficácia (constitutiva e mandamental) poderão, conforme o caso concreto, estar presentes na mesma decisão que julgar procedente o pedido da reclamação constitucional.

uma futura elaboração de uma súmula vinculante com o mesmo conteúdo, tal como vem ocorrendo em relação a grande parte das atuais súmulas já elaboradas por esse Tribunal, com eficácia vinculante.

Isso significa, pois, que os fundamentos da súmula em epígrafe deverão ser debatidos pela Corte Maior no julgamento da decisão proferida na fiscalização difusa, sendo posteriormente reproduzidos no processo de elaboração da súmula em epígrafe.

Destarte, dúvidas inexistem de que o ato normativo em pauta está diretamente voltado para o controle difuso de constitucionalidade das leis, possibilitando a extensão da eficácia subjetiva da decisão proferida nesse tipo de fiscalização.

### 3.5.2 O procedimento de elaboração da súmula vinculante

3.5.2.1 Eficácia da norma veiculada pelo art. 103-A da CF

A súmula com efeito vinculante foi inserida no ordenamento brasileiro pela EC 45/2004, a qual introduziu o art. 103-A na Constituição Federal, consoante já analisado anteriormente.

A exegese desse dispositivo demonstra tratar-se de enunciado que veicula norma constitucional de eficácia contível, posto que, ao regular a matéria, o órgão com competência reformadora (Congresso Nacional) deixou margem de atuação restritiva ao legislador ordinário. A previsão da regulamentação por lei ordinária do procedimento de elaboração, revisão e cancelamento da súmula em tela, conferiu ao legislador a possibilidade de restringir a eficácia da norma de outorga de competência inserida no sistema por meio da emenda constitucional referenciada.

É imprescindível fixar essa premissa para interpretar o texto normativo em pauta, a fim de compreender as limitações por este veiculadas ao exercício de tal competência pelo Supremo Tribunal Federal.

3.5.2.2 Modalidades de procedimento

A Lei 11.417/2006 prescreveu duas modalidades de procedimento destinadas à elaboração da súmula com efeito vinculante, sendo irrelevante o escopo visado, ou seja, elaboração, revisão ou cancelamento deste ato normativo.

O primeiro consiste em procedimento *autônomo*, desvinculado, portanto, de qualquer processo jurisdicional. Tal procedimento de edição, cancelamento ou revisão é deflagrado de ofício ou por provocação dos sujeitos legitimados. Distribuído o feito para um Ministro Relator, este abrirá vista dos autos ao Procurador-Geral da República, que atuará como *custos legis,* após o que o processo poderá ser incluído na pauta de julgamento do Tribunal Pleno.

Já o segundo, trata-se de um *incidente*, suscitado pelo ente municipal, no curso de processo, como lhe faculta o art. 3º, § 1º, da Lei 11.417/2006: "o Município poderá propor, incidentalmente ao curso de processo em que seja parte, a edição, a revisão ou o cancelamento de enunciado de súmula vinculante, o que não autoriza a suspensão do processo".

Por força desse dispositivo legal, em qualquer tipo de processo jurisdicional, inclusive nos procedimentos que se destinam à tutela de direito subjetivo, poderá o Município, uma vez presentes os pressupostos constitucionais, postular a elaboração de uma súmula vinculante perante o STF, como um incidente. O interessado, em tal situação, deverá suscitá-lo diretamente perante o Pretório Excelso, informando, porém, esse fato ao juízo do feito com o qual se relaciona.

A lei estabelece que o simples ajuizamento do incidente "não autoriza a suspensão do processo". Ao nosso ver, essa determinação tem que ser interpretada com as devidas cautelas. O que o legislador vedou foi a suspensão imediata e automática do processo por força do ajuizamento do incidente; porém, nada impede que, em vista das circunstâncias do caso, possa o juiz do feito principal suspender o seu andamento até que o STF elabore a súmula com efeito vinculante. Isto porque, em algumas situações, o processamento simultâneo do feito principal com o incidente processual poderá gerar situações fáticas extremamente complexas, as quais podem, inclusive, comprometer a segurança jurídica e até mesmo outros princípios ou valores do ordenamento jurídico (ex.: unidade, coerência etc.).

Exemplifiquemos: determinado contribuinte impetra mandado de segurança alegando a inconstitucionalidade da lei que instituiu o IPTU. Caso o Município suscite o incidente de súmula vinculante nos autos desse processo, convém que o juiz de primeiro grau suspenda o andamento do procedimento mandamental. Com efeito, considerando que tal súmula tem eficácia *erga omnes,* o seu conteúdo poderá repercutir na decisão de primeiro grau que vier a ser proferida, razão pela qual deve o juiz atuar cautelosamente, aguardando o desfecho do incidente para dar continuidade ao processo principal. Por tal motivo, é de todo conveniente que o Município dirija petição ao juiz informando e comprovando a deflagração desse incidente. Destarte, parece-nos que, em face das circunstâncias do caso concreto, esse procedimento incidental de súmula vinculante poderá importar na suspensão do processo principal.

Ressalte-se, por oportuno, que ambas as modalidades de procedimento de súmula têm natureza de processo objetivo, pois não se destinam à satisfação de interesse subjetivo, e, sim, à elaboração de ato normativo. O que se busca com a sua elaboração é a uniformização da interpretação de texto normativo, sobre matéria constitucional, que acarrete grave insegurança jurídica ou relevante multiplicação de processos sobre questão idêntica (CF, art. 103-A). Isso nada tem a ver com interesse subjetivo.

Todavia, tais procedimentos objetivos não se inserem no bojo do controle abstrato de constitucionalidade das leis, uma vez que não objetivam certificar validade de ato normativo, muito menos expurgá-lo do ordenamento jurídico. O escopo visado, conforme acima exposto, é o de uniformização de interpretação, assemelhando-se à representação interpretativa outrora existente na Carta de 1969.[80]

Disso se infere que os procedimentos de súmula vinculante são de caráter objetivo.

### 3.5.2.3 Aspectos subjetivos

A legitimidade ativa para os procedimentos de súmula vinculante é regulada pelo art. 3º da Lei 11.417/2006, que repete a enumeração prevista pelo art. 103 da Carta Magna, acrescendo, todavia, o "Defensor Público-Geral da União", os "Tribunais Superiores, os Tribunais de Justiça de Estados ou do Distrito Federal e Territórios, os Tribunais Regionais Federais, os Tribunais Regionais do Trabalho, os Tribunais Regionais Eleitorais, os Tribunais Militares" e o Município, este apenas incidentalmente, como salientado anteriormente.

Tais inovações são compatíveis com a regra do art. 103-A, § 2º, da CF, que previu a possibilidade de ampliação da legitimidade por meio de lei ordinária. Ademais, há evidente compatibilidade entre as funções exercidas por tais entidades e os objetivos visados com a elaboração da súmula.

---

80. A representação interpretativa foi inserida no ordenamento pátrio pela EC 7/1977, a qual previu no art. 119, I, "l", a competência do STF para processar e julgar "a representação do Procurador-Geral da República, por inconstitucionalidade ou para interpretação de lei ou do ato normativo federal ou estadual".

Neste particular, convém pontuar que a lei não previu um procedimento a ser observado pelos Tribunais para a deflagração do procedimento de súmula vinculante, o que deverá ser objeto de regulação pelos respectivos regimentos internos. Cabe observar que, assim como órgão isolado (Câmara ou Turma) não pode declarar a inconstitucionalidade de lei, por força da cláusula de reserva (CF, art. 97), também não poderá deflagrar o procedimento de súmula, tendo em vista as conseqüências dele resultantes. Logo, a decisão deverá caber ao Pleno ou ao Órgão Especial. Assim, caberá ao Regimento Interno regular os demais aspectos procedimentais, como, por exemplo, a necessidade de oitiva do órgão do Ministério Público, suspensão do processo que gerou o procedimento etc.

A lei previu, também, em seu art. 2º, § 2º, a necessidade de prévia oitiva do Procurador-Geral da República nos procedimentos de edição, revisão ou cancelamento de enunciado de súmula vinculante, como mencionado anteriormente, salvo na hipótese desse órgão ter formulado a proposta.

Seguindo o exemplo do disposto no art. 7º, § 2º, da Lei 9.868/1999, que regula o procedimento da ADI e da ADPF, o art. 3º, § 2º, da Lei 11.417/2006 admitiu também, na elaboração do ato normativo em epígrafe, a manifestação de terceiros, hipótese conhecida como *amicus curiae*,[81] numa tentativa de ampliação do debate do tema relacionado com a edição da súmula.

3.5.2.4 Eficácia da súmula com efeito vinculante

O legislador preocupou-se, acertadamente, com a eficácia da súmula com efeito vinculante. Como se trata de verdadeiro ato normativo, previu-se (art. 2º, § 4º, Lei 11.417/2006) a necessidade de dupla publicação, no órgão que veicula as decisões do STF e no *Diário Oficial da União*, que publiciza os demais atos normativos expedidos pelo Poder Legislativo e pelo Executivo, ambas no prazo de dez dias após a realização da seção, e não da lavratura do acórdão que deliberar pela elaboração, cancelamento ou revisão da súmula. Repete-se, neste particular, a regra do art. 28 da Lei 9.868/1999, que obriga idêntica publicação, em igual prazo, após o trânsito em julgado da decisão final da ADI ou da ADC. Busca-se, com isso, dar ampla publicidade ao ato normativo, tendo em vista a sua eficácia subjetiva.

---

81. O *amicus curiae* é um auxiliar do juízo, que intervém no feito por determinação do Juiz ou a requerimento do próprio sujeito, visando pluralizar os debates das decisões do Poder Judiciário, pelo oferecimento de apoio técnico.

A eficácia no tempo da súmula vinculante também foi objeto de preocupação do legislador, que regulou o tema no art. 4º da lei em exame: "Art. 4º. A súmula com efeito vinculante tem eficácia imediata, mas o Supremo Tribunal Federal, por decisão de 2/3 (dois terços) dos seus membros, poderá restringir os efeitos vinculantes ou decidir que só tenha eficácia a partir de outro momento, tendo em vista razões de segurança jurídica ou de excepcional interesse público".

A exegese desse dispositivo deve ser realizada com bastante cuidado, tendo em vista que este dispõe sobre vários aspectos da eficácia da decisão relativa aos procedimentos em estudo.

Em primeiro lugar, é importante observar que a "eficácia imediata" a que se refere o enunciado só poderá ocorrer após a dupla publicação do enunciado da Súmula no Diário de Justiça e no Diário Oficial da União, como exigido pelo art. 2º, § 4º, supra-analisado. Sendo assim, antes de decorrido o prazo de dez dias da sessão do STF, exigido pela lei para que seja dada publicidade à decisão, a Súmula não produzirá qualquer efeito.

O dispositivo permite também que o STF possa "restringir os efeitos vinculantes". Qual o significado dessa restrição? Seria possível determinar que a vinculação dos efeitos será parcial, que atingirá apenas determinadas situações subjetivas, por exemplo?

O efeito vinculante da súmula importa na atribuição de natureza normativa ao ato do Supremo Tribunal Federal, ao contrário das demais súmulas, desprovidas desse efeito, que servem tão somente de critério de interpretação. Logo, não há efeito vinculante parcial, pois ao Pretório Excelso não é dado elaborar uma súmula afirmando que apenas parte do seu conteúdo tem eficácia vinculante. Não há previsão constitucional para a prática dessa conduta. Ou a Corte exerce plenamente a competência prevista no art. 103-A e edita a súmula com efeito vinculante, ou elabora a súmula sem esta eficácia, como é facultado aos demais Tribunais. Ao exercer a competência do art. 103-A, conferirá ao ato efeito normativo, ou seja, natureza de ato geral e abstrato.

Como entender, desse modo, a restrição a que se refere a lei? Ao nosso sentir, trata-se de restrição de um dos âmbitos de eficácia da súmula. Consoante ensinamento de Hans Kelsen,[82] o ato normativo apresenta quatro âmbitos (domínios) de eficácia, também chamados de âmbitos de validade ou de vigência: material, espacial, temporal e subjetivo. A lei em comento autoriza o STF a limitar os âmbitos de eficácia da súmula, o que significa estabelecer que o critério por ela fixado só poderá ser

---

82. *Teoria Pura do Direito*, pp. 11-16.

aplicado a determinados sujeitos, determinada conduta ou em determinado período de tempo ou de lugar. Assim, por exemplo, o Tribunal pode afirmar que o critério de correção do contrato "x" só poderá ser aplicado a determinada categoria de sujeitos, conforme interpretação da CF. Tal limitação deverá ser veiculada expressamente pelo ato normativo. É a essa restrição que a lei se refere.

A lei, no entanto, foi mais além ao regular tal restrição, estabelecendo que, em relação aos efeitos no tempo, estes poderão ser limitados no passado ou apresentar eficácia apenas para o futuro (eficácia prospectiva). Repetindo a norma veiculada pelo art. 27 da Lei 9.868/1999 e pelo art. 11 da Lei 9.882/1999, o art. 4º da Lei 11.417/2006 estabelece que "a súmula com efeito vinculante tem eficácia imediata, mas o Supremo Tribunal Federal, por decisão de 2/3 (dois terços) dos seus membros, poderá restringir os efeitos vinculantes ou decidir que só tenha eficácia a partir de outro momento, tendo em vista razões de segurança jurídica ou de excepcional interesse público".

Como se vê, a legislação permite que os efeitos no tempo da súmula com efeito vinculante sejam fixados em cada caso concreto, com base num processo de ponderação de bens e interesses envolvidos. Apenas diante da existência dos motivos elencados pela lei (segurança jurídica e excepcional interesse público) é que a Corte Maior poderá limitar no tempo os efeitos da súmula vinculante. Como o legislador utilizou conceito jurídico indeterminado para conferir tal competência ao Supremo Tribunal Federal, este acaba gozando de ampla discricionariedade no exercício desta faculdade.

É importante notar, por fim, que o *quorum* previsto para a adoção desse procedimento é o mesmo estabelecido para a elaboração da súmula sob exame. E nem poderia ser diferente – como ocorreu, por exemplo, em relação à manipulação dos efeitos no tempo da decisão final da ADI – pois os efeitos no tempo, da súmula, representam o âmbito de validade temporal desse ato normativo, cuja fixação é estabelecida no próprio momento da produção da norma, razão pela qual o *quorum* necessariamente deve ser o mesmo. Neste particular, incensurável a conduta do legislador.

3.5.2.5 Meios de impugnação da decisão contrária à súmula

O § 3º do art. 103-A da CF estabeleceu hipótese de cabimento da reclamação constitucional contra o ato administrativo ou decisão judicial "que contrariar a súmula aplicável ou que indevidamente a aplicar".

A lei em exame ampliou o leque dos remédios jurídicos cabíveis em tal situação, admitindo em seu art. 7º a hipótese de utilização de recursos "ou outros meios admissíveis de impugnação". Poderia a lei ordinária ampliar a utilização de outros remédios jurídicos, em detrimento da previsão constitucional de utilização da reclamação constitucional?

Ao nosso sentir, a resposta é positiva, porque o enunciado constitucional limitou-se a admitir o cabimento da reclamação, sem vedar, no entanto, o uso de outros remédios jurídicos. Observe-se que o dispositivo referenciado (art. 103-A, § 3º) não estabeleceu "somente" o cabimento da reclamação, vale dizer, a linguagem utilizada pelo ente reformador, ao elaborar a EC 45/2004, inclinou-se por uma enumeração exemplificativa, e não taxativa.

Quais os recursos ou outros meios de impugnação que poderão, desse modo, ser utilizados? Tudo depende do caso concreto, ou seja, da presença na situação fática dos pressupostos de admissibilidade de determinado recurso ou meio de impugnação. Nada impede, pois, que em face de sentença que negar a aplicação a súmula vinculante, a parte prejudicada utilize o recurso de apelação. Quando se tratar de decisão judicial transitada em julgado, a ação rescisória poderá ser utilizada, com fundamento, neste caso, no art. 485, V, do CPC. De igual modo, o mandado de segurança também poderá ser impetrado contra ato administrativo que negar aplicação à súmula em tela.

Com relação ao uso da reclamação constitucional, a lei restringiu esta possibilidade, estabelecendo no § 1º do art. 7º a seguinte regra: "contra omissão ou ato da administração pública, o uso da reclamação só será admitido após o esgotamento das vias administrativas".

Poderia o legislador estabelecer tal restrição? Parece-nos que nada obsta a adoção de tal conduta, posto que os pressupostos de admissibilidade desse remédio jurídico, na hipótese em comento, não haviam sido fixados por completo no texto do art. 103-A da CF. Ademais, a norma constitucional em pauta tem eficácia contível, conforme outrora assinalado, razão pela qual pode ter os seus efeitos restringidos pela atuação do legislador infraconstitucional. Não há, dessa forma, qualquer inconstitucionalidade em tal dispositivo legal.

É importante frisar, de outro lado, que a restrição atinge apenas a reclamação utilizada contra ato ou omissão administrativa, e não contra decisão judicial. A necessidade de prévio esgotamento das vias administrativas visa evitar uma enxurrada de reclamações perante o STF, o que certamente inviabilizaria o trabalho da Corte, bem como estabelecer um sistema coerente com as modificações efetuadas no processo administrativo, a seguir analisadas, as quais obrigam a Administração Pública, dentre outras inovações, a motivar o ato que negou aplicação à súmula vinculante.

### 3.5.2.6 Alterações no processo administrativo

A Lei 11.417/2006 estabeleceu algumas modificações no processo administrativo, elencando uma série de regras que deverão ser observadas na hipótese de utilização de recurso administrativo contra decisão administrativa que negar aplicação à súmula com efeito vinculante.

A primeira das inovações é a necessidade de a autoridade administrativa motivar a decisão que deixar de reconsiderar o ato administrativo, na hipótese em discussão. Nesse sentido, inseriu-se um novo parágrafo no art. 56 da Lei 9.784/1999, estabelecendo o seguinte: "Se o recorrente alegar que a decisão administrativa contraria enunciado da súmula vinculante, caberá à autoridade prolatora da decisão impugnada, se não a reconsiderar, explicitar, antes de encaminhar o recurso à autoridade superior, as razões da aplicabilidade ou inaplicabilidade da súmula, conforme o caso".

Com relação ao julgamento do recurso administrativo, quando a matéria discutida se referir a súmula vinculante, a lei previu a obrigatoriedade de o órgão administrativo julgador indicar expressamente as razões de aplicabilidade ou inaplicabilidade da súmula, inserindo tal regra no art. 64 da Lei 9.784/1999, que se compatibiliza com a exigência de motivação prevista no art. 50, VII, desse diploma normativo.[83]

A última inovação relacionada ao ato administrativo que nega aplicação à súmula foi a necessidade de o STF, acolhendo a reclamação constitucional interposta, cientificar o órgão administrativo e a autoridade administrativa que decidiram contra o enunciado da súmula, a fim de que estes adotem o entendimento, estabelecido pelo Pretório Excelso no julgamento da reclamação, em futuras decisões sobre casos semelhantes, ficando sujeitos à responsabilização cível, administrativa e penal em caso de descumprimento.[84] Convém observar, a propósito, que deverá

---

83. O art. 50, VII, da Lei 9.784/1999 prevê a obrigação de motivação dos atos administrativos, com indicação dos fatos e dos fundamentos jurídicos, quando "deixem de aplicar jurisprudência firmada sobre a questão ou discrepem de pareceres, laudos, propostas e relatórios oficiais".
84. Inseriu-se o art. 64-B na Lei 9.784/1999, prevendo o seguinte: "Acolhida pelo Supremo Tribunal Federal a reclamação fundada em violação de enunciado da súmula vinculante, dar-se-á ciência à autoridade prolatora e ao órgão competente para o julgamento do recurso, que deverão adequar as futuras decisões administrati-

incidir, neste particular, o disposto no art. 2º, XIII, da Lei 9.784/1999, o qual veda a "aplicação retroativa de nova interpretação".

No que se refere à responsabilidade administrativa e penal, por se tratar de hipóteses de responsabilidade pessoal, a inovação não cria grandes embaraços, tendo em vista o sistema atualmente em vigor em nosso ordenamento.

Já em relação à responsabilidade civil, por força da previsão do art. 37, § 6º, da CF, o ente público é quem responde pelos danos causados por seus agentes aos administrados. A responsabilização pessoal do servidor deverá ser apurada em ação regressiva. Sendo assim, não se pode interpretar a inovação legal contra a Constituição. Para evitar o vício da inconstitucionalidade, deve ser dado ao art. 64-B da Lei 9.784/1999, que veicula tal inovação, uma interpretação conforme à Constituição, para reconhecer que a responsabilização na órbita cível da autoridade administrativa que negar aplicação à súmula vinculante dependerá do reconhecimento da responsabilidade do ente que a representa em ação movida pelo prejudicado, sendo imprescindível, portanto, o uso da ação regressiva nesta situação para apurar o dolo ou culpa do servidor.

Outras questões relacionadas ao processo administrativo, quando estiver em discussão enunciado de súmula vinculante, não foram reguladas pela lei em estudo, de modo que deverão ser objeto de definição pela jurisprudência da Corte Maior. Como o uso da reclamação constitucional contra ato ou omissão administrativa depende do esgotamento da via administrativa, é preciso o estabelecimento de um prazo para que a autoridade administrativa se pronuncie, a fim de que a sua inércia configure omissão, visto que o administrado não pode ficar indefinidamente aguardando tal pronunciamento, sob pena inclusive de perda do direito reconhecido na súmula pela prescrição ou pela decadência. Parece-nos que deve se aplicada, diante da omissão da Lei 11.417/2006, a regra do art. 49 da Lei 9.784/1999, que estabelece o prazo de trinta dias para a autoridade administrativa decidir, o qual será contado de acordo com os critérios previstos no art. 66 desse documento normativo.

### 3.5.2.7 Aplicação subsidiária do Regimento Interno do Supremo Tribunal Federal

O art. 10 da Lei 11.417/2006 prevê a aplicação subsidiária do disposto no Regimento Interno do Supremo Tribunal Federal, diploma que,

vas em casos semelhantes, sob pena de responsabilização pessoal nas esferas cível, administrativa e penal".

dessa forma, integrará as lacunas existentes na lei acerca do procedimento em exame.

Há uma série de regras em vigor que poderão ser aplicadas por analogia aos mencionados procedimentos, eis que se relacionam com a elaboração de súmula destituída do efeito vinculante, com a reclamação constitucional ou versam sobre os aspectos procedimentais de todos os feitos de competência do Pretório Excelso.

Exemplifiquemos: a competência para julgar os procedimentos estabelecidos pela Lei 11.417/2006 será do Tribunal Pleno, por força do disposto no art. 7º, VII, do RISTF, bem como em razão do *quorum* previsto no art. 103-A da CF.

Aplicar-se-á, também, a regra do art. 11, II, do RISTF, que prevê a remessa do feito ao Pleno quando algum Ministro propuser a revisão da Súmula.

De igual modo, as normas veiculadas pelos arts. 57 e 66 do Regimento, que regulam o preparo e a distribuição dos feitos, respectivamente, deverão ser aplicadas aos procedimentos em pauta, a exemplo do art. 6º, I, "g", que regula a competência do Pleno para julgar reclamação constitucional.

Os exemplos trazidos à colação comprovam, destarte, a assertiva de plena utilização das regras atuais do Regimento Interno do STF, no que couber, aos procedimentos regulados pela Lei 11.417/2006.

### 3.5.3 Ação rescisória e modulação da eficácia temporal da decisão de inconstitucionalidade

#### 3.5.3.1 Delimitação do tema

O presente item pretende investigar a possibilidade de modulação dos efeitos no tempo da decisão de inconstitucionalidade proferida em sede de ação rescisória.

Partindo da premissa de que os atos jurídicos praticados com base na sentença rescindenda produzem efeitos, muitas vezes tutelados por regras ou princípios, pretende-se analisar a possibilidade de atribuição de eficácia prospectiva à decisão proferida no juízo rescindente ou no juízo rescisório, evitando-se, assim, as conseqüências sérias que a atribuição de efeitos retroativos poderia gerar no plano dos fatos, impondo o sacrifício de bens jurídicos.

### 3.5.3.2 Ação rescisória: juízo rescindente e juízo rescisório

O julgamento da ação rescisória, meio de impugnação à sentença transitada em julgado, comporta três etapas, preliminares uma da outra: a) juízo de admissibilidade da ação, no qual se examina a presença dos pressupostos processuais e das condições da ação; b) exame do pedido de rescisão do julgado, em que o órgão *ad quem* decide pela rescisão ou não da sentença (juízo rescindente) e, c) por fim, o rejulgamento da causa, se for o caso (juízo rescisório).

Tanto o *iudicuium rescindens* quanto o *iudicium rescissorium* integram o juízo de mérito da ação rescisória. No primeiro, o Tribunal julgará o pedido procedente se concluir pela presença de alguma das hipóteses previstas no art. 485 do CPC. Assim, admitida a ação, o juízo rescindente constituirá uma etapa necessária do julgamento da rescisória. Já o juízo rescisório poderá não se fazer presente, hipótese em que será desnecessário um rejulgamento da causa. É o que ocorre, por exemplo, quando o pedido da rescisória for julgado procedente em face da presença dos pressupostos do art. 485, II, do CPC. É possível, também, que o juízo rescindente esgote todo o objetivo da rescisória, como, por exemplo, na hipótese gizada pelo art. 485, IV, do CPC.

Não se deve admitir, todavia, o juízo rescisório implícito.[85] Admitida a ação e julgado procedente o pedido da rescisória, o Tribunal deve se manifestar explicitamente sobre o pedido de novo julgamento da causa, se for o caso,[86] apreciando tão-somente a matéria objeto da invalidação.

Julgado procedente o pedido da rescisória, a decisão terá eficácia constitutiva negativa, sendo declaratória negativa na hipótese de improcedência. Já a eficácia preponderante do juízo rescisório, dependerá do tipo de pedido formulado na ação em que se formou a coisa julgada atacada pela rescisória, podendo ser declaratória, constitutiva ou condenatória.

### 3.5.3.3 Juízo rescindente e efeitos dos atos jurídicos praticados com base na sentença rescindenda

A eficácia constitutiva negativa no juízo rescindente levou parte da doutrina a defender a eficácia *ex tunc* dessa decisão, posto que esta sem-

---

85. Em sentido contrário, conferir Pontes de Miranda, *Tratado da Ação Rescisória*, p. 532.
86. Cf. José Carlos Barbosa Moreira, *Comentários ao Código de Processo Civil*, v. V.

pre se faz presente em decisões com tal tipo de eficácia.[87] Neste caso, a procedência do pedido da rescisória importaria em apagar do mundo jurídico todos os efeitos dos atos praticados com base na sentença rescindenda. Pontes de Miranda inclina-se por essa posição, afirmando o seguinte: "Se tem bom êxito o remédio jurídico rescindente, a prestação jurisdicional, que fora entregue, é retomada pela justiça. O que decorreu da sentença rescindida desfaz-se *ex tunc*. Se por nulidade anterior a ela, desde tal ato se rompe todo o laço jurídico processual que ela parecia confirmar. Não se fala em *retroatividade* da sentença da ação rescisória, porque a terminologia seria imprópria: a sentença corta, rescinde, dilui, destroça a outra –, não se opõe à outra, indo até ela. Desfeita tudo que entre uma e outra aconteceu desapareceu ou juridicamente deve desaparecer".[88]

Há quem defenda posição diversa, sustentando a eficácia *ex nunc* da decisão em epígrafe, sob o argumento de que inexiste previsão no CPC sobre esta matéria, devendo a decisão do juízo rescindente fazer desaparecer a sentença rescindenda a partir do momento em que se operou a sua desconstituição.[89]

Ao nosso sentir, o problema não comporta uma resposta apriorística. Isso porque os efeitos decorrentes dos atos jurídicos praticados com base na sentença rescindenda podem ser protegidos pela lei ou por princípios jurídicos. Por conseguinte, atribuir necessariamente eficácia retroativa ou prospectiva para tal decisão poderá importar em burla ao ordenamento. Ademais, há situações em que existe impossibilidade física de apagar do mundo dos fatos tais efeitos. Calha bem, neste particular, o sólido magistério de Barbosa Moreira, ao afirmar que "as soluções radicais (eficácia *ex tunc* – eficácia *ex nunc*) seduzem pela simplicidade, mas nenhuma delas se mostra capaz de atender satisfatoriamente, em qualquer hipótese, ao jogo de interesses contrapostos. Daí as atenuações com que os escritores habitualmente se furtam a uma aplicação muito rígida de princípios. Parece impossível resolver bem *todos* os problemas concretos à luz de regras apriorísticas inflexíveis".[90]

---

87. Sobre o assunto, leciona Pontes de Miranda: "A eficácia da sentença constitutiva é, quase sempre, *ex nunc*. Mas há eficácia *ex tunc*, como ocorre em se tratando de anulações, ou de decretação de nulidade" (*Tratado das Ações*, t. 3, p. 45)
88. *Tratado da Ação Rescisória*, p. 527.
89. Sobre esta segunda corrente, cf. José Carlos Barbosa Moreira, *Comentários ao CPC*, p. 208.
90. Cf. ob. cit., pp. 208-209.

Inclusive a doutrina que defende posição radical, quer em favor da retroatividade ou da prospectividade, acaba flexibilizando o entendimento, ao constatar que as soluções *a priori* são insuficientes para solucionar todos problemas relacionados aos efeitos dos atos jurídicos realizados com fulcro na sentença rescindenda. Ao analisar a rescisão de sentença de divórcio, quando um dos cônjuges contrai novo casamento, Pontes de Miranda flexibiliza a tese da retroatividade, sustentando que "o segundo casamento passa a ser atacável, mas pode ser declarado putativo. Desconstitui-se a eficácia da sentença constitutiva negativa; e agora há dois casamentos, um dos quais não pode subsistir. A putatividade é a solução".[91] Admite-se, também, a manutenção[92] dos efeitos dos atos jurídicos praticados pelo curador, na hipótese de ser rescindida a sentença de interdição.

Do exposto se infere que a problemática em exame deve ser resolvida por meio de um juízo de ponderação de bens e interesses em jogo, no caso concreto, o que afasta qualquer solução apriorística para os efeitos no tempo da decisão produzida no juízo rescindente.

### 3.5.3.4 A modulação da eficácia temporal da decisão de inconstitucionalidade

O tema dos efeitos no tempo da decisão de inconstitucionalidade sempre foi caro à doutrina e à jurisprudência. Antes mesmo da introdução em nosso ordenamento do controle abstrato de constitucionalidade das leis, o que ocorreu com a Emenda Constitucional 16/1965, já se defendia, em caráter amplamente majoritário, a eficácia declaratória e retroativa da decisão referenciada. Embora abalizada corrente doutrinária tivesse chamado a atenção para os problemas que poderiam vir a ocorrer com a adoção dessa posição,[93] o fato é que esta se manteve irredutível e insuperável ao longo de muitos anos.

A partir da década de 1970 a jurisprudência do Supremo Tribunal Federal começou a admitir, em alguns julgados, a possibilidade de manutenção no ordenamento dos efeitos produzidos pelos atos praticados com base em normas inconstitucionais, para assegurar determinados princípios jurídicos, como, por exemplo, o da segurança jurídica.

91. *Tratado da Ação Rescisória*, p. 536.
92. Cf. Barbosa Moreira, *Comentários*, p. 209.
93. Cf. Carlos Lúcio Bittencourt, *O Controle Jurisdicional da Constitucionalidade das Leis*, p. 147.

Finalmente com a edição da Lei 9.868/1999, que disciplina o processo de julgamento da Ação Direta de Inconstitucionalidade e da Ação Declaratória de Constitucionalidade, a matéria passou a ser regulada por lei, conferindo-se ao Pretório Excelso a possibilidade de modular os efeitos no tempo da decisão de inconstitucionalidade em controle abstrato, por meio de regra veiculada pelo art. 27 dessa fonte formal, cujo conteúdo é o seguinte: "Ao declarar a inconstitucionalidade de lei ou ato normativo, e tendo em vista razões de segurança jurídica ou de excepcional interesse social, poderá o Supremo Tribunal Federal, por maioria de dois terços de seus membros, restringir os efeitos daquela declaração ou decidir que ela só tenha eficácia a partir do seu trânsito em julgado ou de outro momento que venha a ser fixado".[94]

Admitiu-se, desse modo, expressamente, a ponderação de bens e interesses na fixação dos efeitos no tempo da decisão de inconstitucionalidade. De nossa parte, sempre nos posicionamos no sentido de admitir a presença dessa faculdade no princípio da proporcionalidade, corolário do Estado Democrático de Direito (CF, art. 1º).[95] Isso significa que a mencionada regra legal é desnecessária, eis que a competência em pauta pode ser extraída diretamente do texto constitucional.

Embora acoimada de inconstitucional, sendo inclusive objeto de duas Ações Diretas de Inconstitucionalidade, cujo julgamento ao tempo em que este escrevemos se encontra suspenso no STF; o aludido art. 27 da Lei 9.868/1999 já foi aplicado pela Corte Excelsa em alguns precedentes, em sede de controle abstrato.[96] Dificilmente, portanto, tal regra terá a sua invalidade reconhecida pela Corte, na medida em que, ao aplicá-la, admitiu o Tribunal implicitamente a sua adequação ao ordenamento.

3.5.3.5 A modulação da eficácia temporal em sede de ação rescisória

Partindo-se da premissa acerca da possibilidade de modulação da eficácia temporal na fiscalização difusa de constitucionalidade da lei, importa investigar se esta faculdade poderá ser exercida pelos Tribunais no julgamento das ações rescisórias.

---

94. Idêntica regra é veiculada pelo art. 11 da Lei 9.882/1999, que regula o processo e julgamento da Argüição de Descumprimento de Preceito Fundamental.
95. Cf. nosso *Efeitos da Decisão de Inconstitucionalidade em Direito Tributário*, p. 99.
96. STF, ADI 3.022, rel. Min. Joaquim Barbosa, *DJU* 4.3.2005.

Não se pode olvidar que atos jurídicos são praticados com base na sentença rescindenda. A desconstituição desta no juízo rescindente, com eficácia retroativa, poderá gerar sérias conseqüências. Ex.: um grupo de sujeitos ingressa com uma ação ordinária visando ao reconhecimento do direito à nomeação para determinado cargo público, para o qual prestaram concurso público, alegando a constitucionalidade desse ato normativo. A sentença proferida no primeiro grau de jurisdição reconhece este direito, determinando que os autores sejam empossados, o que ocorre após o trânsito em julgado desta decisão. Posteriormente, propõe-se uma ação rescisória com base no art. 485, V, do CPC, visando à desconstituição dessa sentença. Ao julgar procedente o pedido da rescisória, o Tribunal se defrontará com um grave problema: a possibilidade de a atribuição de efeitos retroativos no juízo rescindente apagar os efeitos dos inúmeros atos administrativos praticados pelos servidores, burlando a segurança jurídica.

Em tais situações não há como se negar a possibilidade de atribuição de eficácia prospectiva à decisão do juízo rescindente, para preservar o princípio da segurança jurídica. De igual modo, se o caso concreto impuser a necessidade de um juízo rescisório, no qual a causa será objeto de novo julgamento, no caso trazido à colação o Tribunal poderá declarar a inconstitucionalidade da lei, modulando os efeitos temporais desta decisão, por meio da aplicação do princípio da proporcionalidade.

Destarte, regras de direito material ou princípios jurídicos que tutelem os efeitos dos atos realizados com fundamento na sentença rescindenda podem proporcionar o surgimento de uma colisão entre bens jurídicos, impondo ao órgão *ad quem* a consideração deste conflito tanto no juízo rescindente quanto no rescisório.[97] Se, na prolação de nova decisão, o Tribunal declarar incidentalmente a inconstitucionalidade de lei, poderá modular os efeitos temporais de tal decisão, preservando efeitos de atos pretéritos.

Admite-se, pois, que a desconstituição de sentença que tiver declarado a constitucionalidade de lei, como questão prejudicial, seguida da declaração de inconstitucionalidade no juízo rescisório, permite a modulação dos efeitos no tempo dessa decisão, com fulcro no princípio da proporcionalidade.

---

97. Autores que defendem a eficácia retroativa da decisão do juízo rescindente admitem a aplicação de normas de direito material, fundamentadas em princípios jurídicos, para eventualmente preservar os atos praticados com base na sentença rescindenda (cf. Pontes de Miranda, *Tratado da Ação Rescisória*, pp. 548-550).

## 3.5.3.6 Desconstituição da sentença declaratória de inconstitucionalidade

É possível, também, que ocorra hipótese inversa: sentença rescindenda declaratória de inconstitucionalidade e juízo rescisório que declara a constitucionalidade de lei. Exemplifiquemos: a OAB impetra mandado de segurança coletiva visando ao reconhecimento do direito dos advogados à isenção de determinado tributo, alegando a inconstitucionalidade da lei que revogou este benefício. Sentença concessiva da segurança é prolatada, com base na qual o tributo deixa de ser recolhido. Posteriormente, o Fisco propõe ação rescisória e desconstitui a decisão. Pode o Tribunal, no juízo rescisório, declarar a constitucionalidade da lei, mantendo, todavia, os efeitos dos atos praticados com base na sentença rescindenda, o que significaria, no caso exemplificado, na impossibilidade de exigência do tributo?

Ao nosso ver, a resposta é positiva. Como não há soluções apriorísticas para os efeitos no tempo da decisão de inconstitucionalidade, vale reafirmar, tanto no controle abstrato quanto no difuso, tudo dependerá dos bens jurídicos em jogo, protegidos por regras ou princípios jurídicos. No exemplo em tela, a segurança jurídica e a regra do art. 146 do CTN impõem a atribuição de efeitos prospectivos na declaração da constitucionalidade no juízo rescisório. Por óbvio que não se trata de aplicação do art. 27 da Lei 9.868/1999, e, sim, do princípio da proporcionalidade, reafirme-se, que tem sede constitucional.

Assim sendo, pode-se observar que a desconstituição da sentença rescindenda que tiver apreciado questão constitucional pode levar o Tribunal em diversas hipóteses à atribuição de eficácia prospectiva à decisão proferida no juízo rescindente ou à aplicação do princípio da proporcionalidade na definição dos efeitos da decisão produzida no juízo rescindente. Em qualquer hipótese, a decisão será casuística, dependendo dos bens jurídicos em jogo.

## 3.5.4 A relativização da coisa julgada e o controle difuso

### 3.5.4.1 Demarcação do tema

Assiste-se atualmente, na teoria jurídica, a um debate acerca da relativização da coisa julgada. Várias discussões têm sido travadas sobre a possibilidade desta garantia ser afastada em prol de princípios constitucionais.

O legislador pátrio buscou criar uma solução para o problema da coisa julgada fundada em norma declarada inconstitucional, tentando, destarte, preservar o princípio da legalidade constitucional. Para alcançar esse desiderato, foi inserido o parágrafo único no art. 741 do CPC, possibilitando a desconstituição de títulos judiciais fundamentados em aplicação de norma reconhecida como inconstitucional pelo Pretório Excelso – regra posteriormente repetida pelo art. 475-L, § 1º, do CPC.

### 3.5.4.2 Princípios jurídicos e coisa julgada

Temos insistido na necessidade de pensar os problemas do direito priorizando os princípios jurídicos, e não as normas jurídicas.[98] Adota-se, portanto, um modelo de ciência do direito que abre espaço aos valores positivados pelos princípios, numa tentativa de criar condições para resolver os inúmeros problemas com os quais os operadores do direito se defrontam e que não encontram soluções nas regras. Não se pode mais enxergar as normas como soluções para todas as controvérsias, como se fossem gavetas de um "armário", chamado sistema jurídico, nas quais pudéssemos identificar um remédio para todos os casos concretos.

Quando se fala na garantia da coisa julgada, que se encontra prevista no art. 5º, XXXVI, da Constituição Federal, é preciso ter em mente que se trata apenas de um princípio e, nessa qualidade, tem caráter relativo, e não absoluto.[99]

Pensando dessa forma, é possível aceitar com tranquilidade a hipótese de ser afastada no caso concreto a coisa julgada para que outros princípios constitucionais sejam aplicados. Em outras palavras, estamos falando na ponderação de bens e valores constitucionais, ou seja, no princípio da proporcionalidade, que, ao nosso sentir, cada vez mais vai se constituindo no padrão de funcionamento do sistema jurídico, em detrimento da legalidade.[100]

---

98 Cf. nosso estudo *Efeitos da decisão de inconstitucionalidade em direito tributário*.

99. Para uma discussão sobre as diferenças entre regras e princípios, ver Ronald Dworkin, *Levando os direitos a sério*, pp. 23-72, e Robert Alexy, *Teoria dos direitos fundamentais*, pp. 135 e ss.

100. Para Tércio Sampaio Ferraz Júnior, o padrão de funcionamento do sistema jurídico é dado pelas regras de calibração, que não formam um conjunto harmônico, tendo origens diversas (doutrina jurisprudência, política etc.) (*Introdução ao estudo do direito: técnica, decisão, dominação*, pp. 187-190). Ao nosso sentir, o padrão-legalidade caminha para ser substituído pelo padrão-proporcionalidade.

A regra inserida em nosso ordenamento jurídico pela Medida Provisória 2.180, com prazo de vigência indeterminada,[101] consolida a hipótese de desconstituição da coisa julgada quando incompatível com decisão de inconstitucionalidade proferida pelo Supremo Tribunal Federal. Ou seja, em tais situações, para alcançar determinado fim (preservação da supremacia constitucional), poderá ser sacrificada a coisa julgada.

É nesse contexto que a inovação em debate deve ser visualizada, o que demonstra que não se trata de regra de aplicação absoluta, eis que também poderá ser afastada em nome de outros princípios jurídicos, inclusive o da segurança jurídica. O parágrafo único do art. 741 do CPC é mais uma positivação do princípio da proporcionalidade no subsistema processual. É uma técnica criada pelo legislador para o aplicador do direito ponderar bens e valores constitucionais casuisticamente.

### 3.5.4.3 Constitucionalidade da inovação

A constitucionalidade do dispositivo em epígrafe é induvidosa.

Os contornos e os limites da coisa julgada são gizados por normas infraconstitucionais, e não pela Constituição Federal. Destarte, o regime jurídico do instituto em tela *não* é constitucional,[102] sendo a *lei* que traça os modos pelos quais pode ser a *res judicata* desconstituída,[103] como o fez ao prever a ação rescisória (CPC, art. 485). Em outras palavras,

---

101. Nos termos previstos pelo art. 2º da EC 32/2001.

102. Regra idêntica era prevista no art. 153, § 3º, da Carta de 1969, que mereceu o seguinte comentário de Pontes de Miranda, no sentido de que a coisa julgada não é um conceito constitucional, *verbis*: "os comentadores do Código Civil brasileiro tiveram de arquitetar a doutrina, de 1916 em diante, com os elementos defeituosos e contraditórios dos §§ 1º, 2º e 3º do art. 3º da Introdução. Tais parágrafos constituíam as bases (bem frágeis e insuficientes) do direito intertemporal do Brasil, enquanto o legislador ordinário não desse outras, e no que não se chocasse com outras regras do direito substancial, a propósito de aquisição de direitos, de perfeição de atos jurídicos e de coisa julgada. *Não têm elas, portanto, significação no plano do direito constitucional*. Nesse plano, só existe alusão a *conceitos* de direito adquirido, de ato jurídico perfeito e de coisa julgada, e de modo nenhum definições que, como definições constitucionais, se impusessem ao legislador ordinário e aos juízes" (*Comentários à Constituição de 1967, com a Emenda 1 de 1969*, t. V, p. 64).

103. Esse posicionamento está assentado no STF. No julgamento do RE 115.949, por exemplo, a Corte entendeu que "o tema referente aos *limites objetivos da coisa julgada* qualifica-se, juridicamente, como questão infraconstitucional. Não se pode perder de perspectiva, neste ponto, que a legislação processual civil é a sede, *por excelência*, da definição formal dos *limites objetivos da coisa julgada*" (STF, 1ª T., RE 115.949, rel. Min. Celso de Mello, *RTJ* 161/284).

o Texto Magno limitou-se a prever a possibilidade de a coisa julgada ser atingida pelo advento de nova lei, e não por outro provimento jurisdicional. A regra do art. 5º, XXXVI, é de direito intertemporal, endereçada ao legislador. E só.

Outrossim, o legislador não possibilitou que a *res judicata* pudesse ser afastada aleatoriamente, tornando inexigível a obrigação nela certificada. O que ficou estabelecido foi a impossibilidade de prosseguimento da aplicação de norma inconstitucional eliminada do sistema por decisão do Pretório Excelso. Tentou-se, destarte, apagar do mundo jurídico os efeitos produzidos pela aplicação de norma inconstitucional, invalidada pelo Supremo Tribunal Federal. Com a retirada da norma geral e abstrata do sistema, fundamento de validade da norma individual e concreta veiculada pela sentença, esta perde a possibilidade de continuar a ser aplicada. Esclareçamos.

A lei é fonte de cognição do direito, introduzindo no sistema, via de regra, normas gerais (atingem uma classe de sujeitos) e abstratas (prescrevem uma ação-tipo). Com base em tais normas, o juiz produz normas individuais com a prolação da sentença. A execução representa um prosseguimento desse processo de positivação do direito, eis que contém em seu bojo os últimos atos de aplicação do direito (mandado de citação, penhora de bens etc.) para compelir o devedor a satisfazer o direito do credor, certificado em determinado título. Com a invalidação da norma geral, esse processo de positivação não pode continuar, sendo lícito ao devedor contra ele se insurgir por meio dos embargos à execução.

Portanto, a alegação de existência de decisão de inconstitucionalidade da norma fundamento de validade da decisão exeqüenda representa um mecanismo criado pelo legislador para preservar a *coesão* do sistema jurídico, apagando os efeitos gerados pela aplicação de norma inconstitucional, privilegiando, de outro lado, outros princípios constitucionais.

Essa técnica não representa novidade em nosso ordenamento. O CPC dela se utilizou no inciso I do art. 741, que autoriza a argüição da invalidade do processo de cognição em que se formou o título exeqüendo, por vício de citação. Neste caso também não se pode falar em burla à coisa julgada. Aqui o legislador também visou a impedir o prosseguimento da aplicação de norma individual inserida pela sentença, por ter sido produzida em procedimento irregular. A sentença de procedência dos embargos à execução não viola a sentença de cognição, nem a coisa julgada que sobre esta se formou. Ela retira a eficácia dessa decisão.

O sistema jurídico convive com as invalidades, mas cria mecanismos para eliminar os seus efeitos. Tanto na situação em pauta, como naquela prevista no art. 741, I, do CPC, o legislador criou regras para preservar a coesão do ordenamento, apagando do mundo jurídico os efeitos dos fatos jurídicos produzidos com base em normas inválidas, reafirme-se.

### 3.5.4.4 Atributos da decisão de inconstitucionalidade a que se aplica a inovação

O parágrafo único do art. 741, e o art. 475-L, § 1º, do CPC, referem-se ao "título judicial fundado em lei ou ato normativo declarados inconstitucionais pelo Supremo Tribunal Federal ou em aplicação ou interpretação tidas por incompatíveis com a Constituição Federal". É importante analisar quais provimentos do Pretório Excelso abrangidos pelo dispositivo.

No que se refere ao objeto da decisão do Supremo, a menção feita pelo legislador ao "ato normativo", e não apenas à lei, tem um motivo: é que o controle de constitucionalidade não alcança apenas a norma geral e abstrata veiculada por ato do Poder Legislativo. O Supremo Tribunal Federal, em algumas situações, tem admitido Ação Direta de Inconstitucionalidade contra os Regulamentos Autônomos,[104] Resoluções Administrativas[105] e Deliberações Administrativas de órgãos do Poder Judiciário,[106] alargando, dessa forma, o objeto deste processo de fiscalização. Sendo assim, caso o título exeqüendo tenha aplicado esse tipo de norma geral e concreta, também poderá ser desconstituído, em caso de existência de pronúncia de inconstitucionalidade pela Corte Maior. Logo, a sentença relacionada ao dispositivo em comento pode representar ato de aplicação de norma geral e abstrata e geral e concreta.

Quanto às técnicas de decisão, a inovação em destaque alcança a decisão de inconstitucionalidade acompanhada da pronúncia de nulidade total, ou parcial, da norma jurídica impugnada, a declaração de inconstitucionalidade sem redução de texto, e a interpretação conforme à Constituição.[107] Portanto, todas as técnicas adotadas em nosso ordenamento podem motivar a aplicação do dispositivo em referência.

Importa observar, entretanto, que o legislador não diferenciou as decisões proferidas em controle abstrato e difuso – que têm eficácia sub-

---

104. STF, ADI/MC 1.435, rel. Min. Francisco Rezek, *DJU* 6.8.1999.
105. STF, ADI/MC 1.352, rel. Min. Sepúlveda Pertence, *DJU* 4.10.1995.
106. STF, ADI 728, rel. Min. Marco Aurélio, *DJU* 20.10.1995.
107. Sobre as técnicas de decisão de inconstitucionalidade, ver nosso estudo *Efeitos da decisão de inconstitucionalidade em direito tributário*, pp. 37-40.

jetiva distinta – não cabendo ao intérprete fazê-lo. O enunciado fala apenas em lei declarada inconstitucional pelo Supremo Tribunal Federal, sem mencionar o tipo de procedimento em que a decisão foi prolatada. Assim sendo, tanto a pronúncia de inconstitucionalidade em sede de ADI ou de ADC (controle abstrato), quando em Recurso Extraordinário (controle difuso) motivam a alegação de inexigibilidade do título executivo. Tratando-se de fiscalização difusa, cuja decisão tem eficácia *inter partes*, pensamos ser desnecessária a expedição da Resolução do Senado Federal, expulsando do mundo jurídico a norma impugnada. Isso porque a decisão, embora não elimine a inconstitucionalidade do sistema, retira a presunção de constitucionalidade da norma jurídica, justificando a prevalência do princípio da supremacia constitucional, que deve ser aplicado ao caso concreto, afastando-se a garantia da coisa julgada.

Em relação aos processos de fiscalização abstrata, duas considerações devem, ainda, ser assinaladas. A primeira é que a concessão de medida liminar (cautelar) em ADI ou ADC não justifica a aplicação do dispositivo em tela, visto que esse provimento apenas afasta a vigência e a eficácia legal da norma impugnada, sem invalidá-la. Por conseguinte, apenas a decisão de mérito, definitiva, poderá motivar a oposição de embargos à execução na hipótese em destaque.

Outro aspecto a ser enfatizado diz respeito à eficácia temporal da decisão de inconstitucionalidade. Entre nós, esse provimento pode apresentar eficácia retroativa, ou prospectiva, dependendo da situação.[108] Na primeira situação, é irrelevante a data da constituição do título, em relação à pronúncia de inconstitucionalidade, a qual se projetará tanto para o passado, quanto para o futuro. Já na segunda situação, é imprescindível que o título executivo tenha se constituído após a prolação da decisão de inconstitucionalidade. Caso contrário, esta não poderá justificar a oposição de embargos, à medida que atingirá apenas o futuro.

### 3.5.4.5 Vinculação entre a decisão de inconstitucionalidade e o título executivo

Não é qualquer decisão de inconstitucionalidade que motiva a oposição de embargos à execução com base no art. 741, parágrafo único, do

---

108. O art. 27 da Lei 9.868/1999 prevê hipóteses de atribuição de eficácia prospectiva à decisão de inconstitucionalidade. Embora se trate de norma inconstitucional, não podendo ser aplicada, o STF pode manipular os efeitos temporais da decisão, se, diante do caso concreto, utilizando-se do critério da proporcionalidade, resolver sacrificar o princípio da nulidade da norma inconstitucional para privilegiar outro princípio jurídico (ex.: segurança jurídica, boa-fé etc.).

CPC. É preciso que o título executivo seja "fundado" em norma declarada inconstitucional.

Isso significa que a sentença deverá ter aplicado norma reconhecida como inconstitucional pela Corte Excelsa, sendo a questão constitucional o *fundamento*, o motivo determinante desse provimento jurisdicional.

Esclareçamos. Nos processos subjetivos (ação ordinária, mandado de segurança, ação de consignação em pagamento etc.) a constitucionalidade de lei ou de ato normativo figura como questão prejudicial, ou seja, ponto controverso cuja resolução condiciona o desenlace da demanda. Destarte, em controle difuso essa matéria constitui apenas uma questão que condiciona a resolução da questão principal. Dependendo da solução que vier a ser dada à questão constitucional, a lide será composta de forma distinta. Ex.: contribuinte postula em sede de ação declaratória de inexistência de relação jurídica a declaração de inconstitucionalidade da norma impositiva tributária. O provimento final dependerá fundamentalmente da decisão sobre a invalidade argüida pelo autor.

O dispositivo em exame será aplicado quando o motivo (fundamento) da sentença, que tiver originado o título executivo, for a resolução de determinada questão prejudicial: a inconstitucionalidade de lei ou ato normativo.

Se a condenação puder subsistir sem a manifestação acerca da inconstitucionalidade, o art. 741, parágrafo único, do CPC, não poderá ser utilizado para desconstituir a coisa julgada. Ex.: no curso de determinado processo o juiz defere a produção de determinado meio de prova com base na lei "x". Na sentença o magistrado fundamenta a condenação em diversos meios de prova, inclusive aquele cuja produção tiver se baseado nesse dispositivo legal. Caso essa lei venha a ser declarada inconstitucional pelo Supremo, a sentença não será desconstituída, porque subsistirá mesmo com a invalidação da norma procedimental.

Importa observar, entretanto, como lembra Eduardo Talamini,[109] que é irrelevante ter sido a questão constitucional enfrentada no processo jurisdicional no qual o título surgiu. Não se exige pronunciamento expresso do juiz sobre a questão constitucional, muito menos prequestionamento. Basta, apenas, que exista incompatibilidade entre a decisão de inconstitucionalidade proferida pelo Pretório Excelso e o provimento de primeiro grau, objeto dos embargos à execução.

109, "Embargos à execução de título judicial eivado de inconstitucionalidade (CPC, art. 741, § único)", *RePro* 106/68.

3.5.4.6 Necessidade de novo provimento jurisdicional

O dispositivo em exame possibilita a desconstituição de título judicial fundamentado em norma declarada inconstitucional pela Corte Maior, vale reafirmar. Em muitos casos a simples desconstituição do título será suficiente para inverter o resultado do processo de primeiro grau, sem a necessidade de prolação de uma nova decisão. Ou seja, com o julgamento dos embargos, a pretensão do embargante resta satisfeita. A sentença dos embargos configura, destarte, hipótese de tutela jurisdicional completa. Ex.: determinado sujeito ingressa com ação ordinária, visando ao reconhecimento da existência de determinado negócio jurídico, postulando, também, a condenação do réu no cumprimento de obrigação de fazer. O pedido é julgado procedente. Posteriormente o STF declara inconstitucional a norma que fundamentou a certificação da existência do negócio jurídico e, por conseguinte, da obrigação por este veiculada. Neste caso, basta a oposição dos embargos para que o vencido consiga satisfazer a sua pretensão de não cumprir a obrigação que lhe foi imputada.

Outras situações, todavia, demandarão novo provimento jurisdicional. É o que ocorre, por exemplo, quando o autor cumula causas de pedir na petição inicial, sendo um dos fundamentos jurídicos do pedido reconhecido na sentença. Se esta for desconstituída porque o mencionado fundamento refere-se a questão constitucional, os demais deverão ser apreciados. Ex.: contribuinte em sede de ação ordinária impugna determinada multa alegando ser inconstitucional a norma tipificadora da sanção e não ter cometido qualquer ato ilícito. Com a resolução da questão constitucional haverá necessidade de um novo pronunciamento ser emitido sobre o segundo fundamento jurídico do pedido. Como resolver essa situação?

Três soluções poderiam ser apresentadas para esse problema: i) a desconstituição e a nova decisão ocorreriam em sede de embargos à execução; ii) a obtenção de uma nova decisão dependeria da propositura de uma nova ação; iii) reabertura do processo anterior para que novo provimento fosse proferido.[110]

A primeira solução não pode ser aceita, porque a sentença dos embargos à execução tem eficácia constitutiva negativa, não se destinando esse processo incidental à emissão de novo provimento. Já a segunda solução apresenta como inconveniente o problema da prescrição, eis que haveria o risco de a pretensão do autor ter sido fulminada pelo decurso

---

110. Cf. Eduardo Talamini, artigo cit., pp. 70-71.

do tempo.[111] Ademais, inexiste possibilidade de mais de uma interrupção do prazo prescricional, em face da regra do art. 202 do Código Civil.[112] Logo, se a propositura da ação que originou o título teve o condão de interromper a prescrição, não haveria possibilidade de nova interrupção com a propositura de uma segunda ação.

Parece-nos, portanto, que a solução mais adequada é a terceira, a qual, inclusive, vem sendo admitida na hipótese de julgamento de procedência dos embargos motivados por nulidade de citação (CPC, art. 741, I). Destarte, em caso de acolhimento dos embargos com base no art. 741, parágrafo único, do CPC, se houver necessidade de prolação de um novo provimento, o processo que originou o título deverá ser reaberto, devendo ser praticados todos os atos processuais necessários àquele fim.

### 3.5.4.7 Possibilidade de alegação na própria execução

Algumas matérias podem ser conhecidas de ofício pelo juiz nos autos do processo de execução (ex.: condições da ação, nulidades processuais, pressupostos processuais etc.), facultando-se, também, a alegação pelo devedor por meio de simples petição, independentemente da oposição de embargos. A decisão de inconstitucionalidade da norma jurídica fundamento da sentença enquadra-se nesse leque? Em outros termos, a matéria prevista no art. 741, parágrafo único, do CPC, pode ser invocada diretamente pelo devedor, sem o oferecimento de embargos?

Ao nosso sentir a resposta é negativa. A inconstitucionalidade é matéria de mérito, exigindo a interposição dos embargos do devedor para ser conhecida. Não se trata de objeção de direito material. O problema é de validade da norma aplicada pelo provimento que constituiu o título. E nada mais. Acresça-se, ainda, que a lei equiparou o problema em pauta com a inexigibilidade do título, matéria que exige a oposição de embargos para ser conhecida pelo juiz.

Há que se observar, ainda, que o juiz não pode conhecer de ofício da questão constitucional, por vários motivos. Primeiro, porque não se enquadra nas hipóteses previstas pelo art. 267, § 3º, do CPC. Segundo, porque não basta a existência de uma decisão de inconstitucionalidade para que o título seja desconstituído. É imprescindível, como salientado anteriormente, que exista uma vinculação entre o fundamento da sentença de cognição e a decisão de inconstitucionalidade, requisito que deve

---

111. Cf. Eduardo Talamini, idem, ibidem.
112. O art. 202 do Código Civil de 2002 dispõe que "a interrupção da prescrição, que somente poderá ocorrer uma vez, dar-se-á: (...)."

ser investigado pela parte, eis que se relaciona à sua pretensão de direito material. Portanto, a matéria prevista pelo art. 741, parágrafo único, do CPC, não poderá ser conhecida de ofício, devendo ser argüida, quando cabível, em sede de embargos do devedor ou na impugnação do executado.

### 3.5.4.8 Aplicação do dispositivo nas ações mandamentais

Nas ações mandamentais, também denominadas de ação de execução em sentido lato, não há cisão entre o reconhecimento do direito e a sua realização. Vale dizer, a execução da sentença ocorre no mesmo procedimento em que se dá a certificação da pretensão. Isso não significa, contudo, que o vencido não pode se opor à execução. Para fazê-lo, não poderá manejar embargos à execução, e, sim, outros meios. Assim sendo, será cabível invocar a matéria prevista no art. 741, parágrafo único, do CPC, em tais ações mandamentais, mesmo diante do não cabimento dos embargos?

Em nosso entendimento a resposta é afirmativa. A inconstitucionalidade de lei é matéria de ordem pública, podendo ser invocada em qualquer tempo, por meio de diversos remédios jurídicos. Em relação ao processo de execução em sentido estrito, a lei processual previu expressamente a ação incidental de embargos como o instrumento adequado à argüição da matéria em epígrafe. No que se refere aos demais procedimentos, como as ações mandamentais, a falta de previsão expressa em lei não obsta a discussão da matéria.

Assim sendo, nas ações de execução em sentido lato[113] poderá o vencido se insurgir contra a efetivação da sentença concessiva da segurança, alegando a existência de decisão de inconstitucionalidade de lei, proferida pelo Supremo Tribunal Federal, incompatível com o fundamento do provimento impugnado. Essa alegação deverá ser veiculada por meio de simples petição, no bojo dos autos da ação mandamental, a qual não suspenderá a efetivação da sentença, não devendo ser autuada em autos apartados.

Caso haja necessidade de suspensão da sentença mandamental, em face da possibilidade de ocorrência de dano irreparável com a efetivação da medida, deverá o interessado propor ação cautelar inominada.

113. Em que não há cisão entre cognição e execução.

## 3.5.4.9 Direito intertemporal

A inovação em exame também atinge os títulos executivos extrajudiciais, *ex vi* do disposto no art. 745 do CPC, que estende para os embargos opostos contra tais documentos a matéria prevista no art. 741.

Em qualquer caso, a previsão do art. 741, parágrafo único, só alcançará os títulos constituídos após o advento da Medida Provisória 2.180. O problema da aplicação de nova norma processual já foi elucidado pelo Supremo Tribunal Federal há bastante tempo. Em diversos julgados, versando sobre a ação rescisória, a Corte se posicionou no sentido de que as regras de admissibilidade desse remédio jurídico, previstas pelo CPC de 1973, são as da norma jurídica vigente no momento em que transitou em julgado a sentença rescindenda.[114]

Idêntico entendimento deve ser adotado para a norma processual em exame. Logo, os provimentos formados antes do advento da inovação referenciada não poderão ser desconstituídos com fundamento na alegação de existência de decisão de inconstitucionalidade incompatível com a sentença que deu origem ao título.

---

114. STF, 2ª T., RE 86.836, rel. Min. Moreira Alves, *RTJ* 81/978; 2ª T., RE 85.750, rel. Min. Cordeiro Guerra, *RTJ* 82/982; AgRg 1.066, rel. Min. Francisco Rezek, *RTJ* 120/969.

# CONCLUSÕES

## Capítulo I

*1.* Há três dimensões que integram a Constituição: a) normativa; b) fático-social (sociológica); c) ideológica (axiológica).

*2.* Da supremacia constitucional decorre a existência da rigidez constitucional, sinônimo da impossibilidade de alteração da Constituição pelo mesmo procedimento previsto para a elaboração das leis infraconstitucionais.

*3.* Os atos normativos e omissões do Poder Público no adimplemento do dever de legislar, que importarem em violação à Constituição, são qualificados como inconstitucionais.

*4.* Como modalidade de norma inválida, a lei inconstitucional pode ser qualificada como nula ou anulável, dependendo do tipo de mecanismo de controle de constitucionalidade do respectivo sistema jurídico.

*5.* O mecanismo destinado à fiscalização da conformidade de determinada conduta perante a Constituição Federal é o controle de constitucionalidade. Trata-se de um mecanismo institucionalizado, realizado, portanto, por órgãos previstos pelo sistema normativo, segundo determinados procedimentos, cuja atuação tem por objeto a prática de uma conduta inconstitucional, objeto de valoração.

*6.* O controle de constitucionalidade apresenta contornos diferentes nos diversos sistemas jurídicos que o adotam, razão pela qual é possível separar as modalidades de acordo com vários critérios.

*7.* O modelo atual de controle de constitucionalidade do ordenamento brasileiro consagra, em relação ao momento, o controle preventivo e o repressivo. Quanto ao órgão, o controle político e o jurisdicional. Por fim, quanto ao procedimento, o controle difuso e o concentrado.

*8.* A fiscalização de constitucionalidade, no ordenamento brasileiro, é realizada com base no parâmetro constitucional, ou seja, no conjunto de regras e de princípios veiculados pela Constituição escrita. No entanto, há determinadas normas que não têm hierarquia constitucional, mas são reclamadas como fundamento de validade de outras leis infraconstitucionais (ex.: CF, art. 146, III; art. 59, parágrafo único). Tais regras são qualificadas como normas interpostas, ingressando na parametricidade do controle.

*9.* A norma invalidante veiculada pela decisão de inconstitucionalidade pode ser analisada sob duas perspectivas: do conteúdo e dos efeitos. Do ponto de vista do conteúdo, a norma se caracteriza como o reconhecimento (declaração) da invalidade de norma jurídica ou de fonte do direito. Já sob o ponto de vista dos efeitos, provoca a expulsão da norma inválida do sistema, e, por conseguinte, a perda de eficácia (controle abstrato); ou a retirada da eficácia no caso concreto, invalidando a norma impugnada apenas em relação às partes do processo (controle difuso).

*10.* A decisão de inconstitucionalidade pode ter por objeto a lei (fonte formal do direito), disposição (enunciado prescritivo) ou a norma jurídica.

*11.* A decisão de inconstitucionalidade apresenta eficácia declaratória da invalidade e constitutivo-negativa da eficácia.

*12.* Os efeitos no tempo da pronúncia de inconstitucionalidade devem ser fixados tendo em vista o conjunto dos princípios constitucionais relacionados com a situação fática.

## Capítulo II

*1.* A característica básica do controle difuso é a sua vinculação a uma situação jurídica subjetiva.

*2.* Na fiscalização difusa a inconstitucionalidade pode ser argüida por qualquer das partes, pelo Ministério Público ou pode ser declarada de ofício, por se tratar de matéria de ordem pública.

*3.* O órgão jurisdicional competente para declarar a inconstitucionalidade, em controle difuso, será aquele autorizado pela Constituição Federal e pela legislação processual a processar e julgar a causa.

*4.* Em relação aos Tribunais, o CPC previu em seus arts. 480 a 482 um procedimento específico para a declaração de inconstitucionalidade da lei ou ato normativo.

*5.* Perante o Supremo Tribunal Federal a declaração de inconstitucionalidade não obedece às normas do CPC, sendo regulada pelo Regimento Interno do órgão.

**6.** O controle difuso de constitucionalidade das leis fundamenta-se nos arts. 5º, XXXV e LV, art. 52, X, 102, III, 121, § 3º, e 103-A, todos da Constituição Federal.

**7.** O recurso extraordinário enquadra-se na classe dos recursos excepcionais, tratando-se de remédio jurídico vocacionado para permitir ao Supremo Tribunal Federal o cumprimento da sua missão de guardião da Constituição Federal, realizando a fiscalização difusa da constitucionalidade das leis.

**8.** Os efeitos temporais da decisão de inconstitucionalidade proferida no controle difuso podem ser flexibilizados.

**9.** A decisão proferida em controle difuso, embora apresente eficácia *inter partes*, repercute além do caso decidido, interferindo em situações subjetivas de sujeitos que não figuraram na relação processual. Trata-se de uma eficácia reflexa.

**10.** A representação interventiva é uma modalidade *sui generis* de controle difuso de constitucionalidade das leis.

**11.** A Argüição de Descumprimento de Preceito Fundamental incidental relaciona-se com o controle difuso, situação em que no âmbito deste existirá uma questão prejudicial, cuja resolução dependerá do desfecho daquela.

## Capítulo III

**1.** Sempre existirá em sede de controle difuso um ponto ou questão prejudicial, de cuja solução dependerá a resolução da lide.

**2.** As três técnicas de decisão (declaração de inconstitucionalidade seguida da pronúncia de nulidade; declaração de inconstitucionalidade sem redução de texto; e interpretação conforme à Constituição) poderão ser utilizadas na fiscalização difusa da constitucionalidade das leis.

**3.** Em sede de controle difuso, a inconstitucionalidade pode ser argüida em qualquer tipo de procedimento de jurisdição contenciosa, tais como ação ordinária, mandado de segurança, embargos à execução, ação cautelar etc.

**4.** O juiz de primeiro grau de jurisdição pode conceder medida liminar para afastar a eficácia da regra inconstitucional no caso concreto. Retirar do juiz esta faculdade significaria comprometer a cautelaridade da medida e o resultado útil do processo.

**5.** No mandado de segurança, remédio jurídico cabível no controle difuso, a inconstitucionalidade é a causa remota do pedido, e a próxima é a prática, ou iminência de produção de uma norma individual e concreta. Logo, a norma geral e abstrata é apenas o fundamento do ato coator, ingressando a sua inconstitucionalidade como uma questão prejudicial.

*6.* A expressão "lei em tese", prevista na Súmula 266 do Supremo Tribunal Federal, tem o sentido de norma geral e abstrata que ainda não incidiu no caso concreto, sendo, por tal razão, insuscetível de causar danos. Contra tal regra o *writ* não poderá ser utilizado, porque esta não terá aptidão para gerar situações subjetivas, e, por conseguinte, produzir lesões a seus destinatários.

*7.* A sentença concessiva da segurança, na hipótese de impetração do mandado de segurança na fiscalização difusa de constitucionalidade, tem eficácia declaratória da invalidade e constitutivo-negativa da eficácia.

*8.* Com relação à eficácia no tempo, via de regra a sentença concessiva retroagirá, para apagar do mundo jurídico os efeitos do ato praticado com base na norma inconstitucional. Contudo, a eficácia *ex tunc* poderá ser limitada, ou não atribuída pelo juiz no caso concreto, quando, por meio da aplicação do princípio da proporcionalidade, for necessário sacrificar o princípio da nulidade da norma inconstitucional para que outro princípio jurídico seja preservado.

*9.* A antecipação da tutela, nas três modalidades previstas pelo art. 273 do CPC, poderá ser concedida para afastar a aplicação de norma inconstitucional nos processos subjetivos. O provimento antecipatório apresentará a eficácia mandamental. Como esta tem por pressuposto a eficácia declaratória, em grau mínimo, esta também se fará presente. Os efeitos declaratórios são antecipáveis, posto que a declaração tem eficácia de preceito, ou seja, importa na produção de uma norma concreta a cujo cumprimento o réu fica adstrito.

*10.* A súmula com efeito vinculante tem natureza de ato normativo, pois necessariamente apresentará o requisito da generalidade ou da abstração.

*11.* O objeto da súmula poderá alcançar a declaração de inconstitucionalidade proferida em sede de controle difuso, retirando, na prática, a importância da Resolução a que se refere o art. 52, X, da CF.

*12.* A Lei 11.417/2006 estabeleceu duas modalidades de procedimentos destinados à elaboração da súmula com efeito vinculante, ambos com natureza de processo objetivo, semelhante à antiga representação interpretativa.

**13.** O art. 475-L, § 1º, e o parágrafo único do art. 741, do CPC, serão aplicados quando o motivo (fundamento) da sentença, que tiver originado o título executivo, for a resolução de determinada questão prejudicial: a inconstitucionalidade de lei ou ato normativo. Se a condenação puder subsistir sem a manifestação acerca da inconstitucionalidade, esse dispositivo não poderá ser utilizado para desconstituir a coisa julgada.

**14.** Nas ações mandamentais poderá o vencido se insurgir contra a efetivação da sentença concessiva da segurança, alegando a existência de decisão de inconstitucionalidade de lei, proferida pelo Supremo Tribunal Federal, incompatível com o fundamento do provimento impugnado. Essa alegação deverá ser veiculada por meio de simples petição, no bojo dos autos da ação mandamental, a qual não suspenderá a efetivação da sentença, não devendo ser autuada em autos apartados.

# BIBLIOGRAFIA

ABBAGNANO, Nicola. *Dicionário de Filosofia*. São Paulo, Martins Fontes, 2000.

ALEXY, Robert. *Teoria dos diretos fundamentais*. Trad. de Virgílio Afonso da Silva. São Paulo, Malheiros Editores, 2008.

ASSIS, Araken de. *Cumprimento da Sentença*. Rio de Janeiro, Forense, 2007.

ÁVILA, Humberto. *Teoria dos Princípios*, 10ª ed., São Paulo, Malheiros Editores, 2009.

BALERA, Wagner. "Do Controle de Constitucionalidade pelo Tribunal Fiscal". *Revista de Direito Tributário* 71, pp. 61-67.

BANDEIRA DE MELLO, Celso Antonio. "O Controle da Constitucionalidade pelos Tribunais Administrativos no Processo Administrativo Tributário". *Revista de Direito Tributário* 75, São Paulo, pp. 12-18.

BANDEIRA DE MELLO, Oswaldo Aranha. *A Teoria das Constituições Rígidas*. São Paulo, Bushatsky, 1980.

BARBI, Celso Agrícola. "Evolução do Controle da Constitucionalidade das Leis no Brasil". *Revista de Direito Público* 4, abril-junho de 1968, pp. 34-43.

_____. *Mandado de Segurança*. 8ª ed. Rio de Janeiro, Forense, 1998.

BARBOSA, Rui. *Os Actos Inconstitucionaes do Congresso e do Executivo ante a Justiça Federal*. Rio de Janeiro, Companhia Impressora, 1893.

BARCELLOS, Ana Paula de. *Ponderação, Racionalidade e Atividade Jurisdicional*. Rio de Janeiro, Renovar, 2005.

BARROSO, Luís Roberto. *Interpretação e Aplicação da Constituição*. São Paulo, Saraiva, 1996.

_____. *O Controle de Constitucionalidade no Direito Brasileiro*. São Paulo, Saraiva, 2004.

BERNARDES, Juliano Taveira. *Controle Abstrato de Constitucionalidade*. São Paulo, Saraiva, 2004.

BITTENCOURT, Carlos A. Lúcio. *O Controle Jurisdicional da Constitucionalidade das Leis*. 2ª ed. Rio de Janeiro, Forense, 1968.

BOBBIO, Norberto. "Sanzione". *Novissimo Digesto Italiano*, v. XVI. Torino, UTET, p.530-540, 1969.

_____. *Teoria da Norma Jurídica*. São Paulo, Edipro, 2001.

BRANCO, Paulo Gustavo Gonet; MENDES, Gilmar; COELHO, Inocêncio Mártires. *Curso de Direito Constitucional*. 2ª ed. São Paulo, Saraiva, 2008.

BUENO, Cássio Scarpinella. *Mandado de Segurança*. São Paulo, Saraiva, 2002.

CANOTILHO, J. J. Gomes. *Direito Constitucional e Teoria da Constituição*. 4ª ed. Coimbra, Almedina, 2000.

CARVALHO, Paulo de Barros. *Curso de Direito Tributário*. 4ª ed. São Paulo, Saraiva, 1991.

CASTRO, Amílcar de. *Do Procedimento de Execução*. Rio de Janeiro, Forense, 1999.

CASTRO, Carlos Roberto Siqueira. "Da Declaração de Inconstitucionalidade e seus Efeitos". *Cadernos de Direito Constitucional e Ciência Política* 21. 1997, pp. 7-39.

_____. "Da Declaração de Inconstitucionalidade e seus Efeitos em Face das Leis ns. 9.868 e 9.882/99", in: SARMENTO, Daniel (org.). *O Controle de Constitucionalidade e a Lei 9.868/99*. Rio de Janeiro, Lumen Juris, 2001, pp. 39-100, esp. p. 97.

CERRI, Augusto. *Corso di Giustizia Costituzionale*. 2ª ed. Milano, Giuffrè, 1997.

CLÈVE, Clèmerson Merlin. *A Fiscalização Abstrata de Constitucionalidade no Direito Brasileiro*. São Paulo, Ed. RT, 1995.

_____. "Declaração de Inconstitucionalidade de Dispositivo Normativo em Sede de Juízo Abstrato e Efeitos sobre os Atos Singulares Praticados sob sua Égide". *Revista Trimestral de Direito Público* 17, 1997, pp. 78-104.

COELHO, Inocêncio Mártires; MENDES, Gilmar; BRANCO, Paulo Gustavo Gonet. *Curso de Direito Constitucional*. 2ª ed. São Paulo, Saraiva, 2008.

COELHO, Sacha Calmon Navarro. *O Controle da Constitucionalidade das Leis e do Poder de Tributar na Constituição de 1988*. 3ª ed. Belo Horizonte, Del Rey, 1999.

CRISAFULLI, Vezio. *Lezioni di Diritto Costituzionale*, t. II. Milano, Giuffrè, 1993.

CUNHA JÚNIOR, Dirley da. *Controle Judicial das Omissões do Poder Público*. São Paulo, Saraiva, 2004.

DAVID, René. *Os Grandes Sistemas do Direito Contemporâneo*. São Paulo, Martins Fontes, 1993.

DIDIER JÚNIOR, Freddie. *Curso de Direito Processual Civil*, v. I. 11ª ed. Salvador, Jus Podium.

DINAMARCO, Cândido Rangel. *Execução Civil*. 5ª ed., São Paulo, Malheiros Editores, 1997.

DWORKIN, Ronald. *Levando os Direitos a Sério*. Trad. Nelson Boeira. São Paulo, Martins Fontes, 2002.

FERNANDES, Antonio Scarance. *Prejudicialidade*. São Paulo, Ed. RT, 1988.

FERRARI, Regina Maria Macedo Nery. *Efeitos da Declaração de Inconstitucionalidade*. 4ª ed. São Paulo, Ed. RT, 1999.

FERRAZ, Sérgio. *Mandado de Segurança*. São Paulo, Malheiros Editores, 2006.

FERRAZ JÚNIOR, Tércio Sampaio. *Introdução ao Estudo do Direito*. 3ª ed. São Paulo, Atlas, 2001.

FIGUEIREDO, Lúcia Valle. *Mandado de Segurança*. 6ª ed. São Paulo, Malheiros Editores, 2009.

FREIRE JÚNIOR, Américo Bedê. "A Inconstitucionalidade da Regulamentação do Controle de Constitucionalidade em Abstrato através de Lei Ordinária". *Revisa Dialética de Direito Tributário* 56, maio de 2000, pp. 19-24.

GUASTINI, Riccardo. *Teoria e dogmatica delle fonti*. Milano, Giuffrè, 1998.

_____. *Le Fonti del Diritto e l'Interpretazione*. Milano, Giuffrè, 1993.

JUSTEN FILHO, Marçal. "Ampla Defesa e Conhecimento de Argüições de Inconstitucionalidade e Ilegalidade no Processo Administrativo". *Revista Dialética de Direito Tributário* 25, outubro de 1997, pp. 68-79.

KELSEN, Hans. *Teoria Pura do Direito*. 6ª ed. São Paulo, Martins Fontes, 2000.

_____. "Le giurisdizioni costituzionale e amministrativa al servizio dello stato federale secondo la nuova costituzione austriaca del 1º ottobre 1920", in: KELSEN, Hans. *La Giustizia Costituzionale*. Milano, Giuffrè, 1981, pp. 6-45.

LARA, Betina Rizzato. *Liminares no processo civil*. 2ª ed. São Paulo, Ed. RT, 1994.

LARENZ, Karl. *Metodologia da Ciência do Direito*, 2ª ed. Coimbra, Fundação Calouste Gulbenkian, [199-].

LASSALLE, Ferdinand. *A Essência da Constituição*. 2ª ed. Rio de Janeiro, Liber Juris, 1988.

LIEBMAN, Enrico. *Eficácia e Autoridade da Sentença*. 3ª ed. Rio de Janeiro, Forense, 1984.

LIMA, Christina Aires Correa. "Os Efeitos da Declaração de Inconstitucionalidade perante o Supremo Tribunal Federal". *Cadernos de Direito Constitucional e Ciência Política* 27, abril-junho de 1999, pp. 183-206.

MANCUSO, Rodolfo de Camargo. *Recurso Extraordinário e Recurso Especial*. 10ª ed. São Paulo, Ed. RT, 2007.

MARINHO, Josaphat. "O art. 64 da Constituição e o Papel do Senado". *Revista de Informação Legislativa* 2, 1964, pp. 5-12.

MARTINS, Ives Gandra da Silva, e MENDES, Gilmar. *Controle Concentrado de Constitucionalidade*. São Paulo, Saraiva, 2001.

MEDEIROS, Rui. *A Decisão de Inconstitucionalidade: os Autores, o Conteúdo e os Efeitos da Decisão de Inconstitucionalidade da Lei*. Lisboa, Universidade Católica Editora, 1999.

MEIRELLES, Hely Lopes. *Mandado de Segurança e Ações Constitucionais*. 32ª ed., atualizada por Arnoldo Wald e Gilmar Ferreira Mendes. São Paulo, Malheiros Editores, 2009.

MELLO, José Luiz de Anhaia. *Da Separação de Poderes à Guarda da Constituição*. São Paulo, Ed. RT, 1968.

MELLO, Marcos Bernardes de. *Teoria do Fato Jurídico: Plano da Existência*. 9ª ed. São Paulo, Saraiva, 1999.

_____. *Teoria do Fato Jurídico: Plano da Eficácia – 1ª Parte*. São Paulo, Saraiva, 2003.

_____. *Teoria do Fato Jurídico: Plano da Validade*. 4ª ed. São Paulo, Saraiva, 2000.

MENDES, Gilmar. *Controle de Constitucionalidade: Aspectos Jurídicos e Políticos*. São Paulo, Saraiva, 1990.

_____. *Jurisdição Constitucional*. São Paulo, Saraiva, 1996.

_____. *Moreira Alves e o Controle de Constitucionalidade no Brasil*. São Paulo, Celso Bastos editor, 2000.

_____. *Argüição de Descumprimento de Preceito Fundamental*. São Paulo, Saraiva, 2007.

MENDES, Gilmar; MARTINS, Ives Gandra da Silva. *Controle Concentrado de Constitucionalidade*. São Paulo, Saraiva, 2001.

MENDES, Gilmar; COELHO, Inocêncio Mártires. BRANCO, Paulo Gustavo Gonet. *Curso de Direito Constitucional*. 2ª ed. São Paulo, Saraiva, 2008.

MIRANDA, Francisco Cavalcante Pontes de. *Tratado de Direito Privado*, t. I. Campinas, Bookseller, 1999.

_____. *Tratado de Direito Privado*, t. V. Campinas, Bookseller, 2000.

_____. *Comentários à Constituição de 1967, com a Emenda 1 de 1969*, t. III e t. V. 3ª ed. Rio de Janeiro, Forense, 1987.

_____. *Tratado das Ações*. t. I, II e III. Campinas, Bookseller, 1998.

_____. *Tratado da Ação Rescisória*. Campinas, Bookseller, 1998.

MIRANDA, Jorge. *Manual de Direito Constitucional*, t. II. 2ª ed. Coimbra, Coimbra Editora, 1988.

MOREIRA, J. C. Barbosa. *Comentários ao Código de Processo Civil*. 7ª ed. Rio de Janeiro, Forense, 1998.

_____. "Súmula, Jurisprudência, Precedente: uma Escalada e seus Riscos". *Revista Dialética de Direito Processual* 27. Dialética, junho/2005.

NEVES, André Luiz Batista. *A Interpretação Conforme à Constituição e seus Limites*. Dissertação de Mestrado. Salvador, Universidade Federal da Bahia, 2007.

NEVES, Celso. *Comentários ao Código de Processo Civil*, v. VII. 7ª ed. Rio de Janeiro, Forense, 1999.

NEVES, Marcelo. *Teoria da Inconstitucionalidade das Leis*. São Paulo, Saraiva, 1988.

PASSOS, J. J. Calmon de. *Comentários ao Código de Processo Civil*, t. I, v. X. São Paulo, Ed. RT, 1984.

PIMENTA, Paulo Roberto Lyrio. *Efeitos da Decisão de Inconstitucionalidade em Direito Tributário*. São Paulo, Dialética, 2002.

POLETTI, Ronaldo. *Controle da Constitucionalidade das Leis*. 2ª ed. Rio de Janeiro, Forense, 2000.

RAMOS, Elival da Silva. *A Inconstitucionalidade das Leis: Vício e Sanção*. São Paulo, Saraiva, 1994.

RODRIGUES, Leda Boechat. *A Corte Suprema e o Direito Constitucional Americano*. Rio de Janeiro, Forense, 1958.

ROMANO, Santi. *Princípios de Direito Constitucional Geral*. Trad. de Maria Helena Diniz. São Paulo, Ed. RT, 1977.

SARMENTO, Daniel. "Apontamentos sobre a Argüição de Descumprimento de Preceito Fundamental". In: TAVARES, André Ramos, e ROTHENBURG, Walter Claudius (orgs.) *Argüição de Descumprimento de Preceito Fundamental: Análises à Luz da Lei 9.882/99*. São Paulo, Atlas, 2001, pp. 85-108.

_____. "A Eficácia Temporal das Decisões no Controle de Constitucionalidade". In: SARMENTO, Daniel (org.). *O Controle de Constitucionalidade e a Lei 9.868/99*. Rio de Janeiro, Lumen Juris, 2001, pp. 101-138, esp. p.136.

SILVA, José Afonso da. *Aplicabilidade das Normas Constitucionais*. 7ª ed., 3ª tir. São Paulo, Malheiros Editores, 2009.

SILVA, Ovídio A. Baptista da. *A Ação Cautelar Inominada no Direito Brasileiro*, 4ª ed. Rio de Janeiro, Forense, 1992.

SILVA NETO, Manoel Jorge e. *Curso de Direito Constitucional*. Rio de Janeiro, Lumen Juris, 2006.

SOTELO, José Luis Vásquez. "A jurisprudência vinculante na 'common law' e na 'civil law'". *XVI Jornadas Ibero-Americanas de Direito Processual*. Brasília, 1988.

TALAMINI, Eduardo. "Repercussão geral em recurso extraordinário: nota sobre sua regulamentação". *Revista Dialética de Direito Processual* 54. Dialética, Setembro/2007, pp. 64-66.

_____. "Embargos à execução de título judicial eivado de inconstitucionalidade (CPC, art. 741, § único)". *RePro* 106, abril/junho de 2002.

TEMER, Michel. *Elementos de Direito Constitucional*, 22ª ed., 2ª tir. São Paulo, Malheiros Editores, 2008; 23ª ed., 2010.

THEODORO JÚNIOR, Humberto. *Processo Cautelar*. 12ª ed. São Paulo, Leud, 1990.

VELOSO, Zeno. *Controle Jurisdicional de Constitucionalidade.* 2ª ed. Belo Horizonte, Del Rey, 2000.

VENTURA Luigi. *Le Sanzioni Costituzionali.* Milano, Giuffrè, 1981.

VERNENGO, Roberto J. *Curso de Teoria General del Derecho.* Buenos Aires, Depalma, 1995.

WAMBIER, Luiz Rodrigues; WAMBIER, Teresa Arruda Alvim; MEDINA, José Miguel Garcia. *Breves Comentários à Nova Sistemática Processual Civil 3.* São Paulo, Ed. RT, 2007.

WATANABE, Kazuo. *Da Cognição no Processo Civil.* São Paulo, Ed. RT, 1987.

ZAVASCKI, Teoria Albino. *Eficácia das Sentenças na Jurisdição Constitucional.* São Paulo, Ed. RT, 2001.

_____. *Antecipação da Tutela.* São Paulo, Saraiva, 1997.